Das Beweismaß
im Arzthaftungsprozess

Europäische Hochschulschriften

Publications Universitaires Européennes
European University Studies

Reihe II
Rechtswissenschaft

Série II Series II
Droit
Law

Bd./Vol. 5154

PETER LANG
Frankfurt am Main · Berlin · Bern · Bruxelles · New York · Oxford · Wien

Bianca Fuchs

Das Beweismaß im Arzthaftungsprozess

PETER LANG
Europäischer Verlag der Wissenschaften

Bibliografische Information Der Deutschen Bibliothek
Die Deutsche Bibliothek verzeichnet diese Publikation in der Deutschen Nationalbibliografie; detaillierte bibliografische Daten sind im Internet über <http://dnb.ddb.de> abrufbar.

Zugl.: Heidelberg, Univ., Diss., 2004

D 16
ISSN 0531-7312
ISBN 3-631-53752-2

www.peterlang.de

In Gedenken an

meinen Stiefvater

Dieter Spahn

Danksagung

Diese Arbeit wurde im Jahre 2004 an der Juristischen Fakultät der Ruprecht-Karls-Universität Heidelberg als Dissertation angenommen.

Ich bedanke mich bei Herrn Prof. Laufs für die Annahme als Doktorandin sowie die Anfertigung des Erstgutachtens. Bei Herrn Prof. Katzenmeier bedanke ich mich dafür, dass er mir nicht nur in fachlicher, sondern auch in persönlicher Hinsicht während den schwierigen Phasen der Promotion beigestanden hat. Dank schulde ich auch Herrn Prof. Hess für die Anfertigung des Zweitgutachtens.

Bedanken möchte ich mich schließlich bei meiner Mutter und meinem Lebensgefährten, die mich stets nach vollen Kräften unterstützt haben und ohne deren Beistand, Aufopferung und Liebe ich diese Arbeit sicherlich nicht hätte anfertigen können.

Inhaltsverzeichnis

Abkürzungsverzeichnis

a. A.	andere Ansicht
a. F.	alte Fassung
All ER	The All England Law Reports
BGH	Bundesgerichtshof
Bull. civ.	Bulletin des arrêts de la Cour de Cassation – chambres civiles
BÄK	Bundesärztekammer
BGBl. I	Bundesgesetzblatt Teil I
BR-Drucks.	Drucksachen des Bundesrats
BT-Drucks.	Drucksachen des Bundestags
Cass. civ.	Cour de Cassation – chambre civile
C.c.	Code civile
D.	Recueil Dalloz (Sirey) de Doctrine, de Jurisprudence et de Legislation
DÄBl	Deutsches Ärzteblatt
ders.	derselbe
dies.	dieselben
D.L.R.	Dominion Law Reports
EG	Europäische Gemeinschaft
EU	Europäische Union
€	Euro
f, ff	folgende Seite(n)
FG	Festgabe
FS	Festschrift
Fn	Fußnote
ggf.	gegebenenfalls
GS	Gedächtnisschrift
Int.Com.L.Q.	International and Comparative Law Quarterly
J (J).	Justice(s), Richter
J.(J.)A.	Justice(s) of appeal, Richter in der Berufungsinstanz
J.C.P.	Juris-Classeur Périodique (Semaine Juridique)
K.B.	Law Reports King´s Bench Division (1901-1952)
KG	Kammergericht
LG	Landgericht
LT-Drucks.	Drucksachen des Landtags
L.J (J).	Lord(s) Justice(s) of Appeal, Richter des Court of Appeal
McGill LJ	McGill Law Journal

m.E.	meines Erachtens
Mio.	Millionen
M.R.	Master of the Rolls, Richter des Court of Appeal
OLG	Oberlandesgericht
OR	Obligationenrecht
P. 2d	Pacific Reporter, second series
Rev. Gén. Ass. Terr.	Revue générale des assurances terrestres
Rev. rech. jur.	Revue de la recherché juridique – droit prospectif
Rn	Randnummer
n.F.	neue Fassung
S.	Seite(n)
S.J.	Solicitors´ Journal
sog.	sogenannte (r)
u.	und
v.	versus, vom
vgl.	vergleiche
W.L.R.	Weekly Law Reports
Yale L.J.	Yale Law Journal
z.B.	zum Beispiel

Darüber hinaus wird verwiesen auf *Kirchner*, Hildebert/*Butz*, Cornelie, Abkürzungsverzeichnis der Rechtssprache, 5. Aufl., Berlin 2003.

Einleitung

Das Arzthaftungsrecht hat in den letzten Jahrzehnten stetig an Bedeutung zugenommen. Ursache hierfür ist vor allem der starke Anstieg der Anzahl der gegen Ärzte und Krankenhausträger geltend gemachten Schadensersatzansprüche.
Ging man 1978 noch von jährlich ca. 5.500[1] bis 6.000[2] gegen Ärzte und Krankenhausträger erhobenen Haftpflichtansprüchen aus, schätzte der Justitiar der Bundesärztekammer die Zahl der jährlich gegen Ärzte und Krankenhäuser erhobenen Haftpflichtansprüche für die 80er Jahre bereits auf ca. 10.000[3]. 1997 wurden die Arzthaftungsansprüche mit jährlich ca. 20.000 beziffert[4]. Neuere Schätzungen gehen nun sogar von ca. 40.000 geltend gemachten Arzthaftungsansprüchen pro Jahr aus[5].
Für den gesamten Zeitraum von 1975 – 1981 waren bei den seit 1975 bei den Ärztekammern eingerichteten Gutachter- und Schlichtungsstellen 13.201 Anträge auf Verfahrenseröffnung registriert worden[6]. Diese Zahl wuchs bis heute auf etwa 15.000 Anträge pro Jahr an[7].
Dass es sich hierbei um eine bis heute „ungebrochene Flut“[8] von Ansprüchen gegen Ärzte und Krankenhausträger handelt, wird auch durch die Statistiken der Arzthaftpflichtversicherer deutscher Krankenhäuser belegt: Während im Jahr 1991 noch ca. 82 Mio. € für den Ausgleich von Arzthaftpflichtschäden aufgewendet wurden, betrug diese Summe im Jahr 1994 bereits rund 212 Mio. €[9].

Parallel zum stetigen Anstieg der praktischen Relevanz wuchs auch das juristische Interesse an der Arzthaftung.
Mangels gesetzlicher Sonderregelung ist das Arzthaftungsrecht ein Teil des allgemeinen Zivilrechts, wobei jedoch die besondere Situation des Arzt-Patienten-Verhältnisses immer wieder zu Modifikationen zwingt.

---

[1] Weyers, Gutachten zum 52. Deutschen Juristentag, A 39.
[2] Künnell, VersR 1980, 502 f; Deutsch/Matthies, Arzthaftungsrecht, S. 1.
[3] in: Der Spiegel, 43. Jg. Nr. 17, vom 24.4.1989, S. 90.
[4] Verband der Schadensversicherer bei Krumpaszky/Sehte/Selbmann, VersR 1997, 420, 425.
[5] Klinkhammer, DÄBl. 2003, B 987, unter Berufung auf Angaben des Robert Koch-Instituts aus dem Jahr 2001.
[6] Matthies, Schiedsinstanzen im Bereich der Arzthaftung, S. 138.
[7] BÄK-Tätigkeitsbericht 1998, 367 ff.
[8] Ulsenheimer, in: Jost/Langkau, Leitlinien in der Chirurgie vor dem Spiegel von Qualitätssicherung und Rechtsprechung, S. 127.
[9] Angaben nach Bergmann, Die Arzthaftung, S. 2.

Bereits früh wurde erkannt, dass die besondere Problematik des Arzthaftungsprozesses nicht in der juristischen Bewertung der Vorgänge, sondern in der Beweisnot des Patienten zu sehen ist.
Mangels anderweitiger gesetzlicher Regelung obliegt es nämlich grundsätzlich dem klagenden Patienten, die Voraussetzungen der jeweiligen Anspruchsgrundlage und damit insbesondere das Vorliegen eines Behandlungsfehlers sowie die Kausalität zwischen dem fehlerhaften ärztlichen Handeln und der eingetretenen Gesundheitsverletzung zu beweisen. Dies ist für den Patienten, dem die notwendigen fachlichen Kenntnisse fehlen und der Einblick in die Organisation des Krankenhauses oder der Praxis verwehrt ist, häufig nicht möglich.

An dieser Problematik entfaltete sich im juristischen Schrifttum eine lebhafte Diskussion, welche in den 80er Jahren mit zahlreichen Publikationen in Fachzeitschriften sowie Dissertationen zum Arzthaftungsrecht ihren Höhepunkt erreichte. 1978 wurde die Problematik unter dem Titel „Empfiehlt es sich, im Interesse der Patienten und Ärzte ergänzende Regelungen für das ärztliche Vertrags- (Standes-) und Haftungsrecht einzuführen?" im Rahmen des 52. Deutschen Juristentages ausführlich problematisiert[10].

In der Folgezeit beruhigte sich die Diskussion unter dem Einfluss der Etablierung einer höchstrichterlichen ständigen Rechtsprechung, die stark vereinfacht wie folgt zusammen gefasst werden kann:
Zur Milderung der Beweisnot des Patienten wurden Fallgruppen entwickelt, in denen Beweiserleichterungen zugunsten des Patienten und – je nach Einzelfall – sogar eine vollständige Beweislastumkehr eingreift. Es handelt sich hierbei um die Fallgruppe des groben Behandlungsfehlers bei deren Vorliegen sich die Beweislast hinsichtlich der Kausalität umkehrt[11], die der Haftung für voll beherrschbare Risiken mit einer Umkehr der Beweislast bezüglich des ärztlichen Verschuldens[12] sowie die Fallgruppe der Verletzung von Dokumentations-, Befunderhebungs- oder Befundsicherungspflichten, bei deren Vorliegen sich die

[10] Weyers, Gutachten zum 52. Deutschen Juristentag, Teil A.
[11] Vgl. hierzu Giesen, Jura 1981, 22; sowie aus der Rechtsprechung: RGZ 171, 168; BGH, VersR 1981, 954.
[12] Steffen/Dressler, Neue Entwicklungslinien der BGH-Rechtsprechung zum Arzthaftungsrecht, Rn 500; BGH, NJW 1978, 584 (Narkosezwischenfall aufgrund technischer Mängel des Narkosegerätes); BGHZ 89, 263 (Entblutungsschock infolge der Entkoppelung eines Infusionssystems); BGH, NJW 1982, 699 (Verwendung unsteriler Infusionsflüssigkeit); BGH, NJW 1978, 1683 und BGH, MedR 1991, 140 (Verwendung verunreinigter Desinfektionsmittel); BGH, VersR 1984, 356, 358 f (Lagerungsschaden); BGH, VersR 1984, 60, 62 und BGH, VersR 1993, 1231, 1232 (Anfängeroperation).

Beweislast hinsichtlich des ärztlichen Verschuldens und ausnahmsweise auch hinsichtlich der Kausalität umkehrt[13].
Diese Rechtsprechung wurde nicht nur im juristischen Schrifttum weitestgehend akzeptiert, sondern auch durch das Bundesverfassungsgericht im Hinblick auf die prozessuale Chancengleichheit als verfassungsgemäß bezeichnet[14].
Die breite Zustimmung wird insbesondere in der Stellungnahme der die Entscheidung des Bundesverfassungsgerichts nicht tragenden Richter erkennbar, in der es heißt[15]:

> „[Zwar] muß es verfassungsrechtlichen Bedenken begegnen, die Beweislast für ein bestimmtes Vorbringen generell einer Seite aufzubürden, die von der typischen Art der Fallkonstellation her in der Regel nicht in der Lage sein kann, den erforderlichen Beweis zu erbringen. Diese im Hinblick auf die bestehenden Möglichkeiten der Beweisführung typische Situation der Parteien im Arzthaftungsprozeß hat die Rechtsprechung schon frühzeitig erkannt und im Bereich des haftungsbegründenden Ursachenzusammenhangs auf verschiedene Weise durch Beweiserleichterungen bis hin zur Beweislastumkehr auszugleichen versucht. Damit ist insbesondere von der Rechtsprechung ein Instrumentarium geschaffen worden, das auch im Arzthaftungsprozeß in beweisrechtlicher Hinsicht ein faires Verfahren, eine „gerechte Interessenabwägung" ermöglicht."

Dennoch gibt es bis heute Stimmen, die sich gegen die Handhabung der Beweisprobleme durch Beweiserleichterungen in bestimmten Fallgruppen wenden. Kritisiert wird hauptsächlich die fehlende dogmatische Grundlage der Rechtsprechung[16], aber auch die Unklarheit der Rechtsfolgen[17]. Im Hinblick hierauf wird das Vorgehen der Rechtsprechung häufig als bloße Billigkeitsrechtsprechung bezeichnet[18].

---

[13] Steffen/Dressler, Neue Entwicklungslinien der BGH-Rechtsprechung zum Arzthaftungsrecht, Rn 498 und 551.
[14] BVerfGE 52, 131-187 = NJW 1979, 1925-1933 = JZ 1979, 596-601 = VersR 1979, 907-915.
[15] BVerfGE 52, 131, 146.
[16] Stürner, NJW 1979, 1230; Katzenmeier, Arzthaftung, S. 551; Sick, Beweisrecht im Arzthaftpflichtprozeß, S. 193 f.
[17] D. Franzki, Die Beweisregeln im Arzthaftungsprozeß, S. 63; Daniels, NJW 1976, 348; Matthies, Schiedsinstanzen im Bereich der Arzthaftung, S. 33.
[18] Wunsch, Ablösung der Verschuldenshaftung im Arzt-Patienten-Verhältnis, S. 20; Deutsch/Matthies, Arzthaftungsrecht, S. 48; Matthies, Schiedsinstanzen im Bereich der Arzthaftung, S. 80 f, 94 ff; Dunz, MedR 1987, 152 f.

Entscheidend im Hinblick auf das Ausgangsproblem – den Beweisschwierigkeiten im Arzthaftungsprozess – ist jedoch, dass die Lösung der Rechtsprechung insgesamt unbefriedigend erscheint, mindert sie die prinzipiell bestehende Beweisnot des Patienten doch nur bei Vorliegen bestimmter Fallgruppen. Außerhalb der entwickelten Fallgruppen verbleibt es – vorbehaltlich des Eingreifens anderer Institute wie beispielsweise des Anscheinsbeweises – bei den genannten Beweisgrundsätzen und den Schwierigkeiten der Beweiserbringung durch den Patienten.
Dieser Nachteil der Lösung der Rechtsprechung wird verstärkt durch die Schwierigkeit der Feststellung, ob eine der definierten Fallgruppen vorliegt. Einfacher und grober ärztlicher Fehler etwa mögen in der Theorie klar voneinander abgrenzbar sein; in der Praxis jedoch gestaltet sich die Unterscheidung äußerst problematisch[19]. Die Vermutung, dass die Rechtsprechung zumindest teilweise einen Fehler als grob einstuft um die erwünschten beweisrechtlichen Folgen zu erreichen, drängt sich bei manchen Entscheidungen geradezu auf[20].

Die Insuffizienz der Rechtsprechungslösung lässt sich an einem aus der täglichen Praxis der erstinstanzlichen Gerichte gegriffenen Beispiel verdeutlichen[21]:

> Im Rahmen einer routinemäßigen Untersuchung wird bei der späteren Klägerin eine Mammographie vorgenommen. Der Arzt erkennt auf den angefertigten Bildern keine Anzeichen einer Krebserkrankung. Erst ein halbes Jahr später stellt der Arzt Brustkrebs in einem nun fortgeschrittenen Stadium fest. Die Brust muss vollständig entfernt werden.
> Im Prozess stellt der Sachverständige fest, dass bereits auf dem ersten angefertigten Mammogramm der Tumor erkennbar war; das Nichterkennen einen ärztlichen Behandlungsfehler darstellt. Ob bei Erkennen des Tumors im Rahmen der ersten Untersuchung die Mastektomie hätte vermieden werden können, bleibt indes ungewiss.
>
> <u>Variante 1</u>: Der Tumor war im Zeitpunkt der ersten Untersuchung noch sehr klein und nur sehr schwer erkennbar.

---

[19] Steffen/Dressler, Neue Entwicklungslinien der BGH-Rechtsprechung zum Arzthaftungsrecht, Rn 500; Laufs, Arztrecht, Rn 599.
[20] Hanau, NJW 1968, 2291; Walter, Freie Beweiswürdigung, S. 245.
[21] Das Beispiel dient lediglich der Veranschaulichung und wurde in dem Bewusstsein gewählt, dass die Tumorgröße lediglich einen von zahlreichen relevanten Faktoren darstellt. Vgl. Stockdale, in: Franz, Medizin-Gesamtdarstellung und Atlas für Studium, Lehre und Praxis, S 4, 8 f.

Variante 2: Der Tumor hatte im Zeitpunkt der ersten Mammographie bereits eine gut erkennbare Größe erreicht.

Unter Zugrundelegung der heutigen Rechtsprechung ist davon auszugehen, dass die Kausalität des ärztlichen Behandlungsfehlers für die Mastektomie im Prozess weder bewiesen noch widerlegt werden konnte. Erforderlich ist daher eine Entscheidung nach der Beweislast. Diese liegt grundsätzlich bei der klagenden Patientin, so dass die Klage abgewiesen werden muss, wenn keine Beweislastumkehr eingreift. Eine solche kommt im Beispielsfall lediglich aufgrund eines groben Behandlungsfehlers in Betracht. Ein grober Behandlungs-fehler ist in Variante 2 des Beispielsfalles anzunehmen, da hier der Tumor im Zeitpunkt der ersten Mammographie bereits gut erkennbar war, das Übersehen des Tumors durch den behandelnden Arzt also schlichtweg unverständlich erscheint. In Variante 1 hingegen war der Tumor im Zeitpunkt der ersten Mammographie zwar ebenfalls erkennbar, aufgrund seiner nur geringen Größe liegt im Nichterkennen aber wohl nur ein schlichter Behandlungsfehler. Eine Beweislastumkehr aufgrund groben Behandlungsfehlers und damit eine Entschädigung erfolgt daher bei Zugrundelegen der ständigen Rechtsprechung nur in Variante 2, nicht jedoch in Variante 1 des Beispielsfalles.

Da jedoch die Fälle, in denen der Tumor zwar bei Aufwendung der erforderlichen Sorgfalt bereits erkennbar war, von einer guten Erkennbarkeit aber bereits im Hinblick auf die prinzipielle Schwierigkeit der Interpretation von Mammogrammen nicht gesprochen werden kann, wohl die überwiegende Zahl der sich tatsächlich ereignenden Fälle darstellt, führt die Lösung der Rechtsprechung in den Fällen der schuldhaft verspäteten Entdeckung von Brustkrebs nur selten zum Entschädigung der Patientinnen.

Demgemäss kann es nicht verwundern, dass die Beschäftigung mit der Frage der Beweisschwierigkeiten im Arzthaftungsprozess trotz der mittlerweile gefestigten Rechtsprechung bis heute zu keinem Stillstand gekommen ist. Jahr für Jahr werden im juristischen Schrifttum zahlreiche verschiedenartige Modelle zur besseren Bewältigung der Beweisschwierigkeiten vorgestellt. Viele von ihnen sind – gerade in den letzten Jahren – von ausländischen Modellen und Erfahrungen beeinflusst. Angetrieben durch den Wunsch einer Rechtsvereinheitlichung im Rahmen der EU sowie der allgemeinen Globalisierungsbewegung wird versucht, fremde Lösungsmodelle wie die Ersetzung der Haftpflicht durch eine Versicherung oder die Gewährleistung von Schadensersatz für den Verlust einer Heilungschance in das deutsche Recht zu integrieren. So interessant und wichtig die Beschäftigung mit fremden Rechtsideen gerade bei der Entwicklung neuer Lösungsmodelle ist, so kann sie doch die intensive Beschäftigung mit dem eigenen Recht nur ergänzen und nicht ersetzen. Gerade an dieser Stelle scheint allerdings im bisherigen juristischen Schrifttum eine gewisse Lücke zu bestehen. Trotz der umfangreichen Beschäftigung mit der Problematik der Beweisschwierigkeiten im Arzthaftungsrecht wurden nämlich nur wenig Anstrengungen dahingehend unternommen, die Probleme im Arzthaftungsrecht durch vertiefte Analyse des allgemeinen Beweisrechts zu lösen. So wurde bisher insbesondere wenig beachtet, dass die – für die Rechtsprechung ausschlaggebende – Frage, wer die Beweislast zu tragen hat, nach dem allgemeinen Beweisrecht erst dann von Bedeutung ist, wenn der Beweis der Wahrheit oder Unwahrheit einer Behauptung nicht gelingt. Die Frage nach der Beweislast und der Erforderlichkeit einer Umkehr der Beweislast ist daher der Frage nach den Anforderungen an die Beweiserbringung logisch nachgeordnet.

Die vorliegende Arbeit versucht diese Lücke zu schließen. Sie dient der Aufklärung der Frage, welche Anforderungen an die Beweiserbringung im Arzthaftungsrecht zu stellen sind, d.h. insbesondere ob sich der Richter mit dem Vorliegen einer überwiegenden oder hohen Wahrscheinlichkeit für einen ärztlichen Fehler und dessen Kausalität für eine Verletzung begnügen kann, oder ob die richterliche Überzeugung mehr als eine bloße Wahrscheinlichkeit erfordert. Gestellt wird somit die Frage nach dem Beweismaß im Arzthaftungsprozess.

Zu Beginn der Untersuchung ist neben einer Klarstellung der Grundbegriffe des Beweisrechts eine kurze Darstellung der grundsätzlichen Bedeutung der Beweisschwierigkeiten sowie der in der Literatur entwickelten Möglichkeiten der Handhabung dieser Schwierigkeiten vorzunehmen (**1. Teil**).

Anschließend ist zu untersuchen, welche Anforderungen grundsätzlich an die Erbringung des Beweises gestellt werden. Da das Arzthaftungsrecht bisher keine eigenständige Normierung erfahren hat und sich somit als Teil des allgemeinen Zivilrechts darstellt, ist hierfür die Bestimmung des grundsätzlich im Zivilprozess geltenden Beweismaßes erforderlich (**2. Teil**).

Schließlich ist zu prüfen, ob aufgrund der speziellen Situation des Arzthaftungsprozesses eine Absenkung dieses Regelbeweismaßes für den gesamten Arzthaftungsprozess oder zumindest für Teile hiervon gesetzlich oder richterrechtlich vorgesehen ist (**3. Teil**).

Falls eine Reduzierung des Beweismaßes im Rahmen des Arzthaftungsprozesses möglich ist, wäre abschließend zu fragen, ob eine solche tatsächlich zu einer effektiven Minderung der Beweisnot des Patienten führt und wie sich diese zu der Möglichkeit der Beweislastumkehr verhält (**4. Teil**).

Teil 1: Beweisschwierigkeiten im Arzthaftungsrecht

A. Beweiserbringung als Hauptproblem des Arzthaftungsrechts

Eine dem Juristen und selbst weiten Teilen der nicht juristisch gebildeten Bevölkerung bekannte und vertraute Tatsache ist, dass die materiellen Rechtspositionen, die einem Anspruchsteller zustehen, nur insoweit von praktischem Nutzen sind, als sie im Prozess auch durchgesetzt und vor allem bewiesen werden können[22]. Nach Schätzungen beziehen sich 80 – 90 % der richterlichen Tätigkeit auf die Feststellung des Sachverhaltes[23]. Der Beweis und seine Erbringung sind daher in jedem Zivilprozess von erheblicher Bedeutung.

Im Rahmen des Arzthaftungsprozesses, in dem es um Eingriffe in den nicht voll beherrschbaren und daher auch nicht voll kontrollierbaren menschlichen Organismus geht[24], zeigt sich das Problem der Beweisbarkeit jedoch besonders deutlich[25].

I. Im Rechtlichen liegende Gründe der Beweisschwierigkeiten

Arzthaftungsansprüche können sich aus Vertrag und aus Delikt ergeben[26]. In der Praxis dominierte bislang die deliktische Haftung, da Schmerzensgeld nur gem. § 847 BGB a.F., nicht jedoch im Rahmen der vertraglichen Haftung gewährt wurde. Da nach In-Kraft-Treten des Zweiten Schadensersatzänderungsgesetzes am 1.8.2002[27] nun auch im Rahmen der vertraglichen Haftung Schmerzensgeld gewährt wird, ist für die Zukunft mit einer dogmatischen Verlagerung der Arzthaftung vom Deliktsrecht hin zur vertraglichen Haftung zu rechnen[28], zumal es auch der Verkehrsanschauung entspricht, dass sich die Pflichten von Arzt und Patient auf einer vertraglichen Bindung gründen[29]. Diese Entwicklung ist zu begrüßen, da bereits bisher die Unterstellung der Arzthaftung unter das

[22] Prütting, FS LG Saarbrücken, S. 257; Walter, Freie Beweiswürdigung, S. 182; Habscheid, FS Baumgärtel, S. 105.
[23] Fischer, Verhandlungen des 52. Deutschen Juristentages, H 13; Baumgärtel/Wittmann, JA 1979, 113.
[24] Giesen, Jura 1981, 19.
[25] Matthies, Schiedsinstanzen im Bereich der Arzthaftung, S. 29.
[26] So bereits RG JW 1911, 449, 450; RGZ 68, 431, 433; RGZ 88, 438.
[27] BGBl. 2002 I S. 2674.
[28] Wagner, NJW 2002, 2049, 2055; Spickhoff, NJW 2001, 1757, 1759 und 1763.
[29] Spickhoff, NJW 2002, 2530, 2532.

Deliktsrecht als unbefriedigend empfunden wurde, da hierdurch der helfende Mediziner wie eine fremder Eindringling behandelt wurde[30].

Nimmt der Arzt eine Maßnahme vor, die nach dem jeweiligen Stand der medizinischen Wissenschaft unsachgemäß ist (sogenannter Behandlungsfehler[31]) oder handelt er ohne ausreichende Einwilligung des Patienten und führt dies zu einem Schaden, so sind bei Verschulden des Arztes sowohl die tatbestandlichen Voraussetzungen der vertraglichen Haftung als auch diejenigen der deliktischen Haftung erfüllt.
Da grundsätzlich der Kläger die ihm günstigen Voraussetzungen der Anspruchsgrundlage als im tatsächlichen Geschehen verwirklicht zu beweisen hat[32], obliegt es im Arzthaftungsprozess dem Patienten, das Vorliegen der genannten Voraussetzungen nachzuweisen. Er muss also neben der erlittenen Verletzung und dem hieraus resultierenden Schaden auch die Kausalität des ärztlichen Handelns für die Verletzung sowie das Verschulden des Arztes beweisen[33]. Dem Arzt hingegen obliegt der Beweis, dass eine die ärztliche Maßnahme deckende Einwilligung des Patienten vorlag[34].
Eine Abweichung von dieser grundsätzlichen Beweislastverteilung könnte sich nun im Rahmen der vertraglichen Haftung im Anschluss an die Schuldrechtsreform aufgrund von § 280 I 2 BGB ergeben. Nach dieser Regelung trifft die Beweislast für das fehlende Vertretenmüssen der Pflichtverletzung den Schuldner. Diese Verteilung der Beweislast entspricht der bereits bisher für Unmöglichkeit und Verzug sowie die meisten Fälle der positiven Forderungsverletzung geltenden Regelung in §§ 282, 285 BGB a.F.
Über die Anwendbarkeit und Reichweite des § 280 I 2 BGB im Arzthaftungsrecht ist jedoch bereits kurze Zeit nach In-Kraft-Treten der Regelung eine heftige Kontroverse entstanden. Genährt wird diese durch die hierzu im Abschlussbericht der Kommission zur Überarbeitung des Schuldrechts enthaltenen Erläuterungen. Dort heißt es[35]:

> „(...) nach geltendem Recht (liegen) Behauptungs- und Beweislast für das Nichtvertretenmüssen auch in den meisten Fällen der pFV beim Schuldner, freilich mit einigen Ausnahmen, etwa bei der Arzthaftung. Doch sind diese Ausnahmen nach Auffassung der Kommission einer gesetzlichen Regelung zumindest derzeit noch nicht zugänglich. Daher muss die Verteilung der Behauptungs- und

---

[30] Deutsch/Geiger, Gutachten und Vorschläge zur Überarbeitung des Schuldrechts, S. 1085.
[31] Laufs, Arztrecht, Rn 469.
[32] Vgl. hierzu ausführlich unten, S. 34 ff.
[33] Laufs, Arztrecht, Rn 589.
[34] Laufs, Arztrecht, Rn 589.
[35] Bundesminister der Justiz (Hrsg.), Abschlussbericht der Kommission zur Überarbeitung des Schuldrechts, S. 130.

> Beweislast einstweilen ohne Ausnahme formuliert werden. Doch soll dies keine Absage an die bisher geübte Praxis bedeuten."

Da die bisher geübte Praxis jedoch darin bestand, dass eine Beweislastverlagerung bezüglich des Vertretenmüssens in analoger Anwendung der §§ 282, 285 BGB a.F. im Bereich der Arzthaftung außerhalb der voll beherrschbaren Risiken wegen der Besonderheiten der Heilbehandlung abgelehnt wurde[36] und die Kommission ausdrücklich an dieser Praxis festhalten wollte, erscheint eine teleologische Reduktion des § 280 I BGB im Bereich der Arzthaftung angezeigt[37].
Indes bietet die Gesetzesänderung die Möglichkeit, die diesbezügliche Rechtsprechung nochmals kritisch zu überdenken. Entscheidend hierbei ist eine nähere Betrachtung des Verhältnisses zwischen den einzelnen Tatbestandsmerkmalen des § 280 I BGB, namentlich der Pflichtverletzung und des Vertretenmüssens. Auf den ersten Blick erscheint das Verhältnis unproblematisch: Während mit der Pflichtverletzung die objektiven Anforderungen an das Verhalten des Schuldners bestimmt werden, begründet das Verschulden den individuellen Vorwurf[38]. Zu beachten ist jedoch, dass die Fahrlässigkeit entsprechend der nun in § 276 Abs. 2 BGB n.F. enthaltenen Definition als außer Achtlassen der im Verkehr erforderlichen Sorgfalt, anhand objektiv-typisierender Merkmale bestimmt wird[39]. Demgemäss ist bei der Beurteilung der Fahrlässigkeit nicht auf die Fähigkeiten und Kenntnisse des Einzelnen, sondern vielmehr auf diejenigen des betroffenen Verkehrskreises abzustellen. Da jedoch auch für die Bestimmung der Verhaltenspflichten und damit der Pflichtverletzung auf den einschlägigen Verkehrskreis abgestellt wird, erscheinen Pflichtverletzung und Verschulden identisch. Einer Gleichsetzung von Pflichtverletzung und Verschulden steht jedoch entgegen, dass nach § 280 I BGB die Beweislast für die Pflichtverletzung beim Anspruchsteller und diejenige für das Vertretenmüssen beim Anspruchsgegner liegt.

---

[36] RGZ 78, 432, 435; BGH, NJW 1956, 1835; 1969, 553, 554; 1977, 1102, 1103; 1980, 1333; 1981, 2002, 2004; 1991, 1540, 1541; 1999, 860, 861. Zustimmend: Laufs, in: Laufs/Uhlenbruck, Handbuch des Arztrechts, § 107 Rn 4; Baumgärtel, Beweislastpraxis im Privatrecht, Rn 467; ders., Handbuch der Beweislast, § 282 Anh Rn 46; Nixdorf, VersR 1996, 162; Müller, DRiZ 2000, 262. Ablehnend: Giesen, Arzthaftungsrecht, Rn 375 ff; ders., Jura 1981, 20 f; Deutsch, Medizinrecht, Rn 319; D. Franzki, Die Beweisregeln im Arzthaftungsprozeß, S. 42; Stoll, FS Hippel, S. 554; Stoll, AcP 176 (1976), 155; Gaupp, Beweisfragen im Rahmen ärztlicher Haftungsprozesse, S. 66 f; Rosenberg, Die Beweislast, S. 367; Musielak, Grundlagen der Beweislast, S. 171.

[37] Medicus, Schuldrecht I, Rn 420.

[38] Schur, Leistung und Sorgfalt, S. 114.

[39] speziell für das Arzthaftungsrecht: BGH, NJW 2001, 1786 = VersR 2001, 646; Deutsch, Medizinrecht, Rn 181; Katzenmeier, Arzthaftung, S. 160 ff; Fischer/Lilie, Ärztliche Verantwortung im europäischen Rechtsvergleich, S. 11; Müller, DRiZ 2000, 261.

Ein hierzu in der Literatur vertretener Ansatz[40] liegt in der Unterscheidung zwischen äußerer und innerer Sorgfalt. Die mit der Pflichtverletzung gleichzusetzende äußere Sorgfalt ist hiernach gegeben, wenn ein menschliches Verhalten als sachgemäß, als kunstgerecht bewertet wird. Die mit dem Vertretenmüssen gleichzusetzende innere Sorgfalt bezeichnet hingegen den geistigen Vorgang, auf dem die Handlung beruht, die Erkennbarkeit der Norm, ihrer Tatbestandsmerkmale und der sie ausfüllenden Tatumstände. Verkürzt gesagt wird also unter äußerer Sorgfalt der physische Vorgang eines Verhaltens verstanden, unter innerer Sorgfalt dessen psychische Seite. Unabhängig von der an dieser Unterscheidung generell geäußerten Kritik der fehlenden Trennbarkeit[41], erscheint sie jedenfalls im Arzthaftungsrecht wenig weiterführend, da es hier im Rahmen der Diagnosestellung Pflichten gibt, die auf die Erkennung bestimmter Umstände gerichtet sind. Eine pauschale Zuordnung der äußeren Sorgfalt zur Pflichtwidrigkeitsebene und der Verletzung der inneren Sorgfalt zum Verschulden erweist sich mithin jedenfalls nicht durchgängig als sachgerecht[42].

Ein vorzugswürdiger Ansatz liegt daher in der Differenzierung nach den Sorgfaltsanforderungen[43]. Während im Rahmen der Pflichtverletzung die Verletzung der Sorgfalt im objektiv möglichen Höchstmaß des betreffenden Verkehrskreises erforderlich ist, ist der Maßstab beim Verschulden situationsbezogen-konkret ausgerichtet. Nur dann, wenn sich der Inanspruchgenommene darauf beruft, dass er die höchstmögliche Sorgfalt auch als Angehöriger des betreffenden Verkehrskreises in der konkreten Situation nicht erkennen und erfüllen konnte, hat er dafür die konkreten Gründe darzulegen und zu beweisen.

Bei einem derartigen Verständnis des Vertretenmüssens in § 280 I BGB, ist die praktische Relevanz des Vertretenmüssens gering, da insbesondere kein Wechsel des Verkehrskreises erfolgt. Die mit der in § 280 I 2 BGB vorgesehenen Beweislastumkehr einhergehende Belastung des Inanspruchgenommenen ist somit derart begrenzt, dass diese auch dem Arzt zumutbar ist. Gründe für eine teleologische Reduktion des § 280 I BGB bestehen daher nicht[44]. In teilweiser Abkehr von dem bisherigen Gleichlauf zwischen vertraglicher und deliktischer Haftung ist vielmehr davon auszugehen, dass das Vertretenmüssen im Rahmen der vertraglichen Arzthaftung vermutet wird.

---

[40] Deutsch, Allgemeines Haftungsrecht, Rn 385; ders., Fahrlässigkeit und erforderliche Sorgfalt, S. 475; Henssler, JZ 1994, 178, 183 (zur Anwaltshaftung); U. Huber, FS Ernst Rudolf Huber, S. 253, 263, 281 ff.

[41] Brüggemeier, Deliktsrecht, Rn 113; Fabarius, Äußere und innere Sorgfalt, S. 148; Kötz/Wagner, Deliktsrecht, Rn 118.

[42] Spickhoff, NJW 2002, 2530, 2536.

[43] Katzenmeier, Arzthaftung, S. 188 f; Schur, Leistung und Sorgfalt, S. 114 f; Fabarius, Äußere und innere Sorgfalt, S. 72 ff., 97, 128 f.

[44] So auch Katzenmeier, Arzthaftung, S. 552.

Die Beweislastverteilung im Arzthaftungsprozess stellt sich somit derart dar, dass der Patient das Vorliegen eines Behandlungsfehlers, den Eintritt eines Schadens und die Kausalität des Behandlungsfehlers für den Schaden beweisen muss, während den Arzt die Beweislast für das Vorliegen einer rechtfertigenden Einwilligung sowie –im Rahmen der vertraglichen Haftung- dafür trifft, dass ihm der Behandlungsfehler subjektiv nicht vorwerfbar ist.
Während die Rechtsgutverletzung in Form einer Gesundheitsschädigung sowie der dadurch verursachte Schaden regelmäßig unproblematisch feststehen, bereitet der Nachweis einer Pflichtverletzung sowie der Kausalität dieses Behandlungsfehlers für die Gesundheitsschädigung erhebliche Probleme[45]. In seiner Auswertung einer Untersuchung von 15.000 Arzthaftpflichtfällen kommt *Stolz*[46] zu dem Ergebnis, dass in ca. 79 % der arzthaftungsrechtlichen Streitigkeiten im Vordergrund steht, ob überhaupt ein objektives Fehlverhalten des Arztes vorliegt. In ca. 20 % der Fälle ist die Kausalität zwischen Behandlungsfehler und Gesundheitsbeeinträchtigung strittig. Nur in den verbleibenden, etwa 1 % der untersuchten Fälle, dreht sich der Streit um das ärztliche Verschulden.

Unabhängig davon, ob die Rechtsprechung künftig § 280 I 2 BGB n.F. auch im Bereich der Arzthaftung anwenden wird, oder ob sie die bisherige Rechtsprechung mittels einer teleologischen Reduktion auf die jetzige Rechtslage übertragen wird, kann jedenfalls, insbesondere im Hinblick auf die von *Stolz* angestellte Untersuchung, festgestellt werden, dass im Arzthaftungsprozess hauptsächlich der Nachweis der Pflichtverletzung sowie der haftungsbegründenden Kausalität problematisch ist, und dass dieser Nachweis dem Patienten obliegt.

Die in der Praxis ebenfalls sehr relevante Frage, ob der Arzt seiner Aufklärungspflicht genüge getan hat und damit eine wirksame Einwilligung vorlag, wird in dieser Untersuchung ausgeklammert, da die Aufklärungsrüge in der überwiegenden Anzahl der Fälle nur eine Hilfsbegründung darstellt, um den Anspruch bei Nichterweisbarkeit eines Behandlungsfehlers oder der Kausalität abzusichern und damit den im Arzthaftungsprozess bestehenden Beweisproblemen auszuweichen[47].

---

[45] Weyers, Gutachten zum 52. Deutschen Juristentag, A 119.
[46] Stolz, VersR 1978, 798.
[47] Seehafer, Der Arzthaftungsprozeß in der Praxis, S. 64 f: Von den untersuchten Arzthaftungsfällen wurden 41,5 % mit Behandlungsfehler und Aufklärungspflichtverletzung begründet; den 36,5 % lediglich auf einen Behandlungsfehler gestützten Ansprüchen standen jedoch nur 1,9 % der Fälle gegenüber, die ausschließlich mit einer Aufklärungspflichtverletzung begründet wurden.

II. Im Tatsächlichen liegende Gründe der Beweisschwierigkeiten

Die im Tatsächlichen anzusiedelnden Gründe der Beweisschwierigkeiten sind vielschichtig[48].

Ein Grund liegt in der Unberechenbarkeit organisch-physiologischer Geschehensabläufe. So entzieht es sich beispielsweise der Beurteilung nach strengen naturgesetzlichen Regeln, ob Krankheitserscheinungen, die in zeitlichem Zusammenhang mit einem ärztlichen Eingriff aufgetreten sind, bereits im menschlichen Körper angelegt waren oder erst durch den Eingriff hervorgerufen wurden. Problematisch ist in diesem Zusammenhang auch, dass die Reaktion des menschlichen Körpers auf medizinische Eingriffe, je nach der Konstitution des Patienten, nach dem Stadium der Krankheit und der psychischen Verfassung sehr unterschiedlich sein kann[49].

Hinzu kommt jedoch auch, dass der Patient regelmäßig nur sehr begrenzten Einblick in das Tun des Arztes hat[50]. Dies beruht nicht selten auf rein tatsächlichen Gegebenheiten. So ist der Patient häufig infolge seiner Bewusstlosigkeit (z.B. nach schwerem Unfall oder durch Narkotisierung) vollständig an der Kenntnisnahme des ärztlichen Handelns gehindert. Ist der Patient bei Bewusstsein, so verhindert oftmals sein schlechter Allgemeinzustand die Wahrnehmung der im Prozess wesentlichen Umstände[51].

Eine Rekonstruktion des Geschehens anhand der bei der Behandlung angefertigten Unterlagen scheitert nicht selten daran, dass diese lückenhaft sind oder sich auf Formalien beschränken. Dem Patienten fehlen des weiteren regelmäßig die notwendigen fachlichen Kenntnisse, um die wahrgenommenen oder nachgelesenen Vorkommnisse richtig zu bewerten[52].

Auch die Heranziehung eines Sachverständigen verbessert die Situation des Patienten nicht immer, da auch dieser durch zu knappe Unterlagen behindert wird und es im übrigen auch heute noch Gutachter geben soll, die sich - bewusst oder unbewusst – hinter der „Mauer des Schweigens"[53] zurückziehen, um einen Kollegen oder auch das Ansehen des Berufsstandes zu schützen.

Ein anderer Grund für die Beweisproblematik im Arzthaftungsprozess liegt darin, dass in der Regel Jahre vergehen, bis schließlich ein Haftpflichtprozess geführt wird[54]. Das Zeitintervall zwischen der behaupteten fehlerhaften Behand-

[48] Vgl. hierzu ausführlich: Gaupp, Beweisfragen im Rahmen ärztlicher Haftungsprozesse, S. 10-13.

[49] Prütting, FS LG Saarbrücken, S. 259.

[50] Laufs, Arztrecht, Rn 592.

[51] Giesen, Jura 1981, 20; H. Franzki/D. Franzki, in: Jung/Schreiber, Arzt und Patient zwischen Therapie und Recht, S. 180.

[52] Prütting, FS LG Saarbrücken, S. 259.

[53] Dunz, Zur Praxis der zivilrechtlichen Arzthaftung, S. 27.

[54] Chiang, Beweislast und Beweiserleichterung bei der Haftung von Angehörigen der freien Berufe, S. 26.

lung und der Klageerhebung beträgt durchschnittlich mehr als 30 Monate. Weniger als 1 Jahr nach der vermeintlich unsachgemäßen medizinischen Behandlung sind nur etwa 20 % der Fälle anhängig; 4 Jahre danach erst 80 %[55]. In dieser Zeit gehen Beweise verloren, weil die Erinnerung vorhandener Zeugen, wie z.B. der Krankenschwestern oder assistierenden Ärzten an das Geschehene verblasst[56]. Eine Ursache für das späte Prozessieren liegt darin, dass eine Vielzahl der betroffenen Patienten zunächst ein – kostenfreies – Verfahren vor einer Gutachter- und Schlichtungsstelle der Ärztekammern anstrebt. Eine weitere Ursache für das späte Führen des Arzthaftungsprozesses mag sein, dass der Patient häufig nicht sofort erfährt, dass seine Behandlung fehlerhaft durchgeführt wurde. Nur selten wird er hierauf von dem verantwortlichen Arzt hingewiesen. Meist erfährt der Patient von dem Behandlungsfehler eher zufällig durch einen entsprechenden Hinweis des weiterbehandelnden Arztes[57]. Schließlich ist davon auszugehen, dass viele Patienten sich zunächst mit den physischen und psychischen Folgen ihrer Erkrankung sowie des Behandlungsfehlers auseinandersetzen und erst nach Eintritt einer gewissen Stabilisierung ihre Ansprüche geltend machen.

III. Zusammenfassung

Die Situation des Patienten im Arzthaftungsprozess lässt sich also wie folgt zusammenfassen: Einerseits obliegt ihm der Nachweis nahezu aller Anspruchsvoraussetzungen, werden also aus rechtlicher Sicht hohe Anforderungen gestellt. Andererseits ist der Patient gerade im Arzthaftungsprozess in vielfacher Hinsicht bei der Beweiserbringung behindert. Aus dieser Diskrepanz ergibt sich die für den Arzthaftungsprozess typische Situation der Beweisnot des Patienten.

---

55 Seehafer, Der Arzthaftungsprozeß in der Praxis, S. 149.
56 D. Franzki, Die Beweisregeln im Arzthaftungsprozeß, S. 34.
57 H. Franzki/D. Franzki, in: Jung/Schreiber, Arzt und Patient zwischen Therapie und Recht, S. 181.

B. Grundbegriffe des Beweisrechts

Im Folgenden sollen nun die verschiedenen im juristischen Schrifttum entwickelten Vorschläge zur praktischen Handhabung und Minderung dieser typischen Beweisschwierigkeiten im Rahmen des Arzthaftungsprozesses dargelegt und kritisch untersucht werden[58].
Zuvor müssen jedoch, um eine sachgerechte Würdigung der vertretenen Auffassungen zu gewährleisten, die maßgeblichen Grundbegriffe des Beweisrechts dargestellt und voneinander abgegrenzt werden.

I. Beweiswürdigung, Beweismaß und Beweislast

1. Beweiswürdigung

a. Definition / Allgemeines
Als Beweiswürdigung bezeichnet man die sich an die Beweisaufnahme anschließende Prüfung, ob der angetretenen Beweis erbracht ist, ob also die bestrittene Tatsachenbehauptung der gerichtlichen Entscheidung zugrunde gelegt wird[59]. Der Richter muss hierfür die vorgelegten Beweismittel betrachten, ihre jeweilige Aussagekraft beurteilen und sie gegen die der anderen Beweismittel abwägen. Am Ende dieses Vorgangs muss der Richter feststellen, ob der Beweis für das Vorliegen eines bestimmten Tatbestandsmerkmales im konkreten Fall erbracht wurde oder nicht.

b. Freiheit der Beweiswürdigung
Gem. § 286 ZPO ist der Richter bei der Beweiswürdigung frei. Dieser sogenannte Grundsatz der freien Beweiswürdigung gilt nach französischem Vorbild[60] und ist vor dem Hintergrund der sogenannten legalen Beweistheorie[61] des kanonisch-gemeinen Prozesses zu sehen[62]. Unter der Geltung der legalen Beweistheorie hatte jedes Beweismittel einen bestimmten, vorher abstrakt festgelegten Beweiswert[63]. Es galten festgelegte Beweisregeln, wie etwa dass die Aussage eines einzelnen Zeugen nur halben Beweis erbrachte; voller Beweis

---

[58] Vgl. hierzu unten, S. 45 ff.
[59] Zeiss, Zivilprozessrecht, Rn 452.
[60] Motsch, Vom rechtsgenügenden Beweis, S. 29.
[61] Ausführlich zur legalen Beweistheorie: Patermann, Die Entwicklung des Prinzips der freien Beweiswürdigung im ordentlichen Deutschen Zivilprozeß in Gesetzgebung und Lehre, S. 15 ff.
[62] Rosenberg/Schwab/Gottwald, Zivilprozessrecht, § 114 I 1.
[63] Maassen, Beweismaßprobleme im Schadensersatzprozeß, S. 21.

somit nur durch zwei glaubwürdige Zeugen erbracht werden konnte[64]. An diese Regeln war der Richter gebunden, ohne im Einzelfall bestehende Besonderheiten, wie etwa das Aussageverhalten des jeweiligen Zeugen, berücksichtigen zu können. Der Richter musste somit bei Erfüllung der formalen Kriterien für die Beweiserbringung auch gegen seine persönlich gewonnene Überzeugung entscheiden. Diese Bindung des Richters durch formale Regelungen wurde im Zeitalter der Aufklärung zunehmend als unbefriedigend empfunden und führte schließlich zur Einführung der freien Beweiswürdigung[65].

Der in § 286 I 1 und II ZPO normierte Grundsatz der freien Beweiswürdigung besagt zunächst, dass bindende Beweisregeln nur ausnahmsweise, kraft ausdrücklicher gesetzlicher Regelung, bestehen. Heute findet man sie lediglich für die Beweiskraft des Protokolls (§ 165 ZPO), den Tatbestand des Urteils (§ 314 ZPO) sowie für Urkunden (§§ 415-418, 438 II ZPO). Im übrigen bestehen keine für einzelne Beweismittel festgelegten Beweiswerte[66]. Der Beweiswert wird vielmehr durch den Richter im jeweiligen Einzelfall anhand der konkreten Umstände bestimmt. Es ist dem Richter daher möglich, beispielsweise dem Wort einer Partei mehr zu glauben als der eidlichen Aussage eines Zeugen. Auch kann er es ablehnen, einem Sachverständigengutachten zu folgen[67]. Besonders deutlich zeigt sich die Reichweite der Freiheit der Beweiswürdigung daran, dass das Gericht grundsätzlich auch nicht an Entscheidungen anderer Gerichte und Behörden gebunden ist[68]. Ausnahmen bestehen lediglich, wenn dem behördlichen oder gerichtlichen Akt Gestaltungswirkung zukommt sowie im Bereich weniger Spezialmaterien wie etwa bei Fragen der Sozialversicherung[69].
Diese Freiheit des Richters zur freien Bestimmung des Beweiswertes eines Beweismittels führt dazu, dass für das deutsche Recht Versuche, mathematische Formeln zur Berechnung des Gesamtbeweiswertes aufzustellen[70], sinnlos und sogar gefährlich sind, spiegeln sie doch mangels exakter Berechnungsgrundlage nur eine Scheingenauigkeit vor[71]. Die Bestimmung des Beweiswertes erfolgt vielmehr im konkreten Fall durch den entscheidenden Richter aufgrund einer Abwägung im Einzelfall.

---

[64] Schneider, Beweis und Beweiswürdigung, Rn 143; Endemann, Die Beweislehre des Civilprozesses, S. 57 ff.
[65] Maassen, Beweismaßprobleme im Schadensersatzprozeß, S. 21; Rosenberg, Die Beweislast, S. 63.
[66] Baumgärtel, Beweislastpraxis im Privatrecht, Rn 40; Bender, FS Baur, S. 249; M. Huber, Das Beweismaß im Zivilprozeß, S. 118.
[67] Zeiss, Zivilprozessrecht, Rn 453.
[68] Schneider, Beweis und Beweiswürdigung, Rn 130.
[69] Schneider, Beweis und Beweiswürdigung, Rn 135.
[70] Schreiber, Theorie des Beweiswertes für Beweismittel im Zivilprozess.
[71] M. Huber, Das Beweismaß im Zivilprozeß, S. 109.

c. Grenzen der Freiheit der Beweiswürdigung

Die Freiheit der Beweiswürdigung ist jedoch nicht grenzenlos.

Als wichtigste Grenze ist die in § 286 I 2 ZPO vorgesehene Begründungspflicht anzusehen[72]. Die Begründung muss auf nachprüfbaren Argumenten beruhen. Eine Begründung nur mit leeren Redensarten genügt nicht[73]. Das Gericht muss die die Entscheidung tragenden Gründe zu seiner eigenen Kontrolle und zwecks Nachprüfung in der höheren Instanz im Urteil angeben[74]. Es muss insbesondere nachvollziehbar darlegen, warum es beispielsweise bei widerstreitenden Zeugenaussagen der einen und nicht der anderen den Vorzug gegeben hat[75]. Mängel in der Begründung der Entscheidung stellen einen Revisionsgrund dar[76]. Da die Begründungspflicht insbesondere die Berufung des Richters auf sein „Gefühl" ausschließt, stellt sie eine Einschränkung der Freiheit der Beweiswürdigung dar.

Als besondere Ausprägung dieser Begründungspflicht und damit als Grenze der Freiheit der Beweiswürdigung ist auch die Verpflichtung des Gerichts zur angemessenen Auseinandersetzung mit Sachverständigengutachten anzusehen. Nach ständiger Rechtsprechung des BGH[77] sind die Gerichte zwar nicht an ein Sachverständigengutachten gebunden. Eine Abweichung von einem Sachverständigengutachten ist jedoch nur zulässig, wenn das Gericht seine divergierende Überzeugung begründet und hierbei insbesondere erkennen lässt, dass seine anderslautende Beurteilung nicht Ausfluss eines Mangels an Sachkunde ist[78].

Eine weitere Schranke der freien Beweiswürdigung stellt die Bindung des Richters an Denk-, Natur- und Erfahrungsgesetze dar[79]. Während unter Verstoß gegen die Logik oder gegen Naturgesetze vorgenommene Beweiswürdigungen stets fehlerhaft sind und jedenfalls vom Revisionsgericht aufgehoben werden, ist beim Verstoß gegen Erfahrungssätze differenziert vorzugehen. Entscheidend ist hierbei vor allem die „Stärke" des Erfahrungssatzes, d.h. die Häufigkeit der Fälle, in denen der Erfahrungssatz tatsächlich eingreift[80]. Unabhängig von dieser Differenzierung kann aber jedenfalls gesagt werden, dass eine Beweiswürdigung, die ohne weitere Begründung von einem Erfahrungssatz abweicht, nicht haltbar ist. Insofern ist es auch richtig, wenn man Denk-, Natur- und auch

[72] Walter, Freie Beweiswürdigung, S. 324.

[73] Zeiss, Zivilprozessrecht, Rn 453.

[74] Rosenberg/Schwab/Gottwald, Zivilprozessrecht, § 114 I 1.

[75] RGZ 162, 227; BGH, VersR 1971, 129 u. 814.

[76] Schellhammer, Zivilprozeß, Rn 563.

[77] Statt vieler: NJW 1982, 2874.

[78] Vgl. zum Verhältnis zwischen Richter und medizinischem Sachverständigen: Schlund, in: Laufs/Uhlenbruck, Handbuch des Arztrechts, § 118 Rn 5.

[79] Rosenberg/Schwab/Gottwald, Zivilprozessrecht, § 114 I 1.

[80] Walter, Freie Beweiswürdigung, S. 327 unter Hinweis auf sog. „Primitiv-Erfahrungssätze".

Erfahrungsgesetze als Grenzen der Freiheit der richterlichen Beweiswürdigung ansieht.

2. Beweismaß

a. Definition / Allgemeines

Von der im Rahmen der Beweiswürdigung entscheidenden Frage, ob der Beweis im konkreten Fall erbracht ist, ist die Frage zu unterscheiden, unter welchen Voraussetzungen der Beweis als erbracht anzusehen ist. Diese Frage nach den Voraussetzungen, unter denen der Richter eine Tatsachenbehauptung als bewiesen ansehen darf und muss, ist die Frage nach dem Beweismaß oder Beweisquantum[81]. Im Gegensatz zur im Tatsächlichen angesiedelten Beweiswürdigung handelt es sich bei der Frage nach dem Beweismaß um eine rechtliche Wertung[82]. Das Beweismaß steht daher auch nicht der freien Beurteilung durch den Richter offen, sondern ist im Interesse der Rechtssicherheit und Rechtsgleichheit abstrakt zu bestimmen[83].

b. Verhältnis des Beweismaßes zur Beweiswürdigung

Die Höhe des Beweismaßes hat Einfluss auf den Ausgang des Prozesses. Ist das Beweismaß niedrig, wird der Richter im Rahmen der Beweiswürdigung schnell und damit häufig zu dem Ergebnis gelangen, dass der Beweis erbracht ist. Ist das Beweismaß hingegen hoch, so wird der Richter nur selten zu dem Ergebnis gelangen, dass der Beweis erbracht ist.

c. Bestimmung des Beweismaßes

Eine ausdrückliche gesetzliche Bestimmung des Beweismaßes gibt es nicht. Einziger normativer Anknüpfungspunkt ist § 286 I 1 ZPO, der bestimmt, dass der Richter nach freier Überzeugung entscheidet, was er für wahr erachtet. Daraus wird von der wohl herrschenden Meinung geschlossen, dass im Rahmen des Zivilprozesses ein subjektives Beweismaß gilt. Der Beweis sei erbracht, wenn der Richter von der Wahrheit der zu beweisenden Tatsache überzeugt ist. Beweismaß sei also die subjektive Überzeugung des Richters[84]. Andere betonen hingegen, dass § 286 I 1 ZPO keine Aussage darüber enthalte, unter welchen Voraussetzungen der Richter von der Wahrheit überzeugt sein darf und muss. §

[81] Weitere Bezeichnungen: Beweiskriterium, Beweisstärke.
[82] Greger, Beweis und Wahrscheinlichkeit, S. 8.
[83] Maassen, Beweismaßprobleme im Schadensersatzprozeß, S. 19 f, 23, 30 f; vgl. zur abweichenden Meinung Gottwalds: unten, S. 72.
[84] Prütting, Gegenwartsprobleme der Beweislast, Rn 86; Greger, Beweis und Wahrscheinlichkeit, S. 105, 113 ff, 121 f; Walter, Freie Beweiswürdigung, S. 158.

286 I 1 ZPO enthalte daher keine Aussage über das Beweismaß. Als Beweismaß wird vielmehr ein bestimmter Grad von Wahrscheinlichkeit angesehen[85].
Von einer Diskussion der verschiedenen Beweismaßtheorien kann hier jedoch abgesehen werden[86], da es im Rahmen der Darstellung der Grundbegriffe des Beweisrechts lediglich darauf ankommt zu erkennen, dass die Höhe des Beweismaßes eine abstrakte Rechtsfrage ist, die sich im Rahmen der Beweiswürdigung stellt und das Ergebnis der Beweiswürdigung und damit häufig des gesamten Prozesses wesentlich beeinflusst.

3. Beweislast

a. Definition / Allgemeines

Hinter dem Begriff der Beweislast verbergen sich zwei sehr unterschiedliche Inhalte[87].

Die <u>subjektive Beweislast</u>[88] ist zu Beginn eines Prozesses von Bedeutung. Sie bestimmt, wer eine bestimmte Tatsache vorzutragen hat[89]. Bleibt derjenige, der die subjektive Beweislast trägt untätig, so verliert er den Prozess. Er nimmt somit durch seine Untätigkeit bewusst den Prozessverlust in Kauf[90].

Die <u>objektive Beweislast</u>[91] stellt sich dagegen erst am Ende des Prozesses. Auf sie kommt es an, wenn in einem Prozess Unklarheit über die Wahrheit einer entscheidungserheblichen Tatsache besteht und das Gericht auch nach Beweisaufnahme und –würdigung weder von der Wahrheit der Behauptung noch vom Gegenteil überzeugt ist. Aufgrund des in Art. 19 IV GG verbürgten Justizgewährleistungsanspruchs muss das Gericht jedoch auch in einem derartigen, in tatsächlicher Hinsicht nicht vollkommen aufklärbaren, Rechtsstreit eine Entscheidung treffen und kann diesen nicht etwa mit Hinweis auf die Mängel im Tatsächlichen abweisen[92]. Das Gericht muss sich also fragen, zu wessen Lasten die verbleibende Ungewissheit geht, wer also die Folgen der Beweislosigkeit zu tragen hat. Diese Frage beantworten die Regeln über die objektive Beweislast[93]. Sie dienen damit der Überwindung des non liquets[94].

---

[85] Musielak, Grundlagen der Beweislast, S. 109 f; M. Huber, Das Beweismaß im Zivilprozeß, S. 150.
[86] Vgl. insofern Teil 2, ab S. 71.
[87] Prütting, Gegenwartsprobleme der Beweislast, S. 5.
[88] Auch Beweisführungslast oder formelle Beweislast genannt.
[89] Prütting, Gegenwartsprobleme der Beweislast, S. 6.
[90] Rosenberg, Die Beweislast, S. 16.
[91] Auch Feststellungslast oder materielle Beweislast genannt.
[92] Baumgärtel, Beweislastpraxis im Privatrecht, Rn 10.
[93] Zeiss, Zivilprozessrecht, Rn 460.

Da in der Praxis regelmäßig beide Parteien den Beweis antreten und ein Untätigbleiben der beweisführungsbelasteten Partei recht selten zu verzeichnen ist; andererseits aber die Fälle, in denen letztlich ein non liquet verbleibt, so häufig sind, dass bereits ein Sprichwort existiert, welches besagt, dass das Innehaben der (objektiven) Beweislast bereits halber Prozessverlust bedeutet[95], ist im Folgenden mit Beweislast immer die objektive Beweislast gemeint. Ein näheres Eingehen auf die Beweisführungslast erübrigt sich auch deshalb, weil objektive und subjektive Beweislast grundsätzlich parallel verlaufen[96], so dass denjenigen der die objektive Beweislast trägt, grundsätzlich auch die Beweisführungslast trifft.

b. Regelung der Beweislastverteilung

Trotz der bereits angedeuteten praktischen Relevanz der Beweislastverteilung, enthält das BGB lediglich einige Regelungen zur Beweislastverteilung in Spezialfällen[97], nicht jedoch eine Normierung der grundsätzlichen Beweislastverteilung[98].

aa. Eine derartige rechtssatzmäßige Regelung der Verteilung der Beweislast sah § 193 des ersten Entwurfs zum BGB vor[99]. Hiernach sollte grundsätzlich derjenige, der die Rechtsfolgen geltend macht, die rechtsbegründenden Tatsachen zu beweisen haben, während den Gegner die Beweislast für die rechtshindernden, rechtshemmenden und rechtsvernichtenden Tatsachen treffen sollte[100]. Diese damals allgemein anerkannte Grundregel der Beweislastverteilung wurde lediglich deshalb nicht in das BGB aufgenommen, weil man sie für selbstverständlich hielt und somit die Notwendigkeit einer ausdrücklichen Normierung nicht erkannte[101].

bb. Mangels gesetzlicher Normierung der Grundregel der Beweislastverteilung stellt sich die Frage, ob sie auch heute noch gilt und wie sie dogmatisch zu begründen ist. Ein Abstellen auf Gewohnheitsrecht verbietet sich, da die hierfür erforderliche „opinio necessitatis", also das allgemeine Bewusstsein der notwendigen Verbindlichkeit dieser Grundsätze, fehlt[102].

---

[94] Leipold, Beweismaß und Beweislast, S. 22.
[95] Stölzel, Schulung für die civilistische Praxis, S. XI; Weimar, JR 1977, 7.
[96] Prütting, Gegenwartsprobleme der Beweislast, S. 9.
[97] Z.B. §§ 179 I, 280 I 2, 345, 363, 2336 III BGB.
[98] Rosenberg/Schwab/Gottwald, Zivilprozessrecht, § 118 II 1, 2.
[99] Baumgärtel, Beweislastpraxis im Privatrecht, Rn 149.
[100] Leipold, Beweismaß und Beweislast, S. 35, 46.
[101] Protokolle zum BGB, Band I, S. 259 – zitiert bei Musielak, Grundlagen der Beweislast, S. 278.
[102] Meier, ZSR 106 (1987), 714; Baumgärtel, Beweislastpraxis im Privatrecht, Rn 151.

cc. Ausgehend von der Forderung, dass aus Gründen der Rechtssicherheit eine gesetzliche Verankerung der Beweislastverteilung erforderlich ist und der Feststellung, dass eine solche nicht ausdrücklich erfolgt ist, entwickelte *Rosenberg*[103] mit der sogenannten Normentheorie eine allgemein gültige Regelung der Beweislastverteilung. Diese besagt, dass die Beweislastentscheidung aus dem Inhalt der materiell-rechtlichen Sätze zu ermitteln ist[104]. Grundgedanke der Normentheorie ist, dass eine Norm nur dann angewendet werden kann, wenn der vom Gesetz zu ihrer Voraussetzung gemachte, abstrakt formulierte, hypothetische Tatbestand konkrete Wirklichkeit geworden ist. Ihre Anwendung unterbleibt, wenn dies nicht bewiesen ist. Den Nachteil dieses Vorgehens trägt diejenige Partei, deren Prozesssieg die Anwendung dieses Rechtssatzes erfordert hätte. Jede Partei trägt damit die Beweislast für die Voraussetzungen der ihr günstigen Norm[105].
Da Grundlage des Klagebegehrens regelmäßig eine rechtsbegründende Norm ist, deren Wirkung durch eine rechtshemmende, rechtsverhindernde oder rechtsvernichtende Norm beseitigt werden kann, trägt nach der *Rosenberg*schen Normentheorie – ebenso wie nach § 193 des ersten Entwurfes zum BGB – der Kläger grundsätzlich die Beweislast für die rechtsbegründenden Tatsachen, während der Gegner die Beweislast für die rechtshemmenden, rechtsverhindernden und rechtsvernichtenden Tatsachen trägt.

Zwar wurde die Normentheorie in der Vergangenheit immer wieder angegriffen, jedoch bezog sich diese Kritik regelmäßig auf Detailfragen[106] wie etwa die Möglichkeit und Bedeutung der Unterscheidung der rechtsbegründenden und rechtshindernden Normen[107], nicht jedoch auf den grundsätzlichen Gedanken, dass die Beweislastverteilung durch Betrachtung und Auslegung der im konkreten Rechtsstreit anzuwendenden materiell-rechtlichen Normen zu ermitteln ist[108].

dd. Ein völlig anderer Ansatzpunkt für die Verteilung der Beweislast wird hingegen teilweise in der Literatur verfolgt. Hiernach soll die Beweislast in Abweichung von der „formalen"[109] Normentheorie nach bestimmten sachlichen Prinzipien verteilt werden. Freilich unterscheiden sich die von den ver-

---

[103] Rosenberg, Die Beweislast, S. 98 f.
[104] Rosenberg/Schwab/Gottwald, Zivilprozessrecht, § 117 II 2.
[105] Rosenberg/Schwab/Gottwald, Zivilprozessrecht, § 117 II 2.
[106] Eine Ausnahme bildet insofern die sogleich zu besprechende Literaturmeinung, welche die Beweislast anhand bestimmter sachlicher Prinzipien verteilen will.
[107] Pohle, AcP 155 (1956), 176; Leipold, Beweismaß und Beweislast, S. 38 ff; Reinecke, MDR 1986, 635.
[108] Baumgärtel, Beweislastpraxis im Privatrecht, Rn 142.
[109] Wahrendorf, Die Prinzipien der Beweislast im Haftungsrecht, S. 57.

schiedenen Vertretern dieser Literaturmeinung verwendeten Prinzipien erheblich voneinander.

(1) So möchten *Kegel*[110] und *Reinecke*[111] eine Beweislastverteilung nach der überwiegenden Wahrscheinlichkeit vornehmen. Die Beweislast sei in den meisten Fällen so zu verteilen, dass der weniger wahrscheinliche Vorgang zu beweisen wäre, die Beweislast also denjenigen trifft, der sich auf die weniger wahrscheinlichen Tatsachen beruft[112].
Gegen eine Verteilung der Beweislast nach Wahrscheinlichkeit spricht jedoch, dass die Wahrscheinlichkeit (offen oder versteckt) bereits im Rahmen der Beweiswürdigung berücksichtigt wird[113]. Die Beweislastverteilung nach Wahrscheinlichkeit stellt somit eine methodisch unzulässige Vermischung von Beweiswürdigung und Beweislast dar[114].

(2) Eine Verteilung der Beweislast nach einem anderen sachlichen Prinzip schlägt *Prölss*[115] vor. Er verteilt die Beweislast nach Gefahrenbereichen, da es einem zwingenden Gebot der Gerechtigkeit entspräche, dem auf Schadensersatz in Anspruch Genommenen die Beweislosigkeit insoweit zuzurechnen, als sich ungeklärte Vorgänge in einem von ihm tatsächlich beherrschbaren Lebensbereich abgespielt hätten[116].
Problematisch an der von *Prölss* vorgeschlagenen Beweislastverteilung ist jedoch, dass der Begriff des „Gefahrenbereichs“ wenig scharf ist und daher eine erhebliche Rechtsunsicherheit mit sich bringt[117]. Des weiteren hat *Prölss* selbst seine Gefahrenbereichslehre lediglich auf das Haftungsrecht beschränkt und damit dem Gesichtspunkt Rechnung getragen, dass der Sphärengedanke außerhalb des Haftungsrechts weitgehend funktionslos wäre, da sich dort ein räumlich-gegenständlicher Bereich noch seltener bestimmen lässt als im Haftungsrecht[118].
Anhand des Gefahrenbereichs kann folglich keine – die Normentheorie ersetzende – Grundregel der Beweislastverteilung entwickelt werden.

---

110 Kegel, FG Kronstein, S. 335.
111 Reinecke, Beweislastverteilung im Bürgerlichen Recht, S. 40 ff.
112 Reinecke, Beweislastverteilung im Bürgerlichen Recht, S. 40 ff, 189.
113 Prütting, Gegenwartsprobleme der Beweislast, S. 205.
114 Baumgärtel, Beweislastpraxis im Privatrecht, Rn 161; Rosenberg/Schwab/Gottwald, Zivilprozessrecht, § 118 II 3 b.
115 Prölss, Beweiserleichterungen im Schadensersatzprozeß, S. 65 ff; ders., VersR 1964, 901; zeitweise auch Larenz, Schudrecht, 11. Aufl., § 24 I b; a.A. aber Larenz, Schuldrecht, 12. Aufl., § 24 I b.
116 Prölss, Beweiserleichterungen im Schadensersatzprozeß, S. 74; ders., VersR 1964, 901, 903.
117 Rosenberg/Schwab/Gottwald, Zivilprozessrecht, § 118 II 3 a.
118 Prütting, Gegenwartsprobleme der Beweislast, S. 226.

(3) Ähnlich steht es auch um weitere in der Literatur vorgeschlagenen Prinzipien der Beweislastverteilung[119]. Insbesondere *Wahrendorf*[120] führt eine ganze Reihe von der Beweislast zugrunde liegenden Prinzipien ein. Er nennt neben dem Wahrscheinlichkeitsprinzip (z.B. für die Kausalitätsvermutung gem. § 823 II BGB), das Schutzprinzip (z.B. bei der Verletzung von Berufspflichten), das Garantieprinzip (z.B. § 282 BGB a.F., entspricht § 280 I 2 BGB n.F.), das Vertrauensprinzip (z.B. §§ 122, 179 BGB), das Strafprinzip (z.B. schuldhafte Beweisvereitelung) und das Prinzip der sozialen Risikoverteilung (z.B. Beweislast bei der Produzentenhaftung).
Wie sich jedoch bereits aus dieser Aufzählung ergibt, gelten die genannten Prinzipien stets nur für bestimmte Einzelbereiche, enthalten jedoch weder einzeln noch gemeinsam eine Grundregel der Beweislastverteilung. Ihre Bedeutung liegt daher in der argumentativen Unterlegung der gefundenen Beweislastverteilung oder auch in der Begründung der Notwendigkeit einer Beweislastumkehr im Einzelfall[121], nicht jedoch in der Ablösung der Normentheorie[122].

ee. Im Ergebnis bleibt es daher bei der grundsätzlichen Verteilung der Beweislast nach der sogenannten Normentheorie.

c. Verhältnis der Beweislast zur Beweiswürdigung und dem Beweismaß

Die Beweislast ist erst am Schluss des Prozesses von Bedeutung, wenn Beweisaufnahme und Beweiswürdigung ohne Erfolg geblieben sind. Erst nach Ausschöpfung aller Beweismöglichkeiten, also gewissermaßen als ultima ratio, greifen die Regeln der Beweislast ein[123].
Trotz dieser strikten Trennung zwischen Beweiswürdigung und Beweislast stehen beide jedoch nicht völlig isoliert nebeneinander. Insbesondere das im Rahmen der Beweiswürdigung maßgebliche Beweismaß beeinflusst den praktischen Anwendungsbereich der Beweislastregelungen nicht unwesentlich[124]. Denn bei Anlegung eines niedrigen Beweismaßes – also etwa der bloß überwiegenden Wahrscheinlichkeit – wird die Möglichkeit eines non liquet und damit der Anwendungsbereich der Beweislastnormen eingeengt[125]. Umgekehrt steigt mit der Anlegung eines hohen Beweismaßes – wie das der an Sicherheit grenzenden Wahrscheinlichkeit – die Möglichkeit eines non liquet und damit die praktische Bedeutung der Beweislastregeln.

---

[119] Vgl. hierzu eingehend Baumgärtel, Beweislastpraxis im Privatrecht, Rn 160 ff.
[120] Wahrendorf, Die Prinzipien der Beweislast im Haftungsrecht, S. 14.
[121] Musielak, NJW 1977, 620.
[122] Baumgärtel, Beweislastpraxis im Privatrecht, Rn 162; Prütting, KF 1989, 10.
[123] Baumgärtel, Beweislastpraxis im Privatrecht, Rn 5.
[124] Baumgärtel, Beweislastpraxis im Privatrecht, Rn 53.
[125] Rechberger, FS Baumgärtel, S. 487.

II. Überzeugung, Wahrheit und Wahrscheinlichkeit

Neben den vorstehend dargestellten grundlegenden dogmatischen Begriffen ist es erforderlich, einige im Rahmen des Beweisrechts häufig verwendete Begriffe zu erläutern, die auch in der Alltagssprache existieren und daher scheinbar jedermann verständlich sind, bei deren genaueren Betrachtung sich jedoch herausstellt, dass sie missverständlich oder mehrdeutig sind und daher nicht unerheblich zur viel beklagten Undurchsichtigkeit des Beweisrechts[126] beitragen. Die folgenden Ausführungen beschränken sich auf die für das Verständnis der Arbeit erforderlichen Aspekte und enthalten daher nur einen Bruchteil der möglichen Überlegungen[127].

1. Überzeugung

Die Notwendigkeit einer Klärung des Begriffs der Überzeugung ergibt sich bereits daraus, dass die im Rahmen der Beweisproblematik maßgebende Norm des § 286 ZPO bestimmt, das Gericht solle nach freier *Überzeugung* entscheiden, ob es die Tatsachenbehauptung für wahr oder nicht für wahr erachte. Nachdem der Bedeutung des Ausdrucks „*freie* Überzeugung" bereits nachgegangen wurde[128], soll nun der Begriff der *Überzeugung* geklärt werden.

Bei der Überzeugung handelt es sich um den Zustand eines Subjekts[129]. Von anderen personenbezogenen Zuständen wie etwa dem Meinen oder Glauben unterscheidet sich die Überzeugung dadurch, dass sie auf objektiven Gründen beruht, also auf Gründen, die interpersonell vermittelbar sind und die jeder Mensch für gültig befinden kann[130] sowie dadurch, dass bei der Überzeugungsgewinnung die Regeln der Logik und die absolut gesicherten Erfahrungssätze berücksichtigt werden müssen[131]. Da diese objektiven Grundlagen der Überzeugungsbildung jedoch in der Regel lückenhaft sind, also nicht zwingend zu einer bestimmten Schlussfolgerung führen, ist es durchaus möglich, dass verschiedene Subjekte hinsichtlich ein und derselben Frage zu verschiedenen

---

[126] Greger, Beweis und Wahrscheinlichkeit, S. 28.

[127] Vgl. insofern die ausführlichen Begriffsbestimmungen bei Greger (Beweis und Wahrscheinlichkeit, S. 15-57) mit weiteren Hinweisen.

[128] Vgl. oben S. 30 f.

[129] Bohne, Zur Psychologie der richterlichen Überzeugungsbildung, S. 10 ff; Maassen, Beweismaßprobleme im Schadensersatzprozeß, S. 29; Döhring, Die Erforschung des Sachverhalts im Prozeß, S. 463.

[130] Kant, Kritik der reinen Vernunft, S. 739 f; Arens, ZZP 88 (1975), 29; Käßer, Wahrheitsforschung im Strafprozeß, S. 116.

[131] Heinsheimer, FS Klein, S. 135; Greger, Beweis und Wahrscheinlichkeit, S. 17 f.

Überzeugungen gelangen[132]. Für die Überzeugungsbildung ist daher ein weiteres, irrationales Element, eine „individuelle Zusatzleistung"[133] erforderlich. Erst wenn sich für das jeweilige Subjekt ein Gefühl der inneren Notwendigkeit einstellt, ist die Überzeugung gegeben.

Als Synonym zur Überzeugung wird häufig der Begriff „Gewissheit" verwendet[134]. Der Begriff der Gewissheit wird jedoch darüber hinaus auch in einer objektiven Bedeutung verwendet, wenn etwa der BGH den Berufungsrichter anweist, sich mit einem „für das praktische Leben brauchbaren Grad von Gewissheit (zu) begnügen"[135]. Hierbei kann „Gewissheit" nicht mit Überzeugung, sondern mit den Ausdrücken „absolute Sicherheit" oder „völlige Unbezweifelbarkeit" gleichgesetzt werden. Um Missverständnisse zu vermeiden sollte daher bei der Verwendung des Begriffes „Gewissheit" entweder stets klargestellt werden, ob damit die objektive oder die subjektive Gewissheit gemeint ist oder aber, in Rückgriff auf die Definition von *Kant*[136], der Begriff der Gewissheit nur noch im objektiven Sinne verwendet werden[137].

Zu beachten ist jedoch, dass sich die vorstehende Bestimmung des Begriffs der Überzeugung nur auf den allgemeinen Sprachgebrauch bezieht. Ob sich aus den Besonderheiten des Beweisrechts insofern Abweichungen ergeben, kann an dieser Stelle noch offen bleiben[138].

2. Wahrheit

Ebenfalls im Wortlaut des § 286 I 1 ZPO enthalten[139] und daher klärungsbedürftig ist der Begriff der Wahrheit.
Grundlegend für das Verständnis dieses Begriffes ist der Unterschied zwischen Wahrheit und Wirklichkeit. Das dem gerichtlichen Verfahren zugrunde liegende tatsächliche Geschehen, der Sachverhalt, kann nicht wahr oder unwahr sein, sondern er ist Wirklichkeit. Die Kategorien „wahr" oder „unwahr" beziehen sich vielmehr auf die Aussagen, die über diesen Sachverhalt, also die Wirklichkeit,

---

[132] Greger, Beweis und Wahrscheinlichkeit, S. 16.
[133] Begriff nach Greger, Beweis und Wahrscheinlichkeit, S. 17.
[134] Z.B. BGHSt 10, 209; BGH, LM § 261 StPO Nr. 14.
[135] BGHZ 53, 245 („Anastasia").
[136] Kant, Kritik der reinen Vernunft, S. 741: „Die subjektive Zulänglichkeit (des Fürwahrhaltens) heißt Überzeugung (für mich selbst), die objektive Gewißheit (für jedermann)."
[137] So Greger, Beweis und Wahrscheinlichkeit, S. 21.
[138] Vgl. insofern unten, S. 77 f.
[139] „Das Gericht hat (...) zu entscheiden, ob eine tatsächliche Behauptung für wahr oder für nicht wahr zu erachten sei.".

getroffen werden: Stimmen Inhalt der Aussage und Wirklichkeit überein, so ist die Aussage wahr; fehlt die „Analogizität"[140] zwischen Aussage und Wirklichkeit, so ist die Aussage unwahr. Da jedoch dem Menschen das Erkennen der Wirklichkeit verwehrt ist, ist es auch nicht möglich, die Wahrheit einer Aussage zu beurteilen[141]. Aus diesem Grund fordert der Gesetzgeber in § 286 ZPO nicht, dass das Gericht entscheiden solle, ob eine Tatsachenbehauptung wahr ist, sondern lediglich ob eine Tatsachenbehauptung für wahr *zu erachten sei.*

Ebenfalls unterschieden werden muss die Wahrheit der Aussage von ihrer Richtigkeit. Eine Aussage ist richtig, wenn sie ohne Verstoß gegen die Gesetze der Logik aus vorangegangenen Aussagen gefolgert wurde. Es ist daher durchaus möglich, dass eine Aussage richtig aber unwahr ist oder aber – selten – falsch und dennoch wahr. Abzulehnen ist daher die Gleichsetzung von unwahr und falsch.

3. Wahrscheinlichkeit

Der Begriff der Wahrscheinlichkeit ist zwar nicht in § 286 ZPO enthalten, wird jedoch in Rechtsprechung und Schrifttum bei der Erörterung von Beweisproblemen häufig verwendet. Während früher der Wahrscheinlichkeitsbegriff schlichtweg als vorrechtlicher Begriff vorausgesetzt wurde, ist seit der grundlegenden Abhandlung über die Wahrscheinlichkeitstheorie durch *Weitnauer*[142] weitgehend bekannt, dass es keinen einheitlichen Wahrscheinlichkeitsbegriff gibt und daher ein exaktes wissenschaftliches Arbeiten eine Klarstellung voraussetzt, welcher Wahrscheinlichkeitsbegriff verwendet wird. In Anlehnung an neuere philosophisch-wissenschaftstheoretische Werke[143] ist zwischen objektiver, subjektiver und logischer Wahrscheinlichkeit zu unterscheiden. Die Bildung eines eigenen juristischen Wahrscheinlichkeitsbegriffs ist aufgrund der zu befürchtenden Konsequenz einer zusätzlichen Erschwerung des Verständnisses zwischen Sachverständigen und Richter abzulehnen[144].

---

[140] Begriff nach Käßer (Wahrheitsforschung im Strafprozeß, S. 10) mit dessen Hilfe zum Ausdruck gebracht werden soll, dass die Übereinstimmung von Aussage und Wirklichkeit nicht mit deren Identität gleichgesetzt werden kann.
[141] Greger, Beweis und Wahrscheinlichkeit, S. 31 f; a.A.: die sozialistische Rechtslehre.
[142] Weitnauer, KF 1966, 3-20.
[143] Carnap/Stegmüller, Induktive Logik und Wahrscheinlichkeit; Essler, Induktive Logik, Grundlagen und Voraussetzungen; Juhos/Katzenberger, Wahrscheinlichkeit als Erkenntnisform; Popper, Logik der Forschung.
[144] Evers, Begriff und Bedeutung der Wahrscheinlichkeit für die richterliche Beweiswürdigung, S. 59; Musielak, Grundlagen der Beweislast, S. 111.

a. Objektiver Wahrscheinlichkeitsbegriff

Der objektive oder auch mathematische Wahrscheinlichkeitsbegriff[145] geht insbesondere auf *v. Mises*[146] und *Reichenbach*[147] zurück und bedient sich für die Bestimmung der Wahrscheinlichkeit der sogenannten Häufigkeitstheorie. Hiernach wird die Wahrscheinlichkeit des Eintritts eines Ereignisses (W(E)) definiert als das Verhältnis der dafür günstigen (g) zu den überhaupt möglichen (m) Fällen[148, 149]. Oder – mathematisch korrekter -: als der Grenzwert (limes), dem die relative Häufigkeit ($\frac{g}{m}$) des Ereignisses E in einer unendlich großen Zahl (m) von Versuchen in einem Experiment entgegenstrebt[150,151].

Problematisch an diesem Wahrscheinlichkeitsbegriff ist, dass nach ihm die Bestimmung der Wahrscheinlichkeit vom Vorliegen bestimmter Voraussetzungen abhängig ist[152]. So ist insbesondere erforderlich, dass es sich bei den zu beurteilenden Vorgängen um solche handelt, die unbegrenzt fortsetzbar sind[153]. Typische Anwendungsgebiete der objektiven Wahrscheinlichkeit sind daher das Würfelspiel und das Urnenmodell. Bereits an dieser unendlichen Wiederholbarkeit wird es jedoch regelmäßig im Rahmen des hier interessierenden Beweisrechts fehlen. Der Richter hat es eben gerade nicht mit einem beliebig wiederholbaren, gleichartig verlaufenden Vorgang zu tun, sondern mit stets einzigartigem Geschehen[154].

Im übrigen bezieht sich die mit Hilfe des objektiven Wahrscheinlichkeitsbegriffes gewonnene Wahrscheinlichkeitsaussage nicht auf einen Einzelfall, sondern auf die relative Häufigkeit eines bestimmten Ereignisses im

---

145 Weitere gängige Bezeichnungen: relative, statistische, quantitative Wahrscheinlichkeit.

146 v. Mises, Wahrscheinlichkeit, Statistik und Wahrheit.

147 Reichenbach, Der Begriff der Wahrscheinlichkeit für die mathematische Darstellung der Wirklichkeit.

148 Mathematisch ausgedrückt: $W=\frac{g}{m}$

149 M. Huber, Das Beweismaß im Zivilprozeß, S. 79; Weitnauer, KF 1966, 4; Koch/Rüßmann, Juristische Begründungslehre, S. 289.

150 Als Formel:

$$W(E)= \lim_{m \to \infty} \frac{g}{m}$$

151 Maassen, Beweismaßprobleme im Schadensersatzprozeß, S. 5; Greger, Beweis und Wahrscheinlichkeit, S. 40; Essler, Induktive Logik, S. 69.

152 Vgl. hierzu im einzelnen: Evers, Begriff und Bedeutung der Wahrscheinlichkeit für die richterliche Beweiswürdigung, S. 49 f; Greger, Beweis und Wahrscheinlichkeit, S. 41; v. Mises, Wahrscheinlichkeit, Statistik und Wahrheit, S. 10-34.

153 Evers, Begriff und Bedeutung der Wahrscheinlichkeit für die richterliche Beweiswürdigung, S. 49.

154 Greger, Beweis und Wahrscheinlichkeit, S. 49 f.

Kollektiv[155]. *Weitnauer*[156] verdeutlicht dies am Beispiel des Würfelspiels, wenn er sagt, dass mit Hilfe des objektiven Wahrscheinlichkeitsbegriffs nicht etwa die Wahrscheinlichkeit bestimmt wird, mit dem nächsten Wurf eine Sechs zu erzielen, sondern die relative Häufigkeit einer Sechs bei einer hinreichend langen Fortsetzung des Spiels. Ist jedoch mit Hilfe des objektiven Wahrscheinlichkeitsbegriffs keine Aussage über den Einzelfall, sondern nur über eine Folge von Fällen möglich[157], so ergibt sich hieraus, dass der objektive Wahrscheinlichkeitsbegriff für die Beurteilung von Beweisfragen untauglich ist, denn den Richter interessiert allein der ihm zur Beurteilung vorliegende Einzelfall[158, 159].

b. Subjektiver Wahrscheinlichkeitsbegriff

Genau an dieser – aus juristischer Sicht gesehener – Schwachstelle des objektiven Wahrscheinlichkeitsbegriffs, setzt der vor allem von *de Finetti*[160] und *Savage*[161] befürwortete subjektive Wahrscheinlichkeitsbegriff[162] ein. Ausgangspunkt der subjektiven Wahrscheinlichkeit ist die Bewertung der Wahrscheinlichkeit einer Hypothese durch einen bestimmten Menschen[163]. Vollständig formuliert bedeutet dies, dass die Wahrscheinlichkeit für die Hypothese H aufgrund des Erfahrungsdatums E für die Person X zur Zeit t die Zahl r ist[164]. Der zum Teil verwendete Zusatz, es sei auf einen streng rational handelnden Menschen abzustellen[165], ist abzulehnen, da hierdurch der im Rahmen der subjektiven Wahrscheinlichkeit bestehende Bezug zu einer individuellen Person verloren geht und somit die Unterscheidung zum sogenannten logischen Wahrscheinlichkeitsbegriff[166] verwischt wird[167].

Die Bestimmung des Wahrscheinlichkeitsgrades erfolgt anhand des auf *Kant*[168] zurückgehenden sogenannten maximalen Wettquotienten, d.h. der Grad der

---

155 M. Huber, Das Beweismaß im Zivilprozeß, S. 79; Musielak, Grundlagen der Beweislast, S. 92; Weitnauer, KF 1966, 5.
156 Weitnauer, KF 1966, 5.
157 Reichenbach, Wahrscheinlichkeitslehre, S. 374.
158 Lebrecht, NJW 1969, 1420.
159 Zur fehlenden Eignung des objektiven Wahrscheinlichkeitsbegriffs als Beweiskriterium ausführlich: Greger, Beweis und Wahrscheinlichkeit, S. 49-55.
160 De Finetti, Zentralblatt für Mathematik und ihre Grenzgebiete, Bd. 10 (1935), 364 f.
161 Savage, The Foundations of Statistics.
162 Auch personeller, psychologischer oder moralischer Wahrscheinlichkeitsbegriff genannt.
163 Prütting, Gegenwartsprobleme der Beweislast, S. 62; Musielak, FS Kegel, S. 456 f; Gottwald, Schadenszurechnung und Schadensschätzung, S. 193.
164 Essler, Induktive Logik, S. 68.
165 So z.B. Musielak, FS Kegel, S. 456 f.
166 Dazu sogleich, S. 44 f.
167 Greger, Beweis und Wahrscheinlichkeit, S. 46.
168 Kant, Kritik der reinen Vernunft, S. 742 f

Wahrscheinlichkeit ist identisch mit dem Einsatz, den die jeweilige Person aufgrund ihrer Erfahrung bereit ist für das Vorliegen einer Tatsache zu wetten[169].

Die subjektive Wahrscheinlichkeit bezeichnet somit den Grad mit dem eine bestimmte Person zu einem bestimmten Zeitpunkt an das Eintreffen eines bestimmten Ereignisses glaubt[170]. Entgegen der häufig geäußerten Kritik[171] ist daher im Einklang mit *Greger*[172] davon auszugehen, dass die sogenannte „Erlebniswahrscheinlichkeit"[173], mit der in der Alltagssprache der Stärkegrad einer persönlichen Erwartung zum Ausdruck gebracht wird, zumindest dann als mit der subjektiven Wahrscheinlichkeit identisch anzusehen ist, wenn die Erwartung oder Meinung des betreffenden Individuums auf objektiven Gründen beruht.

Der subjektive Wahrscheinlichkeitsbegriff steht damit auf einer Ebene mit den Begriffen der Überzeugung und der Gewissheit im subjektiven Sinne[174]. Daraus folgt, dass der subjektive Wahrscheinlichkeitsbegriff zumindest dann nicht gemeint ist, wenn der Begriff der Wahrscheinlichkeit – wie zumeist im Schrifttum und auch in dieser Arbeit – als Gegensatz zur Überzeugung gesehen wird.

c. Logischer Wahrscheinlichkeitsbegriff

Eng verwandt mit dem subjektiven ist der vor allem von *Carnap*[175] und *Keynes*[176] vertretene logische Wahrscheinlichkeitsbegriff[177]. Er unterscheidet sich jedoch von diesem dadurch, dass er nicht auf eine bestimmte Person und einen bestimmten Zeitpunkt abstellt. Die Definition der logischen Wahrscheinlichkeit lautet daher: Die Wahrscheinlichkeit einer Hypothese H aufgrund eines Erfahrungsdatums E ist r[178]. Mit Hilfe des logischen Wahrscheinlichkeitsbegriffs wird daher nicht ausgedrückt, mit welcher Stärke eine bestimmte Person an eine Hypothese glaubt, sondern das Maß der Stützung einer Hypothese durch Erfahrungssätze[179].

---

169 Bender/Nack, Tatsachenfeststellung vor Gericht, Rn 369.
170 Evers, Begriff und Bedeutung der Wahrscheinlichkeit für die richterliche Beweiswürdigung, S. 58.
171 M. Huber, Das Beweismaß im Zivilprozeß, S. 80; Musielak, FS Kegel, S. 456 Fn 27.
172 Greger, Beweis und Wahrscheinlichkeit, S. 38 f.
173 Typische Beispiele: „Wahrscheinlich wird es morgen regnen" oder „Wahrscheinlich war er gestern hier".
174 Greger, Beweis und Wahrscheinlichkeit, S. 39.
175 Carnap, Logical Foundations of Probability, S. 23 ff.
176 Keynes, A Treatise on Probility.
177 Auch induktiver oder qualitativer Wahrscheinlichkeitsbegriff genannt.
178 Essler, Induktive Logik, S. 68 f; Greger, Beweis und Wahrscheinlichkeit, S. 44; Carnap/Stegmüller, Induktive Logik und Wahrscheinlichkeit, S. 41.
179 Greger, Beweis und Wahrscheinlichkeit, S. 44.

Im Unterschied zum objektiven Wahrscheinlichkeitsbegriff ist der logische Wahrscheinlichkeitsbegriff nicht abhängig von der Möglichkeit der Bildung eines Kollektivs, er setzt somit nicht voraus, dass der zu beurteilende Vorgang unzählige Male wiederholbar ist[180]. Die mit seiner Hilfe gewonnenen Wahrscheinlichkeitsaussagen beziehen sich nicht auf das Kollektiv, sondern auf ein konkretes Einzelereignis, also z.B. auf die Wahrscheinlichkeit, mit dem *nächsten* Wurf eine Sechs zu erzielen[181].

d. Ergebnis

Als Ergebnis ist daher festzuhalten, dass der *logische Wahrscheinlichkeitsbegriff* durch seinen Bezug auf den Einzelfall, die Losgelöstheit vom persönlichen Empfinden eines einzelnen Menschen sowie das Abstellen auf Erfahrungssätze am ehesten der richterlichen Arbeit bei der Sachverhaltsfeststellung entspricht.
Der *objektive Wahrscheinlichkeitsbegriff* ist aufgrund seiner lediglich auf ein Kollektiv bezogenen Aussagekraft als Beweiskriterium von vornherein ungeeignet.
Der *subjektive Wahrscheinlichkeitsbegriff* wäre zwar durchaus geeignet, bringt letztlich jedoch nur die Stärke des Empfindens des Richters zum Ausdruck und unterscheidet sich daher nicht von dem in der Rechtsprechung und in weiten Teilen des Schrifttums verwendeten Begriff der Überzeugung.
Im Folgenden ist daher, falls nichts Gegenteiliges angemerkt ist, mit „Wahrscheinlichkeit" stets die Wahrscheinlichkeit im Sinne der Logik gemeint.

C. Bisher vorgeschlagene Lösungen des Beweisproblems im Arzthaftungsrecht

I. Gefährdungshaftung

In der Öffentlichkeit[182], aber auch in der Ärzteschaft selbst[183] wird immer wieder die Ersetzung der Verschuldenshaftung durch eine Gefährdungshaftung gefordert.

---

180 Greger, Beweis und Wahrscheinlichkeit, S. 46.

181 Greger, Beweis und Wahrscheinlichkeit, S. 47; Carnap/Stegmüller, Induktive Logik und Wahrscheinlichkeit, S. 91.

182 Antrag Bayrischer Landtagsabgeordneter, LT-Drucks. 13/3440 v. 6.12.1995.

183 Matthies, Schiedsinstanzen im Bereich der Arzthaftung, S. 33 f; Henschel, Aufgabe und Tätigkeit der Schlichtungs- und Gutachterstellen für Arzthaftungsrecht, S. 46; Farthmann, in: Jung/Schreiber, Arzt und Patient zwischen Therapie und Recht, S. 133.

Im Rahmen dieser thematisch begrenzten Untersuchung kann offen bleiben, ob die Ausgestaltung der Arzthaftung als Gefährdungshaftung angesichts der Tatsache, dass die Gefährdungshaftung in ihrer bisherigen Ausprägung an die Eröffnung einer Risikoquelle aus egoistischen Motiven anknüpft, während durch die altruistische ärztliche Tätigkeit gerade keine neuen Risiken gesetzt, sondern nur das bereits bestehende Krankheitsrisiko bekämpft wird, überhaupt ernsthaft in Betracht kommt[184]. Auch auf die vielerorts erörterten immensen Nachteile einer derartigen Ausgestaltung wie etwa der unterschiedlichen Haftung für ärztliches Tun und Unterlassen[185] sowie den zu erwartenden weiteren Anstieg der Anzahl der geltend gemachten Ansprüche mit all seinen negativen Folgen für das Gesundheitssystem und das Arzt-Patienten-Verhältnis[186] braucht hier nicht näher eingegangen zu werden.
Entscheidend ist nämlich, dass auch durch die Einführung einer Gefährdungshaftung die Beweisproblematik nicht wesentlich entschärft würde. Denn zum einen müsste der Patient auch bei der Gefährdungshaftung die Kausalität des ärztlichen Verhaltens für die erlittene Gesundheitsbeschädigung beweisen[187]. Zum anderen stellt sich im Rahmen der Kausalitätsermittlung regelmäßig die Frage, ob eine andere Behandlung den Krankheitsverlauf positiv beeinflusst hätte, was letztlich auf die Frage nach einem objektiven Behandlungsfehler hinausläuft[188]. Auch die diesbezüglichen Beweisschwierigkeiten blieben somit weitgehend erhalten.
Die Einführung der Gefährdungshaftung wäre daher aus beweisrechtlicher Sicht kaum mit Vorteilen verbunden.

---

[184] Mit Recht ablehnend: Wunsch, Ablösung der Verschuldenshaftung im Arzt-Patienten-Verhältnis, S. 84 ff; Baumgärtel, JR 1978, 373; Deutsch, JZ 1978, 277; ders. Medizinrecht, Rn 178; ders. FS v. Caemmerer, S. 329 f; Klingmüller, VersR 1980, 694; Laufs, Arztrecht, Rn 174; ders., Delikt und Gefährdung, S. 11; Weyers, Gutachten zum 52. Deutschen Juristentag, A 91; Pichler, Rechtsentwicklungen zu einer verschuldensunabhängigen Entschädigung im Medizinbereich, S. 33 f; Fischer/Lilie, Ärztliche Verantwortung im europäischen Rechtsvergleich, S. 9; Dierks/Graf-Baumann/Wienke, MedR 1996, 349.

[185] Weyers, Gutachten zum 52. Deutschen Juristentag, A 92; Katzenmeier, Arzthaftung, S. 181.

[186] Laufs, Arztrecht, Rn 174; Matthies, Schiedsinstanzen im Bereich der Arzthaftung, S. 34; Dinslage, VersR 1981, 310; Mertens, VersR 1974, 519.

[187] Wunsch, Ablösung der Verschuldenshaftung im Arzt-Patienten-Verhältnis, S. 98; Katzenmeier, Arzthaftung, S. 182; H. Baumann, JZ 1983, 171.

[188] Stolz, VersR 1978, 798; Wunsch, Ablösung der Verschuldenshaftung im Arzt-Patienten-Verhältnis, S. 99; Mertens, VersR 1974, 519.

II. Entwurf einer EU-Dienstleistungsrichtlinie

Im Rahmen einer Betrachtung der aktuell diskutierten Vorschläge zur Reform des Arzthaftungsrechts ist auch ein Eingehen auf den Richtlinienvorschlag der EG-Kommission zur Haftung bei Dienstleistungen vom 9.11.1990 erforderlich[189]. Denn auch wenn die Kommission diesen Vorschlag nach heftiger Kritik[190] am 23.6.1994 zurückgezogen hat, betonte sie doch gleichzeitig, dass sie an den in dem Entwurf enthaltenen Grundsätzen festhalten will[191].

Der Richtlinienentwurf (RLE) sah eine Haftung der Dienstleistenden für alle Schäden vor, die durch sein Verschulden bei Erbringung einer gewerblichen Dienstleistung (Art. 3 I RLE) an Gesundheit und körperlicher Unversehrtheit von Personen und an der Unversehrtheit beweglicher oder unbeweglicher Sachen verursacht worden ist (Art. 1 I RLE). Dienstleistende i.S.d. Richtlinienentwurfes sollten – in Abweichung von dem Vorentwurf, der hier eine Ausnahme vorsah – insbesondere auch Ärzte sein[192]. Kernpunkt des Vorschlags war die Regelung des Art. 1 II RLE, die vorsah, dass die Beweislast für das fehlende Verschulden bei dem Dienstleistenden liegen sollte[193]. Die Beweislast für die Kausalität zwischen Dienstleistung und Schaden sollte hingegen bei dem Dienstleistungsempfänger verbleiben, Art. 5 RLE.

Die Ärzteschaft lehnt die in dem Richtlinienentwurf vorgesehene Haftungsverschärfung in Form einer generellen Beweislastumkehr entschieden ab. Sie fordert eine Ausnahmeregelung für ihren Berufsstand, da sich ansonsten das Haftungsrisiko unvertretbar erweitere und die Berufsausübung sowie das Vertrauensverhältnis zwischen Arzt und Patient belastet würde. Befürchtet wird eine Belastung der Ärzte mit einer de facto Erfolgshaftung[194].

Von anderer Seite werden die vorgeschlagenen Veränderungen als viel weniger einschneidend empfunden. Insbesondere *Giesen*[195] hat darauf hingewiesen, dass der Richtlinienentwurf kaum über das hinausgehe, was in Deutschland im Wege der richterlichen Rechtsfortbildung ohnehin bereits gelte. Der Unterschied läge lediglich darin, dass die Beweislastumkehr gegenwärtig im Einzelfall hergeleitet

---

[189] KOM (90) 482 endg. – SYN 308, abgedruckt in: Amtsblatt der Europäischen Gemeinschaften 1991, Nr. C 12/8.

[190] BR-Drucks. 63/91; Deutsch, KF 1992, 4 ff; Baumgärtel, JZ 1992, 321; Geisendörfer, VersR 1991, 1317 f; Heinemann, ZIP 1991, 1193 ff; Fahrenhorst, ZRP 1992, 60 ff.

[191] KOM (94) 260 endg., S. 4; Schalast/Voigtländer-Tetzner, VersR 1994, 1266.

[192] Giesen, JR 1991, 491.

[193] Schalast/Voigtländer-Tetzner, VersR 1994, 1266.

[194] Entschließung des 24. Deutschen Ärztetages, abgedruckt in: DÄBl 88 (1991), 991 und MedR 1991, 165.

[195] Giesen, JR 1991, 492.

und begründet werden müsse, während sie nach Umsetzung einer dem Entwurf entsprechenden Richtlinie generell gelten würde. Gerade dies sei aber im Interesse der Rechtssicherheit und den Grundsätzen einer fairen Prozessführung zu begrüßen[196].

Diese höchst unterschiedliche Bewertung der Auswirkungen der Richtlinie im Falle ihrer Umsetzung ist wohl darauf zurückzuführen, dass –ähnlich wie bei § 280 I 2 BGB n.F. bzw. §§ 282, 285 BGB a.F.- der Umfang der in der Richtlinie vorgesehenen Beweislastumkehr unterschiedlich beurteilt wird. Unklar ist, ob mit „Verschulden" lediglich die subjektive Vorwerfbarkeit oder auch das Vorliegen einer objektiven Pflichtverletzung gemeint ist[197]. Da jedoch in Art. 1 RLE neben dem Verschulden lediglich Schaden und Kausalität als Voraussetzungen der Haftung genannt sind, anders als in § 280 I 1 BGB n.F. die Pflichtverletzung also nicht separat genannt ist, ist davon auszugehen, dass durch Art. 1 II RLE nicht nur die Beweislast hinsichtlich der fehlenden subjektiven Vorwerfbarkeit, sondern auch hinsichtlich des Nicht-Vorliegens eines objektiven Fehlverhaltens umgekehrt würde[198].
Bei Umsetzung des Richtlinienentwurfs würden daher sämtliche Beweisprobleme des Patienten im Bereich des Nachweises eines Behandlungsfehlers sowie der subjektiven Vorwerfbarkeit entfallen. Diese Beweiserleichterung auf Patientenseite ginge jedoch einseitig auf Kosten der Ärzte, da diesen der noch schwierigere Nachweis des Nicht-Verschuldens obläge. Es droht eine Haftung ohne nachgewiesenen Fehlverhaltens.
Doch auch aus Patientensicht erscheint der Richtlinienentwurf in beweisrechtlicher Hinsicht nicht optimal, da er sich nur auf die Beweisprobleme im Bereich des Behandlungsfehlers sowie des Verschuldens konzentriert, die Beweisprobleme bezüglich der Kausalität jedoch in vollem Umfang bestehen blieben. Insbesondere wurde eine Beweismaßreduktion für die Kausalität zwischen ärztlicher Handlung und Gesundheitsschädigung wie sie der Vorentwurf enthielt nicht in den endgültigen Entwurf übernommen[199]. Darüber hinaus kann wohl nicht davon ausgegangen werden, dass bei Umsetzung des Richtlinienentwurfs die von der Rechtsprechung gebildeten Fallgruppen zur Umkehr der Beweislast für die Kausalität weiter gelten[200]. Damit stellt die Kausalitätsregelung des Art. 5

---

[196] Giesen, JR 1991, 492.
[197] BR-Drucks. 83/1/91, S. 9 f; Fischer/Lilie, Ärztliche Verantwortung im europäischen Rechtsvergleich, S. 17; Schirmer, in: Häring, Chirurgie und Recht, S. 59.
[198] So auch Baumgärtel, JZ 1992, 321; Flohr, Arzthaftung in Österreich, S. 210; Chiang, Beweislast und Beweiserleichterung bei der Haftung von Angehörigen der Freien Berufe, S. 179; Heinemann, ZIP 1991, 1197.
[199] Heinemann, ZIP 1991, 1198.
[200] Baumgärtel, JZ 1992, 323; a.A.: Giesen, JR 1991, 491.

des Richtlinienentwurfs für den Patienten eine erhebliche Benachteiligung gegenüber der gegenwärtigen Rechtsprechung des BGH dar[201].

Als Fazit lässt sich somit festhalten, dass bei Umsetzung des 1990 vorgelegten Richtlinienentwurfs die Beweisproblematik zwar im Bereich des Verschuldens im weiteren Sinne für den Patienten beseitigt würden, hierfür entstünden jedoch neue Beweisprobleme auf Seiten der Ärzte. Im Bereich des Kausalitätsnachweises würde eine weitere Verschlechterung der Position des Patienten eintreten.

III. Versicherungslösungen

Der gegenwärtig in der Literatur am intensivsten diskutierte[202] Vorschlag zur Reformierung des Arzthaftungsrechts ist durch ausländische Rechtsordnungen inspiriert. Es handelt sich um die Idee, die gesamte Arzthaftung durch eine Versicherung zu ersetzen.
Zum Teil[203] wird als Ziel dieser Umgestaltung ausdrücklich die Beseitigung der bestehenden Beweisprobleme genannt[204].

Für die Ausgestaltung der Versicherungslösung kommen im Wesentlichen zwei Modelle in Betracht: Zum einen die Einführung einer obligatorischen privaten Patientenversicherung in Form eines Vertrages des Krankenhausträgers oder des Arztes mit einem Versicherungsträger zugunsten der zukünftigen Patienten nach schwedischem Vorbild[205]. Zum anderen, dem Beispiel Neuseelands folgend, die Etablierung einer öffentlich-rechtlichen Versicherung nach dem Bismarckschen Modell der Arbeiterunfallversicherung.

---

[201] Baumgärtel, JZ 1992, 323; Chiang, Beweislast und Beweiserleichterung bei der Haftung von Angehörigen der Freien Berufe, S. 181.

[202] Vgl. hierzu Barta, Medizinhaftung: Kann das historische Modell der gesetzlichen Unfallversicherung einer modernen Arzthaftung als Vorbild dienen ?; Köhler/v. Maydell, Arzthaftung-„Patientenversicherung"-Versicherungsschutz im Gesundheitssektor; Radau, Ersetzung der Arzthaftung durch Versicherungsschutz.

[203] Matthies, Schiedsinstanzen im Bereich der Arzthaftung, S. 34; Radau, Ersetzung der Arzthaftung durch Versicherungsschutz, S. 225 f; Hanau, FS Baumgärtel, S. 126; Schreiber, Theorie des Beweiswertes für Beweismittel im Zivilprozeß, S. 343; Köhler, in: Köhler/v. Maydell, Arzthaftung-„Patientenversicherung"-Versicherungsschutz im Gesundheitssektor, S. 246.

[204] Bezüglich der im übrigen erhofften Vorteile einer Versicherungslösung, vgl. Weyers, Gutachten zum 52. Deutschen Juristentag, A 92 f.

[205] ähnliche Regelungen finden sich auch in Finnland (seit 25.7.1986), in Norwegen (seit 1.1.1988) und in Dänemark (seit 6.6.1991).

Da die neuseeländische Patientenversicherung Teil der allgemeinen Volksunfallversicherung ist, greift sie ein, wenn der erlittene Schaden kausal auf einen Unfall zurückzuführen ist[206]. Ein medizinischer Behandlungsunfall ist bei medizinischem Irrtum oder bei medizinischem Unglück gegeben. Ein medizinischer Irrtum liegt vor bei Unterschreiten des berechtigterweise zu erwartenden medizinischen Standards durch den Arzt. Als medizinisches Unglück wird die nachteilige Folge einer Behandlung angesehen, wenn die Folge schwerwiegend ist und die Wahrscheinlichkeit ihres Eintritts unter 1 % liegt[207].

In Schweden tritt die private Patientenversicherung gem. § 6 Abs. 1 PatSchG[208] für erlittene Gesundheitsschäden ein, die verursacht wurden durch:

1. eine Untersuchung, Pflege, Behandlung oder ähnliche Maßnahme, unter der Voraussetzung, dass der Schaden entweder durch eine andere Ausführung des gewählten Verfahrens oder durch Wahl eines anderen verfügbaren Verfahrens, das gemäß einer nachträglichen Beurteilung unter medizinischen Gesichtspunkten in weniger riskanter Weise dem Pflegebedarf entsprochen hätte, verhindert worden wäre;
2. einen Fehler bei einem medizinischen Produkt oder der medizinischen Ausrüstung oder durch eine fehlerhafte Anwendung dieser Ausrüstung bei einer Untersuchung, Pflege, Behandlung oder ähnlichen Maßnahme;
3. eine fehlerhafte Diagnose;
4. eine Infektion infolge der Übertragung eines Krankheitserregers im Zusammenhang mit einer Untersuchung, Pflege, Behandlung oder ähnlichen Maßnahme;
5. einen Unglücksfall im Zusammenhang mit einer Untersuchung, Pflege, Behandlung oder ähnlichen Maßnahme oder dadurch, dass der Schaden während des Krankentransports oder im Zusammen
6. hang mit einem Brand oder einem anderen Schaden an Pflegeräumen oder –Ausrüstung eingetreten ist;
7. eine vorschrifts- oder anweisungswidrige Verordnung oder Ausgabe von Arzneimitteln.

---

[206] Deutsch, RabelsZ 1980, 492 ff.
[207] Sec. 5 (1-4) ACA, abgedruckt bei Angelo, in: Deutsch/Taupitz, Haftung der Dienstleistungsberufe, S. 246.
[208] abgedruckt bei Fasterling, VersRAI 1997, 45.

Haftungsausschlüsse enthalten § 6 Abs. 3 und § 7 PatSchG. Hier heißt es:

> Der Anspruch nach § 6 Abs. 1 Nr. 4 ist ausgeschlossen, wenn die Infektion den Umständen nach geduldet werden musste. Dabei soll Rücksicht genommen werden auf Art und Schwere der Krankheit oder des Schadens, den die Maßnahme hervorgerufen hat, den Gesundheitszustand des Patienten sowie die Möglichkeit, die Infektion vorauszusehen.
>
> Der Anspruch auf Schadensersatz entsteht nicht, wenn:
>
> 1. der Schaden Folge eines notwendigen Verfahrens zur Diagnostizierung oder Behandlung von Krankheiten ist, die, blieben sie unbehandelt, unmittelbar lebensbedrohlich sind oder zu schwerer Invalidität führen;
> 2. der Schaden von einem Arzneimittel in einem anderen als dem in § 6 Abs. 1 Nr. 6 genannten Fall verursacht worden ist.

Weder in Schweden noch in Neuseeland greift die Versicherung bei medizinisch richtiger, aber im Einzelfall erfolgloser Behandlung ein[209]. Gemeinsam ist beiden Modellen weiterhin, dass die Versicherung nur dann eingreift, wenn der Patient beweist, dass die medizinische Behandlung kausal für den Schaden war. Schwierigkeiten entstehen hier hauptsächlich bei der Frage, ob der Schaden auf einer ärztlichen Behandlung (nach neuseeländischer Terminologie: einem Unfall) oder auf einem schicksalhaften Verlauf der Krankheit beruht[210]. Sowohl nach neuseeländischem Recht[211] als auch nach der schwedischen Lösung[212] reicht es jedoch aus, wenn der Schaden mit überwiegender Wahrscheinlichkeit auf den Unfall zurückzuführen ist. Durch das Anlegen derartig geringer Beweisanforderungen, wird es dem Patienten erheblich erleichtert, seinen Anspruch gegen die Versicherung durchzusetzen. Zu bedenken ist jedoch, dass es sich bei dem Gedanken der Absenkung der Beweisanforderungen auf die überwiegende Wahrscheinlichkeit möglicherweise nicht um ein Spezifikum der Versicherungslösung handelt[213], sondern dass die Anlegung eines geringeren Beweismaßes auch im Rahmen der herkömmlichen verschuldensabhängigen Arzthaftung in Betracht kommt[214]. Lässt man jedoch diesen Aspekt der Versicherungslösung

[209] Köhler, ZIAS 1994, 179 (in Bezug auf Skandinavien).

[210] Weyers, Gutachten zum 52. Deutschen Juristentag, A 76; Katzenmeier, Arzthaftung, S. 225 f; Pichler, in: Laufs/Dierks/Wienke/Graf-Baumann/Hirsch, Die Entwicklung der Arzthaftung, S. 186; ders., Rechtsentwicklungen zu einer verschuldensunabhängigen Entschädigung im Medizinbereich, S. 282.

[211] Deutsch, VersR 1980, 203; ders., RabelsZ 1980, 496; Wunsch, Ablösung der Verschuldenshaftung im Arzt-Patienten-Verhältnis, S. 113.

[212] So ausdrücklich § 6 I PatSchG.

[213] So aber H. Baumann, JZ 1983, 170 f, 172.

[214] Deutsch, in: Deutsch/Taupitz, Haftung der Dienstleistungsberufe, S. 292 f.

außer Betracht, so sind aus beweisrechtlicher Sicht keine Vorteile der Einführung einer Versicherungslösung in Deutschland ersichtlich. Der häufig genannte Vorteil, dass der Arzt dem Patienten bei der Durchsetzung seiner Ansprüche hilfreich zur Seite stehen kann, wenn er von einer direkten persönlichen Haftung freigestellt ist[215], erscheint fraglich, wenn man bedenkt, dass auch unter der Versicherungslösung zahlreiche Gründe für den Arzt denkbar sind, eine eigene Fehlleistung zu verbergen. Beispielhaft genannt sei neben der Gefahr eines Regressanspruchs[216], die Beeinträchtigung der Reputation des Arztes und die zu befürchtenden Einschränkungen des beruflichen Fortkommens. Ob die Einführung zumindest einer privatrechtlichen Patientenversicherung in Deutschland unter anderen Gesichtspunkten nicht dennoch empfehlenswert ist, soll hier ausdrücklich offen bleiben.

IV. Entschädigung für den Verlust einer Heilungschance

Von Interesse im Hinblick auf die im Arzthaftungsprozess bestehenden Beweisschwierigkeiten ist auch die in vielen Ländern des Civil sowie des Common Law anerkannte Möglichkeit der Gewährung von Schadensersatz für den Verlust einer Chance (perte d'une chance, loss of chance)[217].
Während die Ersatzfähigkeit des Verlustes einer Gewinn-[218] oder Prozesschance[219] in allen Ländern, welche die Lehre vom Verlust einer Chance kennen, ohne namhafte Gegenstimmen bejaht wird, besteht über die Ersatzfähigkeit des Verlustes einer Heilungschance heftiger Streit. Während in Frankreich und zumindest teilweise in den USA Schadensersatz für den Verlust einer Heilungschance gewährt wird, wird dies in England und Kanada strikt abgelehnt.

---

[215] Weyers, Gutachten zum 52. Deutschen Juristentag, A 78; Deutsch, Medizinrecht, Rn 216; Radau, Ersetzung der Arzthaftung durch Versicherungsschutz, S. 226.
[216] Von Bedeutung hierbei ist, dass nach den Empfehlungen der Deutschen Gesellschaft für Medizinrecht zur Entwicklung des Arzthaftungsrechts (abgedruckt bei Laufs/Dierks/Wienke/Graf-Baumann/Hirsch, Die Entwicklung der Arzthaftung, S. 351 und Dierks/Graf-Baumann/Wienke, MedR 1996, 349) hinsichtlich der Einführung einer Versicherungslösung in Deutschland ausdrücklich an der Möglichkeit eines Regresses der Versicherung gegenüber dem Arzt festgehalten wird.
[217] Vgl. zur Rechtslage in Frankreich, Belgien, England und den USA: Müller-Stoy, Schadensersatz für verlorene Chancen.
[218] Chaplin v. Hicks, [1911] 2 K.B. 786: Verlust der Chance auf Gewinn eines Schönheitswettbewerbs (England).
[219] Cass. civ., 4.3.1980, Bull. civ., I, N° 72 (Frankreich); Yardley v. Coombes (1963) S.J. 575 (England).

1. Frankreich

Der französische Kassationshof entschied bereits 1965 einen Fall, dem vereinfacht folgender Sachverhalt zugrunde lag: Ein Junge wurde nach einem Unfall invalide. Dem behandelnden Arzt wurde zwar ein Behandlungsfehler in Form einer falschen Diagnose nachgewiesen, offen blieb jedoch, ob eine kunstgerechte Behandlung die Invalidität hätte verhindern können. Entsprechend den Heilungschancen bei richtiger Behandlung wurde dem Jungen ein teilweiser Schadensersatz gewährt[220].

Diese Entscheidung wurde alsbald durch weitere Urteile des Kassationshofes bestätigt[221] und entspricht heute der ständigen Rechtsprechung in Frankreich[222].

Im Gegensatz zu der fast einhellig anerkannten Rechtsprechung in Bezug auf den Verlust von Gewinn- und Prozesschancen, stößt die Rechtsprechung zum Schadensersatz für den Verlust einer Heilungschance jedoch auch in Frankreich vielfach auf Kritik. Zu nennen sind hier insbesondere die viel beachteten Stellungnahmen von *Savatier*[223], *Penneau*[224] und *Mémeteau*[225]. Der oftmals als Kritiker genannte *Chabas* hat seine 1973 ausgedrückte ablehnende Haltung in Bezug auf die Anwendung der Lehre von der verlorenen Chance im Arztrecht[226] mittlerweile aufgegeben[227].

Ansatzpunkt der Kritik ist zumeist, dass die Fälle des Verlustes einer Heilungschance nicht vergleichbar seien mit den sonstigen Anwendungsfällen der perte d'une chance, da Tod oder Krankheit tatsächlich eingetreten sind und folglich keine Notwendigkeit bestehe, sich mit der Entschädigung des Chancenverlustes auseinander zu setzen, sondern vielmehr direkt auf den eingetretenen Schaden abgestellt werden könne und müsse[228]. Während es sonst bei der perte d'une chance um die Festsetzung der Schadenshöhe gehe, diene sie im medizinischen Bereich der Begründung einer zweifelhaften Kausalität[229]. Die Anerkennung der Ersatzfähigkeit der Heilungschance diene lediglich der

---

[220] Cass. civ., 14.12.1965, D. 1966 J. 453.

[221] Cass. civ., 18.3.1969, Bull. civ. 1969, I, N° 117; Cass. civ., 27.1.1970, D. 1970 somm. 70.

[222] Cass. civ., 24.3.1981, Bull. civ. 1981, I, N° 98; Cass. civ., 31.5.1988, Bull. civ. 1988, I, N° 165; Cass. civ., 7.6.1989, Bull. civ. 1989, I, N° 230; Cass. civ., 10.1.1990, Bull. civ. 1990, I, N° 10; Cass. civ., 7.2.1990, Bull. civ. 1990, I, N° 39.

[223] Savatier, 44 Rev. Gén. Ass. Terr. 457; ders., D. 1970 Chron. 123.

[224] Penneau, La responsabilité du médecin.

[225] Mémeteau, 32 McGill L.J. 126-151.

[226] Chabas, J.C.P. 1973, 2541.

[227] Chabas, in : Guillod, Colloque - Développements récents du droit de la responsabilité civile, S. 131 ff, 139 f; ders., J.C.P. 1980, I, 19272.

[228] Savatier, D. 1970, Chron. 126.

[229] Penneau, La responsabilité médicale, S. 31 ff; Chabas, in : Guillod, Colloque - Développements récents du droit de la responsabilité civile, S. 131 ff; ebenso: Fleischer, JZ 1999, 772.

Begünstigung des klagenden Patienten, dies müsse aber zumindest offen zugegeben werden[230]. *Mémeteau* sieht in der Anwendung der Lehre von der perte d'une chance im medizinischen Bereich gar die Gefahr der Etablierung einer Erfolgshaftung[231].

2. USA

In den USA wird über die Anwendbarkeit der Lehre von der verlorenen Chance im Arzthaftungsprozess heftig diskutiert, ohne dass sich bisher eine herrschende Meinung herauskristallisiert hätte[232]. Beispiel für die Akzeptanz der loss of a chance-doctrine auch im Arzthaftungsrecht ist der 1983 durch den Supreme Court of Washington entschiedene Fall *Herskovits v. Group Health Cooperative of Puget Sound*[233]:
Bei der ärztlichen Untersuchung des Mr. Herskovits war schuldhaft nicht erkannt worden, dass er an Lungenkrebs litt. Aufgrund der Nichtbehandlung dieser Erkrankung verringerte sich seine Chance, noch länger als 5 Jahre zu leben, von 39 % auf 25 %. Der Supreme Court beschloss den Fall der Jury zur Festsetzung des Schadensersatzes zugunsten der Angehörigen des zwischenzeitlich verstorbenen Mr. Herskovits zu übergeben und brachte damit zum Ausdruck, dass ein Schadensersatz für den Verlust einer Heilungschance nach amerikanischem Recht zumindest nicht ausgeschlossen ist.

3. England

Diesen, die Anwendung der Lehre vom Verlust einer Chance auch im Arzthaftungsrecht bejahenden Entscheidungen steht andererseits die englische und kanadische Ablehnung der Anwendbarkeit gegenüber.
Maßgebend für die englische Auffassung ist die Entscheidung des Oberhauses (House of Lords) in *Hotson v. East Berkshire Health Authority*[234]:
Der 13-jährige Hotson fiel von einem Baum und erlitt hierbei eine traumatische Fraktur im Hüftgelenkbereich. Dies wurde jedoch bei der Untersuchung im Krankenhaus nicht erkannt und er wurde ohne weitere Behandlung nach Hause geschickt. Erst 5 Tage später wurde die Fraktur bei einer erneuten Untersuchung entdeckt, der Junge daraufhin sofort operiert. In der Folgezeit entwickelte sich eine Nekrose mit dauerhaften Bewegungseinschränkungen. Das Gericht stellte

---

[230] Mémeteau, 32 McGill L.J. 150.
[231] Mémeteau, 32 McGill L.J. 148.
[232] 78 D.L.R. (4th) 658.
[233] 664 P. 2d 474.
[234] [1987] 3 W.L.R. 232-248 = [1987] 2 All ER 909-922.

fest, dass mit einer Wahrscheinlichkeit von 75 % bereits beim Sturz derart viele Blutgefäße verletzt worden waren, dass eine Nekrose und damit einhergehende dauerhafte Schäden auch bei sofortiger Operation nicht zu vermeiden waren. Lediglich eine Wahrscheinlichkeit von 25 % bestand dafür, dass bei kunstgerechter Behandlung Nekrose und Bewegungseinschränkungen hätten verhindert werden können.

Entsprechend der französischen und amerikanischen Rechtsprechung gewährte der Erstrichter (Brown, J.) einen Schadensersatzanspruch für den Verlust einer Heilungschance i.H.v. 25 % des durch die Behinderung verursachten Schadens[235]. Der Court of Appeal bestätigte diese Entscheidung einstimmig (Donaldson, M.R., Dillon und Croom-Johnson, L.JJ.)[236]. Das House of Lords hob das Urteil jedoch – ebenfalls im Ergebnis einstimmig – auf und wendete sich gegen die Anwendbarkeit der im englischen Recht anerkannten Lehre der loss of chance auf die Arzthaftung (Lord Bridge, Lord Brandon, Lord Mackay, Lord Ackner und Lord Goff)[237].

Die Richter stützten ihre Ablehnung vor allem darauf, dass es in Fällen des Verlustes einer Heilungschance anders als bei verlorenen Gewinn- und Prozesschancen nicht um die Abschätzung des Entstehens und der Höhe eines entstandenen Schadens gehe, sondern um die Feststellung eines Kausalzusammenhanges. Da nach englischem Recht der Kausalzusammenhang feststehe, wenn eine mindestens 51 %-ige Wahrscheinlichkeit hierfür bestehe, andernfalls jedoch nicht (sog. preponderance of probabilities), stehe bei einer 75 %-igen Wahrscheinlichkeit für die Vermutung, der Junge hätte sich bereits beim Sturz derart stark verletzt, dass ihm auch eine sofortige Operation nicht hätte helfen können, fest, dass die späteren Schäden nur auf dem Sturz beruhen, die Verzögerungen aufgrund des Arztfehlers also nicht kausal für die bleibenden Schäden waren. Im Fall *Hotson* wäre es daher bereits fehlerhaft, überhaupt von Bestehen und Verlust einer 25 %-igen Heilungschance zu sprechen und selbstverständlich erst recht fehlerhaft, hierauf gestützt einen Schadensersatzanspruch zu gewähren. Richtigerweise habe Hotson gar keine Heilungschance gehabt[238].

4. Kanada

Auch der Supreme Court of Canada erteilte der Lehre vom Verlust einer Heilungschance eine klare Absage. Dem 1991 entschiedenen Fall *Lawson v.*

[235] [1985] 1 W.L.R. 1036-1050 = [1985] 3 All ER 167-181.
[236] [1987] 2 W.L.R. 287-304 = [1987] 1 All ER 210-224.
[237] [1987] 3 W.L.R. 232-248 [1987] 2 All ER 910-922.
[238] Vgl. v.a. Lord Mackay, [1987] 2 All ER 915 g, h.

Laferrière[239] lag die Klage einer Patientin zugrunde, der 1971 zu diagnostischen Zwecken eine Gewebeprobe aus der Brust entnommen worden war. Obwohl sich der Krebsverdacht bestätigte, versäumte es der behandelnde Arzt, die Patientin hierüber zu unterrichten und entsprechende Behandlungsmaßnahmen einzuleiten. Erst 1975 erfuhr sie im Rahmen der Behandlung nun aufgetretener Symptome von der früheren Diagnose. 3 Jahre später erlag sie ihrer Krebserkrankung. Mit der Klage begehrte sie Ersatz für die verlorene Chance auf frühzeitigen Beginn der Krebstherapie. Der Supreme Court (Lamer, C.J.C., La Forest, L'Heureux-Dubé, Spinka, Gonthier, Cory und McLachlin, JJ.) gewährten der Klägerin lediglich Schadensersatz für das psychische Leid, welches sie erlitt, als sie von den Versäumnissen des Beklagten erfuhr, sowie Schadensersatz aufgrund der besseren Lebensqualität, die sie bei unverzüglicher Diagnosemitteilung und daran anschließender Therapie genossen hätte. Einen Ersatzanspruch für den Verlust einer Heilungschance lehnten die Richter ab[240]. Der Supreme Court hob damit das Urteil des Court of Appeal (Vallerand und Jacques, JJ.A. und Moisan J.) auf, der mit 2:1 Stimmen (gegen Vallerand, J.A.) neben dem Schadensersatz für die erlittenen psychischen Beeinträchtigungen auch Schadensersatz für den Verlust der Heilungschance gewährt hatte[241].
In seinem Urteil betont der Supreme Court, dass die loss of chance-Lehre nicht anwendbar sei, wenn der zu vermeidende Schaden tatsächlich eingetreten ist, da in diesen Fällen nicht das künstliche Durchgangsstadium des Schadens in Form des Chancenverlustes, sondern der tatsächliche Schaden – also der Tod des Patienten – im Zentrum der Überlegungen stehen sollte. Der Chancenverlust sei daher zumindest in Fällen, in denen der Schaden tatsächlich eingetreten ist nicht als eigenständiges Rechtsgut zu bewerten. Es sei daher anhand der allgemeinen Regeln zu ermitteln, ob der ärztliche Fehler kausal für den Tod des Patienten war[242].

5. Eigene Stellungnahme, insbesondere zur Frage der Übertragbarkeit auf das deutsche Recht

Die Vorteile der Anwendung der Lehre vom Verlust einer Chance in Arzthaftungsfällen liegen auf der Hand: Während ohne die Lehre vom Verlust einer Heilungschance in Fällen, in denen ein Behandlungsfehler des Arztes feststeht, die Kausalität dieses Fehlers für den später eingetretenen Schaden jedoch nicht bewiesen ist, der Patient keinerlei Entschädigung erhält, er also trotz des Behandlungsfehlers und der negativen Entwicklung „leer ausgeht",

---

239 [1991] 78 D.L.R. (4th) 609.
240 [1991] 78 D.L.R. (4th) 609, 610.
241 [1991] 78 D.L.R. (4th) 609, 614.
242 [1991] 78 D.L.R. (4th) 656.

ermöglicht die Lehre von der verlorenen Heilungschance eine zumindest partielle Entschädigung des Patienten. Dies erscheint angesichts der Tatsache, dass der Arzt erwiesenermaßen die Regeln der ärztlichen Kunst verletzt hat und den Zweifeln am Kausalzusammenhang durch die Beschränkung auf teilweisen Schadensersatz Rechnung getragen wird, gerecht und wird vielfach als nahezu „salomonische Lösung“ angesehen[243].

Auf der anderen Seite wurde jedoch bereits gezeigt, dass die Anwendung der Lehre von der perte d'une chance im Arzthaftungsrecht nicht unproblematisch ist.

Hauptkritikpunkt ist wohl der Verdacht, durch die Lehre vom Verlust einer Heilungschance die Regeln über den Nachweis der Kausalität zu umgehen, also eine (teilweise) Entschädigung trotz fehlenden Kausalitätsnachweises zu ermöglichen.

Diese Kritik ist jedoch zumindest für das französische Recht unzutreffend, wird doch dort die verlorene Chance selbst als zu ersetzendes Rechtsgut angesehen. Ist nämlich die Chance selbst und nicht nur der Tod oder die bleibende Beeinträchtigung ersatzfähiges Rechtsgut, so kommt es auf den Nachweis der Kausalität zwischen Behandlungsfehler und Chancenverlust und nicht auf die Kausalität zwischen Behandlungsfehler und Tod an. Die Kausalität des Behandlungsfehlers für die Verschlechterung oder den Verlust der Heilungschance des Patienten ist jedoch erwiesen[244]. Durch die in Frankreich praktizierte Rechtsprechung wird folglich das Kausalitätserfordernis nicht beeinträchtigt.

Zweifel an der Stringenz der französischen Konstruktion der perte d'une chance ergeben sich jedoch daraus, dass in den meisten Fällen der perte d'une chance im Arzthaftungsrecht nicht nur die Heilungschance verschlechtert ist, sondern der weitergehende endgültige Schaden, regelmäßig also der Tod des Patienten, bereits eingetreten ist. Wäre die Heilungschance tatsächlich ein voll anzuerkennendes, selbständiges Rechtsgut, so müsste der Patient bzw. dessen Erben in diesen Fällen die möglichen Schadensposten –Tod des Patienten einerseits, Verlust einer Heilungschance andererseits – kumulativ nebeneinander geltend machen können. Auch müsste der Patient, dessen Chancen sich durch einen auf einem Arztfehler beruhenden verspäteten Therapiebeginn zunächst verschlechtern, der dann aber trotzdem noch geheilt werden kann, einen Schadensersatzanspruch in Höhe der verschlechterten Heilungschance haben[245]. Dies wird jedoch – inkonsequenterweise – auch nach französischem Recht abgelehnt[246].

---

[243] Vacarie, (1987) 3 Rev. rech. jur. 903, 932; Deutsch, NJW 1986, 1541.

[244] King, Yale L.J. 90 (1981), S. 1364.

[245] Für die Gewährung eines nominellen Ersatzes z.B. Sir Donaldson in Hotson, [1987] 1 All ER 218.

[246] Stoll, FS Steffen, S. 475 f; Price, Int.Com.L.Q., S. 748.

Im Hinblick auf die Übertragbarkeit der französischen Rechtsprechung auf das deutsche Recht ist jedoch darüber hinaus eine Besonderheit des französischen Rechts zu beachten. Die Artt. 1382, 1383 des französischen Code civile bestimmen nämlich, dass jedermann denjenigen Schaden ersetzen muss, den er einem anderen schuldhaft zugefügt hat[247]. Da diese sog. deliktische Generalklausel in Bezug auf die Natur des verletzten Rechtsgutes keinerlei Einschränkungen enthält, ist es relativ unproblematisch denkbar, dass auch die Heilungschance von Artt. 1382, 1383 C.c. geschützt wird. Im Gegensatz hierzu schützt § 823 I BGB bekanntlich nur absolute Rechte und Rechtsgüter. Die Minderung oder der Verlust einer Heilungschance kann folglich zumindest im deutschen Deliktsrecht nicht als haftungsbegründende Schädigung angesehen werden[248]. Eine Heilungschance als solche ist nicht deliktsrechtlich geschützt[249]. Die französische Rechtsprechung ist daher nicht auf das deutsche Recht übertragbar.

Da auch das anglo-amerikanische Recht grundsätzlich wie das deutsche Recht deliktsrechtlich auf dem besonders zu begründenden Schutz bestimmter Rechtsgüter aufbaut, erscheint die amerikanische Entscheidung im Fall *Herkovits* besonders interessant. Die Erklärung der Gewährung von Schadensersatz für den Verlust einer Heilungschance in diesem Fall liegt aber wohl in der im amerikanischen Recht noch nicht abgeschlossenen Diskussion um den Zweck bzw. die Zwecke des Deliktsrechts[250]. Geht man nämlich mit einer starken Strömung im amerikanischen Recht davon aus, das Deliktsrecht diene der Verhinderung zukünftiger Rechtsgutsverletzungen, so verliert das Erfordernis der Kausalität zwischen Handlung und eingetretenem Schaden an Bedeutung und eine Entschädigung erscheint bereits aufgrund der von dem gefährlichen Verhalten ausgehenden Risikoerhöhung denkbar[251]. Sieht man demnach bereits die erwiesene Vernichtung einer Heilungschance als haftungsbegründend an, dann ist der Weg frei für eine Schadensschätzung nach Maßgabe des Wertes jener Chance[252].
Auch dieser Weg ist jedoch für das deutsche Recht nicht gangbar, da hier trotz gegenteiliger Strömungen in den letzten Jahren die Funktion des Deliktsrechts

[247] Art. 1382 C.c.: Tout fait quelconque de l'homme, qui cause à autrui un dommage, oblige celui par la faute duquel il est arrivé, à le réparer.
Art. 1383 C.c.: Chacun est responsable du dommage qu'il a causé non seulement par son fait, mais encore par sa négligence ou par son imprudence.
[248] Stoll, FS Steffen, S. 475; ders., AcP 176 (1976), 158.
[249] Stoll, Haftungsfolgen im bürgerlichen Recht, S. 41, Fn 162.
[250] Weir, in: Guillod, Colloque - Développements récents du droit de la responsabilité civile, S. 123 ff.
[251] Weir, in: Guillod, Colloque - Développements récents du droit de la responsabilité civile, S. 124, 125.
[252] King, Yale L.J. 90 (1981), 1381.

primär darin gesehen wird Schäden auszugleichen und nicht etwa darin, Gefahrerhöhungen zu sanktionieren[253, 254].

Die Lehre vom Verlust einer Heilungschance ist folglich nicht auf das deutsche Recht übertragbar.

V. Schadensteilung entsprechend dem Grad der Wahrscheinlichkeit der Verursachung

Ein weiterer interessanter Ansatz zur Minderung der Beweisschwierigkeiten im Bereich des Kausalitätsnachweises, liegt in der Gewährung von Schadensersatz entsprechend dem festgestellten Grad der Wahrscheinlichkeit der Verursachung. Wird etwa eine Wahrscheinlichkeit von 70 % für das Bestehen eines Kausalzusammenhanges zwischen Behandlungsfehler und Verletzung festgestellt, so wäre es hiernach möglich, einen Schadensersatz in Höhe von 70 % des geltend gemachten Schadens zuzusprechen, anstatt bei Bestehen einer an Sicherheit grenzenden Wahrscheinlichkeit den gesamten Schaden und ansonsten gar nichts zu ersetzen.

Das Prinzip der Schadensteilung nach Wahrscheinlichkeit ermöglicht also eine an den konkreten Beweisergebnissen orientierte, die bestehenden Restunsicherheiten nicht vertuschende Entscheidung, die wohl auch eine große Akzeptanz bei den Parteien erreichen würde.

Andererseits birgt die Schadensteilung nach Wahrscheinlichkeit auch Risiken. So erscheint es insbesondere im Bereich einer nur geringen Wahrscheinlichkeit für den Kausalzusammenhang unbillig, den Beklagten teilweise zu verurteilen, anstatt ihn völlig von einer Haftung frei zu sprechen. Zu befürchten wäre eine Schwemme unberechtigter Klage, da jedenfalls mit einer Teilverurteilung zu rechnen ist.
Im Bereich der hohen Wahrscheinlichkeit stellt sich das hiermit korrespondierende Probleme, dass die Zusprechung der vollen Klagesumme bei konsequenter Anwendung des Prinzips der Schadensteilung nach Wahrscheinlichkeit nur bei Nachweis einer 100 %-igen Wahrscheinlichkeit möglich ist.

---

[253] Stoll, AcP 176 (1976), 146, 185.
[254] Vgl. aber die Überlegungen im deutschen Arztstrafrecht bereits die Risikoerhöhung durch einen Kunstfehler für eine Erfolgszurechnung ausreichen zu lassen: Roxin, Strafrecht Allgemeiner Teil, § 11 Rn 79. Dagegen: BGH, StV 1994, 425.

Diese entspricht jedoch dem Nachweis der objektiven Wahrheit und ist nicht erbringbar[255].

1. Reformbewegungen in der Schweiz

An einer gesetzlichen Verankerung des Prinzips der Gewährung von Schadensersatz entsprechend dem Grad der Wahrscheinlichkeit der Kausalität wird derzeit in der Schweiz gearbeitet. Dort wurde 1988 eine Studienkommission für die Gesamtrevision des Haftpflichtrechts eingesetzt. Diese legte 1991 ihren Bericht vor, in dem sie ausführte[256], dass

> „die Schadensersatzbemessung nach der Höhe der Wahrscheinlichkeit [...] in jenen Fällen sachgerecht [ist], wo eine *überwiegende, aber keine allzu hohe Wahrscheinlichkeit* für einen Sachverhalt gegeben ist (z.B. zwischen 55 und 90 Prozent)."

Daneben hat sich die Kommission für die gesetzliche Normierung des bereits von der Rechtsprechung zugelassenen Wahrscheinlichkeitsbeweises bezüglich des Kausalzusammenhanges[257] sowie für die Zulassung der „perte d'une chance", ausdrücklich auch in Arzthaftungsfällen[258], ausgesprochen.
1992 beauftragte das Bundesamt für Justiz Prof. Pierre *Widmer* und Prof. Pierre *Wessner* mit der Ausarbeitung eines Vorentwurfs für die Änderung des Obligationenrechts auf der Basis des Kommissionsvorschlags. In dem Vorentwurf vom 9.10.2000 sind im Hinblick auf das Beweisrecht folgende Regelungen vorgesehen[259]:

> Art. 56 c OR
> [1] Das Gericht ist in der Würdigung des Sachverhaltes frei und an keinerlei prozessrechtliche Beweisregeln gebunden.
> [2] Es kann von Amtes wegen die Beweise erheben, die es für erforderlich hält.

---

255 Greger, Beweis und Wahrscheinlichkeit, S. 110.
256 Bundesamt für Justiz (Hrsg.), Bericht der Studienkommission, S. 145 – Hervorhebung im Original.
257 Bundesamt für Justiz (Hrsg.), Bericht der Studienkommission, S. 143 f.
258 Bundesamt für Justiz (Hrsg.), Bericht der Studienkommission, S. 144.
259 abgedruckt bei Koch, ZEuP 2001, 766.

Art. 56 d OR
[1] Der Beweis des Schadens und jener des Ursachenzusammenhanges obliegen der Person, die Schadenersatz beansprucht.
[2] **Kann der Beweis nicht mit Sicherheit erbracht oder kann der Person, der er obliegt, die Beweisführung nicht zugemutet werden, so kann sich das Gericht mit einer einleuchtenden Wahrscheinlichkeit begnügen; ferner kann es die Ersatzleistung nach dem Grad der Wahrscheinlichkeit bemessen.**
[3] Kann der Schadensbetrag nicht genau beziffert werden, so ist er vom Gericht mit Rücksicht auf die Umstände und den gewöhnlichen Lauf der Dinge abzuschätzen.

In dem den Vorentwurf erläuternden Bericht heißt es hierzu[260]:

> „[Art. 56 d] Absatz 2 enthält zwei Vorschriften: Einerseits kann sich das Gericht mit einer einleuchtenden Wahrscheinlichkeit begnügen (Anscheinsbeweis). Diese Regelung entspricht der geltenden Rechtsprechung und Lehre. Andererseits kann das Gericht die Ersatzleistung nach dem Grad der Wahrscheinlichkeit bemessen. Diese Regelung ist inhaltlich neu. Sie befreit das Gericht von der Alternative „Alles oder Nichts" und ermöglicht so sachgerechte Lösungen, etwa bei alternativer Kausalität [...] Die Regelung kann auch beim Misslingen einer Operation mit beschränkten Erfolgsaussichten angewendet werden, indem der Schadenersatz im Ausmaß der Überlebenschance („perte d'une chance") zugesprochen wird."

Abschließend ist anzumerken, dass die Umsetzung des Vorentwurfes in geltendes Recht keinesfalls gewiss ist. Es ist vielmehr gerade erst die Phase der „Vernehmlassung" über den Expertenentwurf abgeschlossen. Nach Auskunft des schweizerischen Bundesministeriums für Justiz gingen jedoch gerade in Bezug auf die vorgesehenen Beweisregelungen zahlreiche kritische Stellungnahmen ein, so dass eine Überarbeitung des Entwurfs erforderlich erscheint.

---

[260] Widmer/Wessner, Materialien zur Revision und Vereinheitlichung des Haftpflichtrechts, S. 25.

2. Kritische Würdigung, insbesondere der Frage der Übertragbarkeit auf das deutsche Recht

Interessant an dem schweizerischen Entwurf sind vor allem zwei Aspekte:
Zum einen, dass Art. 56 d II OR dem Richter die Möglichkeit eröffnet, sich entweder für die Beweiserbringung mit einer einleuchtenden Wahrscheinlichkeit zu begnügen, also trotz Bestehens einer „nur" hohen Wahrscheinlichkeit den gesamten Schaden zu ersetzten oder aber die Ersatzleistung nach dem Grad der Wahrscheinlichkeit zu bemessen. Dieser weite Ermessensspielraum des Richters verhindert den ansonsten bestehenden Nachteil der fehlenden Möglichkeit der Erlangung vollen Schadensersatzes trotz sehr hoher Wahrscheinlichkeit für das Bestehen des Kausalzusammenhanges.
Zum anderen ist interessant, dass die im Bericht der Studienkommission noch vorhandene Beschränkung des Prinzips der Schadensteilung nach Wahrscheinlichkeit auf Sachverhalte mit einer festgestellten Wahrscheinlichkeit von 55 - 90 % im Vorentwurf nicht mehr vorhanden ist. Vielmehr sollen laut dem den Vorentwurf erläuternden Bericht auch die Fälle des Misslingens einer Operation mit beschränkten Erfolgsaussichten, in denen regelmäßig nur eine geringe Wahrscheinlichkeit besteht, nach dem Prinzip der Schadensteilung nach der Wahrscheinlichkeit behandelt werden. Diese Verschmelzung von Schadensteilung nach Wahrscheinlichkeit und Lehre vom Verlust einer Heilungschance erscheint zunächst überraschend, ist jedoch verständlich, wenn man bedenkt, dass Schadensteilung nach Wahrscheinlichkeit und perte d'une chance stets zu denselben Ergebnissen führen: Werden nämlich statistisch gesehen 20 % der richtig behandelten Patienten wieder völlig gesund, so wurde bei falscher Behandlung eine 20 %-ige Heilungschance vertan. Aber auch für den Kausalzusammenhang zwischen falscher Behandlung und Tod besteht eine Wahrscheinlichkeit von 20 %. Nach beiden Modellen erhielte der Patient somit 20 % seines Schadens ersetzt. Vor dem Hintergrund gleicher Ergebnisse ist m.E. jedoch die Schadensteilung nach Wahrscheinlichkeit der Lehre vom Verlust einer Heilungschance vorzuziehen, da bei ihr das Kausalitätsproblem offen angesprochen und dadurch eine erhöhte Akzeptanz der richterlichen Entscheidung durch die Parteien erreicht wird.

Der schweizerische Vorentwurf hat somit die mit der Schadensteilung nach Wahrscheinlichkeit verbundenen Probleme sowohl im Bereich der nur geringen als auch im Bereich der hohen Wahrscheinlichkeit befriedigend gelöst.

Dennoch ist von einer Übernahme des schweizerischen Vorentwurfes in das deutsche Recht m.E. abzuraten.
De lege lata steht einer Schadensteilung nach Wahrscheinlichkeit die Regelung des § 286 ZPO entgegen. Wenn es dort heißt, der Richter entscheidet nach freier Überzeugung, welchen Sachverhalt er für wahr erachtet, lässt sich daraus klar

entnehmen, dass der Richter sich für eine Sachverhaltsvariante entscheiden muss, also die Frage, welche Variante der Wahrheit entspricht nicht offen lassen kann. Eine Berücksichtigung der Wahrscheinlichkeit bei der Festlegung des zu leistenden Schadensersatzes ist daher nach der gegenwärtigen Rechtslage nur im Rahmen eines Vergleiches, nicht jedoch bei der richterlichen Entscheidung möglich.

Aber auch de lege ferenda scheint eine Einführung der Schadensteilung nach Wahrscheinlichkeit nicht wünschenswert. Einer strikten Schadensteilung nach Wahrscheinlichkeit stehen die bereits dargelegten Probleme im Bereich der geringen sowie der hohen Wahrscheinlichkeit entgegen. Die Entschärfung dieser Probleme im schweizerischen Vorentwurf andererseits, ist durch Einführung eines sehr weiten Ermessensspielraumes beim Richter und der damit verbundenen Rechtsunsicherheit teuer erkauft.

Entscheidend gegen die Einführung der Schadensteilung nach Wahrscheinlichkeit sprechen jedoch die zu erwartenden Probleme bei der praktischen Handhabung dieses Modells. Übersehen wird hierbei nämlich, dass die erzielbaren Wahrscheinlichkeitswerte fast immer nur grobe Schätzwerte darstellen. Einem Sachverständigen ist es zwar zumeist möglich einzuschätzen, ob eine überwiegende oder gar eine hohe Wahrscheinlichkeit vorliegt, ob die Wahrscheinlichkeit aber 60 %, 70 % oder vielleicht 63 % beträgt, ist letztlich meist nicht feststellbar. Wollte man jedoch den Schadensersatz proportional zu der festgestellten Wahrscheinlichkeit gewähren, so müsste man vom Richter eine genaue zahlenmäßige Festlegung der Wahrscheinlichkeit verlangen. Hieran ist ersichtlich, dass die vom Sachverständigen geschätzte Wahrscheinlichkeit zwar Grundlage eines Vergleiches, nicht jedoch Grundlage einer richterlichen Entscheidung sein kann.

VI. Einführung einer Kausalitätsvermutung entsprechend § 84 AMG

Im Rahmen der Vorstellung verschiedenen Möglichkeiten zur Minderung der Beweisschwierigkeiten im Arzthaftungsrecht erscheint auch ein Blick auf die der Arzthaftung schon gegenständlich besonders nahe stehende Arzneimittelhaftung geboten. Nach § 84 AMG alte Fassung bestand eine Ersatzpflicht nur, wenn die schädigenden Wirkungen ihre Ursache im Bereich der Entwicklung oder der Herstellung hatten, was vom Geschädigten nachzuweisen war. Auch hier hatte sich –ähnlich wie bei der Arzthaftung- in der Vergangenheit gezeigt, dass der Nachweis der Kausalität der Anwendung eines Arzneimittels für einen Gesundheitsschaden für den Betroffenen nur sehr schwer zu führen ist. Insbesondere bei der Behandlung der Schadensfälle, die durch Kontamination von Spenderblut und den daraus hergestellten Blutprodukten mit dem HI-Virus verursacht worden sind, zeigten sich die Beweisschwierigkeiten deutlich und führten schließlich zur Reformierung der Arzneimittelhaftung durch das Zweite Schadensersatzreformgesetz[261]. § 84 AMG in der seit 1.8.2002 geltenden Fassung lautet[262]:

> (1) Wird infolge der Anwendung eines zum Gebrauch bei Menschen bestimmten Arzneimittels, das im Geltungsbereich dieses Gesetzes an den Verbraucher abgegeben wurde und der Pflicht zur Zulassung unterliegt oder durch Rechtsverordnung von der Zulassung befreit worden ist, ein Mensch getötet oder der Körper oder die Gesundheit eines Menschen nicht unerheblich verletzt, so ist der pharmazeutische Unternehmer, der das Arzneimittel im Geltungsbereich dieses Gesetzes in den Verkehr gebracht hat, verpflichtet, dem Verletzten **den daraus entstandenen Schaden zu ersetzen**. Die Ersatzpflicht besteht nur, wenn
>
> 1. das Arzneimittel bei bestimmungsgemäßem Gebrauch schädliche Wirkungen hat, die über ein nach den Erkenntnissen der medizinischen Wissenschaft vertretbares Maß hinausgehen oder
> 2. der Schaden infolge einer nicht den Erkenntnissen der medizinischen Wissenschaft entsprechenden Kennzeichnung, Fachinformation oder Gebrauchsinformation eingetreten ist.
>
> (2) Ist das angewendete Arzneimittel nach den Gegebenheiten des Einzelfalls geeignet den Schaden zu verursachen, so wird vermutet, dass der Schaden durch dieses **Arzneimittel verursacht ist.** Die Eignung im Einzelfall beurteilt sich nach der Zusammensetzung und der Dosierung des angewendeten Arzneimittels, nach der Art und Dauer seiner bestimmungsgemäßen Anwendung, nach dem zeitlichen Zusammenhang mit dem Schadenseintritt, nach dem Schadensbild und dem gesundheitlichen Zustand des Geschädigten im Zeitpunkt der Anwendung sowie allen sonstigen Gegebenheiten, die im Einzelfall für oder gegen die Schadensverursachung sprechen. **Die Vermutung gilt nicht, wenn ein anderer Umstand nach den Gegebenheiten des Einzelfalls geeignet ist, den Schaden zu verursachen**. Ein anderer Umstand liegt nicht in der Anwendung weiterer Arzneimittel, die nach den Gegebenheiten des Einzelfalls geeignet sind, den Schaden zu verursachen, es sei denn, dass wegen der Anwendung dieser Arznei-

---

[261] Schlussbericht des Untersuchungsausschusses nach Art. 44 des Grundgesetzes v. 25.10.1994, BT-Drucks. 12/8591, S. 33 ff, 258; vgl. auch Brüggemeier, Staatshaftung für HIV-kontaminierte Blutprodukte, 1994; Wagner, NJW 2002, 2050.
[262] Arzneimittelgesetz in der Fassung der Bekanntmachung vom 19.7.2002 (BGBl. I S. 2674).

mittel Ansprüche nach dieser Vorschrift aus anderen Gründen als der fehlenden Ursächlichkeit für den Schaden nicht gegeben sind.

(3) Die Ersatzpflicht des pharmazeutischen Unternehmers nach Absatz 1 Satz 2 Nr. 1 ist ausgeschlossen, wenn nach den Umständen davon auszugehen ist, dass die schädlichen Wirkungen des Arzneimittels ihre Ursache nicht im Bereich der Entwicklung und Herstellung haben.

Durch die Reform wurde zunächst eine Beweislastumkehr hinsichtlich des Fehlerbereichs eingeführt. Nach Abs. 3 der neuen Regelung ist eine Ersatzpflicht des pharmazeutischen Unternehmers ausgeschlossen, wenn nach den Umständen davon auszugehen ist, dass die schädlichen Wirkungen des Arzneimittels ihre Ursache nicht im Bereich der Entwicklung und Herstellung haben. Hinsichtlich der Kausalität zwischen der Anwendung eines unvertretbaren Arzneimittels und der vom Geschädigten erlittenen Rechtsgutsverletzung verbleibt es zwar bei der Beweislast des Geschädigten. Gem. § 84 Abs. 2 S. 1 AMG wird jedoch nun vermutet, dass der erlittene Schaden durch das angewendete Arzneimittel verursacht wurde, wenn dieses nach den Gegebenheiten des Einzelfalls dazu geeignet erscheint. Bei der Beurteilung der Eignung sind sämtliche Umstände des Einzelfalls in Betracht zu ziehen. Ist ein anderer Umstand nach den Gegebenheiten des Einzelfalls dazu geeignet, den Schaden zu verursachen, so gilt die Kausalitätsvermutung des § 84 Abs. 2 S. 1 AMG nicht, § 84 Abs. 2 S. 3 AMG.

Hinsichtlich der dogmatischen Einordnung der Neuregelung des § 84 Abs. 2 AMG besteht in der Literatur bislang Uneinigkeit. So schreibt *Spickhoff*, dass es sich formal wohl um eine Vermutung, funktional eher um einen Anscheinsbeweis handele[263].

Dem hält *Wagner* entgegen, dass sich § 84 Abs. 2 AMG im Gegensatz zum Anscheinsbeweis nicht auf typische Geschehensabläufe beschränke, sondern ganz auf den Einzelfall zugeschnitten sei und insofern über den prima-facie-Beweis hinaus gehe[264]. *Wagner* weist ferner darauf hin, dass bereits das Eingreifen der Vermutung des § 84 Abs. 2 AMG eine Würdigung aller für die Feststellung der Kausalität möglicherweise relevanten Umstände erfordere, so dass für ihre Widerlegung im Wege des Nachweises entlastender Tatsachen eigentlich kaum mehr Raum bleibe. Dogmatisch handele es sich bei § 84 Abs. 2 AMG daher nicht um eine Kausalitätsvermutung, sondern eine Beweismaßreduktion, welche die Feststellung der Ursächlichkeit des inkriminierten Arzneimittels bereits dann erlaube, wenn es unter Würdigung sämtlicher

---

[263] Spickhoff, NJW 2003, 1702.

[264] Wagner, NJW 2002, 2051.

Umstände überwiegend wahrscheinlich sei, dass die Rechtsgutsverletzung auf der Anwendung des Präparats beruhe[265].
Für eine Einstufung als Beweismaßreduktion spricht auch die Gesetzesbegründung, in der es heißt, der Geschädigte werde „davon befreit, den Kausalverlauf zur vollen Überzeugung des Gericht dar(zu)legen und (zu) beweisen“[266].
Gegen die Qualifikation des § 84 Abs. 2 AMG als Beweismaßreduktion wendet sich *Katzenmeier*, der darauf hinweist, dass hinsichtlich des Beweisergebnisses kein Unterschied zum Vollbeweis bestehe, sondern nur der Bezugspunkt der richterlichen Überzeugung nach § 286 ZPO ein anderer sei: Diese beziehe sich nicht auf die Verursachung, sondern auf die Eignung der Verursachung[267]. Diesem feinsinnigen Einwand *Katzenmeiers* ist sicherlich zuzustimmen, jedoch ist die Eignung der Verursachung letztlich nichts anderes als eine überwiegende Wahrscheinlichkeit der Verursachung, so dass § 84 Abs. 2 AMG, der eine Haftung bereits bei Nachweis einer konkreten Eignung zur Verursachung anordnet und nicht erst beim Nachweis der Kausalität, eine Beweismaßreduktion enthält.

Auch wenn die Auswirkungen der Neuregelung in der Praxis noch unklar sind, da es bislang an einer hinreichenden Anzahl entschiedener Fälle zur Arzneimittelhaftung, die zur Haftung namentlich nach § 84 AMG geführt haben, fehlt, sind mit der Neuregelung des Fehlerbereichs- und Kausalitätsnachweises für den Geschädigten häufig nur schwer zu überwindende Hürden auf dem Weg zu einer Entschädigung beseitigt worden[268].

Trotz der zu erwartenden positiven Auswirkungen der Neuregelung des § 84 AMG in der Praxis bestehen jedoch gegenüber der Einführung einer entsprechenden Regelung auch für den Bereich der Arzthaftung erhebliche Bedenken. Die aufgezeigten Unklarheiten hinsichtlich der dogmatischen Einstufung der Regelung hätten durch ein klares Bekenntnis zu einer Beweismaßabsenkung vermieden werden können. Die stattdessen gewählte Gesetzesformulierung mit einer Kausalitätsvermutung, die in Fällen einer überwiegenden Wahrscheinlichkeit für eine andere Ursache nicht eingreift, ist unnötig kompliziert, ohne dass die Differenzierungen in der Sache erforderlich wären. So weist auch *Spickhoff* darauf hin, dass die Lektüre der „voluminös geratenen Beweisregel des § 84 Abs. 3 AMG“ an die „Echternacher Springprozession“ erinnere[269].

---

265 Wagner, NJW 2002, 2051.
266 BT-Drucks. 14/7752, S. 19.
267 Katzenmeier, JuS 2003, 945.
268 Katzenmeier, JuS 2003, 945.
269 Spickhoff, NJW 2003, 1702; Deutsch/Spickhoff, Medizinrecht, 5. Aufl., 2003, Rn 1096

D. Absenkung des Beweismaßes als Lösung des Beweisproblems

Ein völlig anderer Ansatz zur Minderung der Beweisschwierigkeiten im Arzthaftungsprozess liegt darin, das Beweismaß zu reduzieren[270]. Wie bereits dargestellt[271] handelt es sich bei dem Beweismaß um die Anforderungen die an die Erbringung des Beweises zu stellen sind. Legt man ein hohes Beweismaß an, so ist es für den Patienten schwierig, den geforderten Beweis zu erbringen. Legt man ein niedriges Beweismaß an, so wird es dem Patienten häufiger gelingen, den geforderten Beweis zu erbringen. Mit der Festlegung des Beweismaßes wachsen oder verkleinern sich daher auch die Beweisprobleme des Patienten.

Die Minderung der Beweisschwierigkeiten durch die Absenkung des erforderlichen Beweismaßes hat gegenüber den bisher vorgeschlagenen Möglichkeiten mehrere Vorteile:

(1) Die bisherigen Modelle versuchen die Beweisschwierigkeiten des Patienten zu mindern indem sie entweder völlig auf den Beweis des Vorliegens eines Behandlungsfehlers verzichten (so die Gefährdungshaftung) oder den entsprechenden Nachweis dem Arzt überlassen (so der EU-Richtlinienentwurf). Hierdurch wird der Patient zwar vollständig von seinen Beweisschwierigkeiten bezüglich des Vorliegens eines Behandlungsfehlers befreit. Einen Anspruch auf Ersatz seiner erlittenen materiellen und immateriellen Schäden hat er jedoch nur, wenn ihm der Nachweis des Kausalzusammenhanges zwischen ärztlichem Handeln und Gesundheitsverletzung gelingt. Obwohl dieser Kausalnachweis im Prozess besonders problematisch ist, bieten viele der bisher vorgeschlagenen Modelle gerade hierfür keine Erleichterung bzw. nur eine auf bestimmte Fallgruppen beschränkte und damit unzureichende Erleichterung an.
Mindert man hingegen die Beweisschwierigkeiten durch Anlegung eines niedrigen Beweismaßes, so betrifft dies grundsätzlich gleichmäßig alle Haftungsvoraussetzungen. Auch die Schwierigkeiten beim Beweis des Kausalzusammenhanges würden also erfasst.

(2) Die bisher vorgeschlagenen Lösungen verzichten zum Teil vollständig auf das Merkmal des Vorliegens eines Behandlungsfehlers als Haftungs-Voraussetzung. Sofern sie an der verschuldensabhängigen Haftung festhalten, fordern sie nicht wie bisher, dass der Patient das Vorliegen eines Behandlungsfehlers nachweist, sondern umgekehrt, dass der Arzt nachweist,

---

[270] In diese Richtung bereits Bodenburg, Der ärztliche Kunstfehler als Funktionsbegriff zivilrechtlicher Dogmatik, S. 61; Gaupp, Beweisfragen im Rahmen ärztlicher Haftungsprozesse, S. 13-18; Fleischer, JZ 1999, 773 f.

[271] Vgl. oben, S. 33 f.

dass ihm kein Behandlungsfehler unterlaufen ist. Bedenkt man die prinzipiellen Schwierigkeiten, die der Nachweis einer negativen Tatsache aufwirft, so stellt diese Beweislastverteilung eine erhebliche Belastung des Arztes dar. Bedenkt man weiterhin, dass die Beweisschwierigkeiten des Patienten nur zum Teil auf seiner mangelnden Fachkenntnis und im übrigen auf den Unberechenbarkeiten des lebenden Organismus beruhen, so wird klar, dass auch der Arzt in erhebliche Beweisschwierigkeiten geraten kann, wenn man ihm die Beweislast für das Nichtvorliegen eines Behandlungsfehlers auferlegt.

Gegenüber der einseitigen Begünstigung des Patienten wie sie von den bisher vorgeschlagenen Modellen praktiziert wird, bietet die Anlegung eines niedrigen Beweismaßes den Vorteil, dass das gefundene Beweismaß für alle Prozessbeteiligten gilt und daher einen gerechten Ausgleich zwischen klagendem Patienten und beklagten Arzt erwarten lässt.

(3) Die Beweismaßabsenkung stellt auch aufgrund ihrer Differenzierungsmöglichkeiten im Vergleich zur – der Mehrzahl der bisherigen Modelle zugrunde liegenden - Beweislastumkehr die bessere Lösung dar[272]. Zu recht wird die Beweislastumkehr als „krudes und mechanisches Instrument (bezeichnet), das in seiner Wirkung von einem Extrem unvermittelt zum anderen übergeht“[273]. So wird bei der Beweislastumkehr nicht berücksichtigt, ob für die Tatsachenbehauptung der ursprünglich beweisbelasteten Partei eine Wahrscheinlichkeit von nur 10 % oder eine solche von 80 % bestand. Entscheidend ist einzig und allein, dass das erforderliche Beweismaß nicht erreicht wurde. Unabhängig von dem von der zunächst beweisbelasteten Partei erreichten Gesamtbeweiswert, obliegt nach der Beweislastumkehr der volle Beweis der anderen Partei. Daraus ergibt sich, dass die Beweislastumkehr eine über das Ziel der Beweiserleichterung hinausschießende Übermaßreaktion darstellt[274].

(4) Schließlich erscheint auch dogmatisch eine Minderung der Beweisschwierigkeiten über das Beweismaß sinnvoll. Zu bedenken ist nämlich, dass sich die Frage nach der Beweislastverteilung erst stellt, wenn der Beweis der Wahrheit oder Nichtwahrheit einer Behauptung nicht gelingt. Die Frage nach der Beweislast und der Erforderlichkeit einer Umkehr der Beweislast ist daher der Frage nach den Anforderungen an die Beweiserbringung und damit dem Beweismaß logisch nachgeordnet[275].

---

272 Musielak/Stadler, Grundfragen des Beweisrechts, Rn 273.

273 Weber, Der Kausalitätsbeweis im Zivilprozeß, S. 233.

274 Weber, Der Kausalitätsbeweis im Zivilprozeß, S. 234.

275 Weber, Der Kausalitätsbeweis im Zivilprozeß, S. 233; Blomeyer, Zivilprozessrecht, S. 383; Prütting, Gegenwartsprobleme der Beweislast, S. 14, 58, 66; Musielak, Grundlagen der Beweislast, S. 50.

Um festzustellen, ob die Absenkung des Beweismaßes tatsächlich eine geeignete Möglichkeit zur Minderung der Beweisschwierigkeiten im Arzthaftungsprozess darstellt, bedarf es jedoch der näheren Untersuchung einiger Fragen. Zu klären ist

(1) das grundsätzlich im Zivilprozess geltende Beweismaß und damit die Frage, ob eine Absenkung überhaupt ernsthaft in Betracht kommt.
(2) auf welche Weise eine Absenkung des Beweismaßes im Arzthaftungsprozess dogmatisch begründbar ist.
(3) ob eine Absenkung des Beweismaßes auch tatsächlich die Beweisschwierigkeiten der Patienten mindert.

Teil 2: Bestimmung des Regelbeweismaßes im Zivilprozess

Eine Minderung der Beweisschwierigkeiten im Arzthaftungsrecht durch eine Absenkung des Beweismaßes kommt nur in Betracht, wenn das generell im Zivilprozess geltende Beweismaß, das Regelbeweismaß, hoch ist. Ist nämlich das Regelbeweismaß bereits niedrig und bestehen dennoch die geschilderten Probleme, so kann nicht davon ausgegangen werden, dass diese durch eine weitere Absenkung merklich gemindert werden. Ausgangspunkt der Frage, ob die Absenkung des Beweismaßes im Arzthaftungsprozess eine effektive Lösung der bestehenden Beweisprobleme verspricht, ist somit die Bestimmung des Regelbeweismaßes.

A. Abstraktes oder relatives Beweismaß ?

Die Bestimmung des zivilprozessualen Regelbeweismaßes setzt voraus, dass es ein solches – prinzipiell für alle Fälle geltendes – Regelbeweismaß überhaupt gibt.

Dass dies nicht selbstverständlich ist, ergibt bereits ein Blick auf das *schwedische Überwiegensprinzip*[276]. Entgegen den häufig anzutreffenden vereinfachenden Darstellungen gilt im schwedischen Zivilprozessrecht nämlich keinesfalls stets das Beweismaß der überwiegenden Wahrscheinlichkeit, sondern das Beweismaß wird durch Auslegung der entscheidungserheblichen materiellrechtlichen Normen unter Berücksichtigung der konkreten Umstände des Einzelfalles bestimmt. Das Beweismaß der überwiegenden Wahrscheinlichkeit ist hierbei lediglich der Ausgangspunkt der Überlegungen, dieses wird – je nach Fall – erhöht bzw. vermindert. Sind keine besonderen Umstände ersichtlich, kann es jedoch auch bei dem Beweismaß der überwiegenden Wahrscheinlichkeit verbleiben.
Ein, zwar angesichts moderner Möglichkeiten zur Vaterschaftsfeststellung veraltertes, aber sehr anschauliches Beispiel nennt *Bolding*[277]: Geht es um den Herausgabeanspruch bezüglich eines im Krankenhaus verwechselten Kindes, besteht kein Grund zur Bevorzugung einer der beiden möglichen Mütter. Als Beweismaß gilt daher die überwiegende Wahrscheinlichkeit. Wird die mögliche Verwechslung der Kinder jedoch erst nach 10 Jahren entdeckt, sind die Folgen

---

[276] Vgl. hierzu Musielak, FS Kegel, S. 451 ff; M. Huber, Das Beweismaß im Zivilprozeß, S. 22-33.
[277] Bolding, Scandinavian Studies in Law 4 (1960), 21.

der Entwurzelung durch Entfernung des Kindes aus der bisherigen Familie zu berücksichtigen. Das Beweismaß läge hier erheblich höher.
Auch für das deutsche Recht wird die Auffassung vertreten, das Beweismaß habe keine abstrakt-generelle Regelung erfahren, sondern sei vom Richter ad hoc im jeweiligen Einzelfall festzulegen[278]. Begründet wird diese Relativität des Beweismaßes mit dem Grundsatz der freien Beweiswürdigung. Die Beweiswürdigung umfasse die Bewertung der Beweise sowie die damit einhergehende Entscheidung darüber, ob das Ergebnis ausreicht, um als Wahrheit zu gelten. Diese Entscheidung setze aber eine Beweismaßbestimmung voraus, was bedeute, dass das Beweismaß unter den Grundsatz der freien richterlichen Beweiswürdigung falle[279].
Dem ist jedoch entgegenzuhalten, dass die Beweiswürdigung eine Tatfrage ist, die von der Rechtsfrage des Beweismaßes streng zu trennen ist[280]. Nur die Tatfrage, ob das Beweismaß im konkreten Fall erreicht ist, fällt unter den Grundsatz der freien Beweiswürdigung.

Allgemein spricht gegen die Bestimmung des Beweismaßes im konkreten Fall, dass hierdurch die Vorhersehbarkeit des Prozessausganges und damit die Rechtssicherheit erheblich beeinträchtigt würde[281].
Das Beweismaß ist daher abstrakt zu bestimmen.

B. § 286 ZPO als normativer Anknüpfungspunkt

Normativer Anknüpfungspunkt der Frage nach dem Beweismaß im allgemeinen Zivilprozess ist § 286 ZPO. Dieser bestimmt, dass das Gericht nach freier Überzeugung entscheidet, ob es eine tatsächliche Behauptung für wahr erachtet oder nicht.
Damit scheint die Frage nach dem Beweismaß geklärt. Der Beweis ist erbracht, wenn das Gericht davon überzeugt ist, dass eine tatsächliche Behauptung wahr

[278] Gottwald, Schadenszurechnung und Schadensschätzung, S. 201 f; ders., Jura 1980, 308; Rommé, Der Anscheinsbeweis im Gefüge von Beweiswürdigung, Beweismaß und Beweislast, S. 88; AK-ZPO-Rüßmann, § 286 Rn 20, 28.
[279] Rommé, Der Anscheinsbeweis im Gefüge von Beweiswürdigung, Beweismaß und Beweislast, S. 88.
[280] Baumgärtel, Beweislastpraxis im Privatrecht, Rn 68; M. Huber, Das Beweismaß im Zivilprozeß, S. 119; Maassen, Beweismaßprobleme im Schadensersatzprozeß, S. 19 f, 23, 53; Prütting, Gegenwartsprobleme der Beweislast, S. 60.
[281] Bender, FS Baur, S. 250 ff; Döhring, Die Erforschung des Sachverhalts im Prozeß, S. 446; Greger, Beweis und Wahrscheinlichkeit, S. 8 f; M. Huber, Das Beweismaß im Zivilprozeß, S. 82; Maassen, Beweismaßprobleme im Schadensersatzprozeß, S. 53; Musielak/Stadler, Grundfragen des Beweisrechts, Rn 149; Prütting, KF 1989, 8; Schwab, FS Fasching, S. 462; Baumgärtel, Beweislastpraxis im Privatrecht, Rn 68.

ist oder nicht der Wahrheit entspricht. Bei genauerer Betrachtung wird jedoch deutlich, dass damit das Beweismaß nicht bestimmt ist. Denn die in § 286 ZPO genannte richterliche Überzeugung ist nur der *Endpunkt* oder das *Ziel* freier Beweiswürdigung. Über den *Bezugspunkt* dieser Überzeugung und die Frage, *wann* diese Überzeugung erreicht ist, enthält § 286 ZPO jedoch keine Aussage[282].

C. Subjektive oder objektive Beweismaßlehre ?

In den zahlreichen Äußerungen zur Problematik des Beweismaßes[283] werden fast durchweg subjektive und objektive Beweismaßlehre einander gegenübergestellt. Auch wenn diese Einteilung m.E. nicht zum besseren Verständnis der Beweismaßproblematik beiträgt[284], soll sie aufgrund ihrer Üblichkeit hier kurz dargestellt werden.

I. Subjektive Beweismaßlehre

Die ständige Rechtsprechung des BGH[285] sowie die herrschende Meinung im Schrifttum[286] vertreten die subjektive Beweismaßlehre. Diese zeichnet sich dadurch aus, dass sie die richterliche Überzeugung von der Wahrheit als Beweismaßkriterium ansieht (daher auch Wahrheitsüberzeugungstheorie genannt[287]).

---

282 Prütting, KF 1989, 6.

283 Vgl. nur die hierzu erschienenen Monographien von Maassen, Beweismaßprobleme im Schadensersatzprozeß; Greger, Beweis und Wahrscheinlichkeit; Walter, Freie Beweiswürdigung; Gottwald, Schadenszurechnung und Schadensschätzung und M. Huber, Das Beweismaß im Zivilprozeß.

284 Vgl. hierzu unten, S. 77 ff.

285 BGH, VersR 1957, 248; BGH, MDR 1959, 114; BGH, DRiZ 1967, 239; BGH DRiZ 1969, 53; BGHZ 53, 245, 256.

286 B/L/A/H-Hartmann, § 286 Anm 2 C; Schneider, Beweis und Beweiswürdigung, S. 14; Prölss, Beweiserleichterungen im Schadensersatzprozeß, S. 23 f; Hainmüller, Der Anscheinsbeweis und die Fahrlässigkeit im heutigen deutschen Schadensersatzprozeß, S. 38; Gaupp, Beweisfragen im Rahmen ärztlicher Haftungsprozesse, S. 15 f; Grunsky, Grundlagen des Verfahrensrechts, S. 450; Blomeyer, Zivilprozessrecht, S. 15 f; Greger, Beweis und Wahrscheinlichkeit, S. 104 f; Walter, Freie Beweiswürdigung, S. 148 ff, 173 ff, 188; Prütting, Gegenwartsprobleme der Beweislast, S. 86; Wahrendorf, Die Prinzipien der Beweislast im Haftungsrecht, S. 34; Arens, ZZP 88 (1975), 1, 30 ff; Rosenberg/Schwab/Gottwald, Zivilprozessrecht, § 113 II.

287 Walter, Freie Beweiswürdigung, S. 147 f.

Dem Vorwurf, die subjektive Beweismaßtheorie liefe in ihrer Reinform auf ein willkürliches richterliches Meinen oder Glauben hinaus[288], muss entgegengehalten werden, dass bereits der Begriff „Überzeugung“ voraussetzt, dass objektive Gründe herangezogen und Denk-, Natur- und Erfahrungsgesetze beachtet werden[289]. Auch wenn im Schrifttum nicht immer erkannt wird, dass diese objektiven Elemente bereits notwendiger Bestandteil der Überzeugung sind, ist jedenfalls die objektive Einbindung der sog. subjektiven Theorie heute unbestritten[290]. Die Mehrzahl der Vertreter der subjektiven Beweismaßlehre bezieht über die genannten Kriterien hinaus jedoch auch Wahrscheinlichkeitsüberlegungen in ihren Überzeugungsbegriff mit ein[291]. Formulierungen wie die der „an Sicherheit grenzenden Wahrscheinlichkeit“[292], „dem für das praktische Leben brauchbaren Grad von Gewissheit, der dem Zweifel Schweigen gebietet, ohne ihn völlig auszuschließen“[293] und dem „jeden vernünftigen Zweifel ausschließenden Grad von Wahrscheinlichkeit“[294] prägen das Bild der subjektiven Beweismaßlehre. Dennoch darf nicht übersehen werden, dass diese Wahrscheinlichkeitsformeln nur als Hilfsmittel zur Erlangung der nötigen subjektiven Gewissheit, gewissermaßen als „Vehikel“ der Überzeugung angesehen werden, welche die subjektive Gewissheit nicht ersetzen können[295]. Sie dienen lediglich dazu, den Unterschied zwischen der nötigen richterlichen Überzeugung und der, der menschlichen Erkenntnis verschlossenen, objektiven Gewissheit oder Wahrheit zu veranschaulichen[296].
Die Wahrscheinlichkeitserwägungen gehören daher lediglich in das Vorfeld richterlicher Überzeugungsbildung. Sie sind nur sekundärer Natur, während maßgebliche Größe das subjektive Merkmal der Überzeugung ist. Dies zeigt sich deutlich im Konfliktfall, d.h. wenn der geforderte Wahrscheinlichkeitsgrad bei der Tatsachenfeststellung erreicht wird, der Richter aber dennoch nicht überzeugt ist[297]. Überwiegend wird hier der vollen Überzeugung Vorrang gegeben,

[288] M. Huber, Das Beweismaß im Zivilprozeß, S. 69 f; Rommé, S. 65.
[289] Vgl. insofern die Begriffsbestimmung oben, S. 39 f.
[290] Musielak, Grundlagen der Beweislast, S. 107; Kegel, FG Kronstein, S. 333 f; Greger, Beweis und Wahrscheinlichkeit, S. 16 f, 121, 144 f; Walter, Freie Beweiswürdigung, S. 151; Gottwald, Schadenszurechnung und Schadensschätzung, S. 201; Rosenberg/Schwab/Gottwald, Zivilprozessrecht, S. 683.
[291] Rosenberg, Die Beweislast, S: 181; Pohle, MDR 1949, 388; Rosenberg/Schwab/Gottwald, Zivilprozessrecht, § 113 II 1; Zöller-Stephan, Zivilprozessordnung, § 286 Anm. IV; E. Peters, JA 1981, 65; Grunsky, Grundlagen des Verfahrensrechts, S. 450; Arens, ZZP 88 (1975), 28 ff.
[292] RGSt 51, 127; RGSt 58, 310 f; Schneider, Beweis und Beweiswürdigung, S. 21; J. Baumann, Grundbegriffe und Verfahrensprinzipien des Zivilprozessrechts, S. 56.
[293] BGHZ 53, 256.
[294] BGHZ 18, 311, 318; BGH, VersR 1959, 632.
[295] Schneider, Beweis und Beweiswürdigung, S. 18 f.
[296] Walter, Freie Beweiswürdigung, S. 134; M. Huber, Das Beweismaß im Zivilprozeß, S. 71.
[297] M. Huber, Das Beweismaß im Zivilprozeß, S. 71.

der Beweis also trotz der hohen Wahrscheinlichkeit als nicht erbracht angesehen[298]. Eine Ausnahme will *Schneider*[299] für den Fall des naturwissenschaftlichen Beweises, also insbesondere bei der Vaterschaftsbegutachtung, zulassen. *Blomeyer*[300] und *Tietgen*[301] halten zwar am Merkmal der vollen Überzeugung formal fest, meinen aber, der Richter müsse sich für die Überzeugungsbildung mit einem entsprechend hohen Grad von Wahrscheinlichkeit begnügen.

II. Objektive Beweismaßlehre

Die objektive Beweismaßlehre wird in verschiedenen Spielarten vertreten. Gemeinsam ist ihnen, dass nicht an das subjektive Kriterium der Überzeugung angeknüpft wird, sondern eine objektive Bezugsgröße (Wahrheit oder Wahrscheinlichkeit) benutzt wird. Auf das Merkmal der Überzeugung wird entweder völlig verzichtet[302] oder sie wird als gegeben angenommen, sobald die Wahrheit bzw. der entsprechende Wahrscheinlichkeitsgrad festgestellt ist[303].

1. Wahrheitsfeststellungsmodell

Als „rein objektiv" sind jene Theorien einzustufen, die zum Beweis die Feststellung der objektiven Wahrheit fordern. Diese finden sich hauptsächlich in der sozialistischen Rechtslehre[304]. Hintergrund ist die Auffassung, dass für die Verwirklichung der Gerechtigkeit die persönliche Überzeugung des Richters nicht genüge, sondern die Wahrheit erforderlich sei[305]. Da es jedoch aufgrund der Begrenztheit menschlicher Erkenntnisfähigkeit unmöglich ist, die Wahrheit festzustellen, ist dieses Modell unpraktikabel[306] und wird daher zu Recht in der Literatur vernachlässigt[307].

---

[298] BGHZ 53, 245, 255 f; vgl. vor allem B/L/A/H-Hartmann, Zivilprozessordung, § 286 Anm. 2 c; Grunsky, Grundlagen des Verfahrensrechts, S. 450; Greger, Beweis und Wahrscheinlichkeit, S. 88.

[299] Schneider, Beweis und Beweiswürdigung, S. 20.

[300] Blomeyer, Zivilprozessrecht, S. 15 f.

[301] Tietgen, Gutachten zum 46. Deutschen Juristentag, S. 80.

[302] Bolding, in: von Caemmerer, Freiheit und Bindung des Zivilrichters in der Sachaufklärung, S. 57, 58 f.

[303] Musielak, Grundlagen der Beweislast, S. 118; M. Huber, Das Beweismaß im Zivilprozeß, S. 116; Maassen, Beweismaßprobleme im Schadensersatzprozeß, S. 53.

[304] Vgl. zum Recht der DDR: M. Huber, Das Beweismaß im Zivilprozeß, S. 34 ff.

[305] Greger, Beweis und Wahrscheinlichkeit, S. 93.

[306] Statt aller: Greger, Beweis und Wahrscheinlichkeit, S. 30 f.

[307] A.A.: M. Huber, Das Beweismaß im Zivilprozeß, S. 77.

2. Wahrscheinlichkeitsüberzeugungsmodell[308]

Daraus, dass menschliche Erkenntnis nicht zur absoluten Wahrheit führen kann, folgert *Musielak*[309], dass man sich mit einem gewissen Grad von Wahrscheinlichkeit für die Richtigkeit einer Annahme begnügen müsse[310]. Aufgabe des Richters sei es, zu entscheiden, ob dieser Wahrscheinlichkeitsgrad im Einzelfall erreicht sei. Die Überzeugung des Richters sei daher auf einen bestimmten Wahrscheinlichkeitsgrad bezogen[311].

3. Drittkontrollmodell

Schwer einzuordnen ist das vor allem von *Kuchinke*[312] und *Heescher*[313] vertretene sogenannte Drittkontrollmodell. Hiernach ist nicht die individuelle Überzeugung des zur Entscheidung berufenen Richters ausschlaggebend, sondern die eines „erfahrenen und besonnenen Beurteilers“[314] oder eines „verständigen, lebenserfahrenen Richters“[315]. Der entscheidende Richter müsse sich daher stets fragen, ob ein anderer oder ein idealer Richter Zweifel haben würde. Es genüge nicht, dass das Ergebnis vom aburteilenden Richter als zwingend angesehen werde, sondern er müsse glauben, dass es sich auch für den außenstehenden Richter als zwingend ergebe.

Das Drittkontrollmodell wird teilweise als subjektive[316] und teilweise als objektive[317] Beweismaßtheorie angesehen, je nachdem, ob in den Vordergrund gestellt wird, dass es auf die (hypothetische) subjektive Überzeugung des Dritten ankommt, oder ob betont wird, dass das Abstellen auf einen Dritten

---

[308] Greger (Beweis und Wahrscheinlichkeit, S. 92) bezeichnet das Wahrscheinlichkeitsüberzeugungsmodell als eine subjektive Beweismaßtheorie, behandelt sie aber selbst unter der Überschrift „objektivierende Beweismaßtheorien“; wie hier: M. Huber, Das Beweismaß im Zivilprozeß, S. 81, 83.

[309] Musielak, FS Kegel, S. 460, 462; ders., ZZP 99 (1986), 220; Musielak/Stadler, Grundfragen des Beweisrechts, Rn 150; dies., JuS 1980, 428; ebenso Sanden, VersR 1966, 201.

[310] Musielak/Stadler, JuS 1980, 428.

[311] Musielak, Grundlagen der Beweislast, S. 118; Musielak/Stadler, JuS 1980, 428 f.

[312] Kuchinke, in: von Caemmerer, Freiheit und Bindung des Zivilrichters in der Sachaufklärung, S. 39 f.

[313] Heescher, Untersuchungen zum Merkmal der freien Überzeugung in § 286 ZPO und § 261 StPO, S. 65.

[314] Kuchinke, in: von Caemmerer, Freiheit und Bindung des Zivilrichters in der Sachaufklärung, S. 39 f.

[315] Heescher, Untersuchungen zum Merkmal der freien Überzeugung in § 286 ZPO und § 261 StPO, S. 65.

[316] M. Huber, Das Beweismaß im Zivilprozeß, S. 72.

[317] Maassen, Beweismaßprobleme im Schadensersatzprozeß, S. 36.

einen objektiven Kontrollmechanismus darstellt. Richtigerweise verdeutlicht die Bezugnahme auf einen objektiven Dritten jedoch nur, dass für die Beurteilung der Wahrheit nicht die subjektive Wahrscheinlichkeit, sondern die logische Wahrscheinlichkeit herangezogen wird[318]. Das Drittkontrollmodell ist folglich eine objektive Beweismaßtheorie.

III. Kritik an der Unterscheidung zwischen objektiver und subjektiver Beweismaßtheorie

Wie bereits *Huber*[319] feststellte, ist das neuere Schrifttum zur Frage des Beweismaßes bestrebt, die Unterscheidung zwischen objektiver und subjektiver Beweismaßtheorie nicht mehr in den Vordergrund der Betrachtungen zu stellen. Diese Bestrebungen sind m.E. aus folgenden Gründen richtig:

1. Die Unterscheidung in objektive und subjektive Beweismaßtheorie legt eine Gegensätzlichkeit der Auffassungen nahe, die in der Praxis nicht besteht.

Der Unterschied zwischen subjektiver und objektiver Beweismaßlehre liegt in der Behandlung bzw. Auslegung des in § 286 I 1 ZPO genannten Begriffs der Überzeugung. Während die Vertreter der subjektiven Beweismaßtheorie sich (scheinbar) eng an den zu Beginn dieser Arbeit skizzierten allgemeinen Überzeugungsbegriff[320] halten, indem sie betonen es komme entscheidend auf die subjektive Überzeugung des zur Entscheidung berufenen, individuellen Richters an, fingieren die Vertreter der objektiven Beweismaßtheorie das Bestehen einer Überzeugung völlig losgelöst vom subjektiven Empfinden des jeweiligen Richters bei Vorliegen eines gewissen Wahrscheinlichkeitsgrades. Der Unterschied der beiden Auffassungen liegt also – um es auf den Punkt zu bringen – darin, dass die objektive Theorie auf das dem allgemeinen Überzeugungsbegriff anhaftende irrationale Element, die „individuelle Zusatzleistung", verzichtet. Hierin liegt bzw. läge ein gravierender Unterschied zur subjektiven Beweismaßtheorie, würde diese tatsächlich der „inneren Stimme"[321] des Richters entscheidende Bedeutung zukommen lassen. Dies ist jedoch – trotz der gegenteiligen Beteuerungen – nicht der Fall. Erste Zweifel an der Bedeutung der „individuellen Zusatzleistung" im Rahmen der subjektiven Beweismaßtheorie entstehen bereits durch den ständigen Verweis auf die Rolle der Wahrscheinlichkeit im Rahmen der Überzeugungsbildung. Deutlich sichtbar

---

[318] Vgl. hierzu oben, S. 44 f.
[319] M. Huber, Das Beweismaß im Zivilprozeß, S. 68.
[320] Vgl. hierzu oben, S. 39 f.
[321] Begriff nach Döhring, Die Erforschung des Sachverhalts im Prozeß, S. 464.

wird der weitgehende Verzicht auf die „individuelle Zusatzleistung“ jedoch durch die Behandlung der Urteile durch die Berufungsgerichte. Käme es tatsächlich entscheidend auf die persönliche Überzeugung des Richters an, so wäre eine Zurückverweisung einer Sache mit dem Hinweis der Richter habe zu strenge Anforderungen an seine Überzeugung gestellt, undenkbar[322], denn unterschiedliche Bereitschaft zur Überzeugungsbildung liegt durch den Bezug zur Psyche des jeweiligen Richters gerade im Begriff der Überzeugung begründet. Indem man dem Richter sagt, was er für ausreichend zur Bildung seiner Überzeugung zu erachten habe, gibt man die „individuelle Zusatzleistung“ und damit den allgemeinen Überzeugungsbegriff zumindest teilweise auf.

Subjektive und objektive Beweismaßtheorie gehen folglich zwar von unterschiedlichen theoretischen Denkansätzen aus, praktisch verschwimmen jedoch die Grenzen[323]. Die durch die Unterscheidung in subjektive und objektive Beweismaßtheorie nahegelegte Gegensätzlichkeit der beiden Auffassungen besteht folglich nicht.

2. Ausschlaggebend für die Kritik an der Unterscheidung von subjektiver und objektiver Beweismaßtheorie ist jedoch, dass die ausführliche Diskussion der Vor- und Nachteile der vermeintlich gegensätzlichen Modelle den Blick auf die eigentliche Problematik des Beweismaßes verstellt.

Bereits *Prütting*[324] hat auf die Dreiteilung der Beweismaßfrage hingewiesen und moniert, dass die verschiedenen Ebenen der Problematik häufig vermischt werden. Er unterscheidet die Frage

- nach dem personalen Ziel des Beweises
  (wer soll das Gelingen des Beweises feststellen ?)
- nach dem Inhalt der Überzeugung des Beurteilers
  (welche Kriterien sollen die Überzeugung vermitteln ?)
- und nach dem Objekt der Überzeugung
  (der eigentlichen Grad- oder Maßfrage)

Bei der Diskussion der oben dargestellten Beweismaßtheorien wird nun vor allem der Inhalt der Überzeugung diskutiert. Streitpunkt ist jeweils das Verhältnis von Überzeugung und Wahrscheinlichkeit. Auch das personale Ziel des Beweises wird durch die Frage problematisiert, ob der zur Entscheidung

---

[322] Esser, in: von Caemmerer, Freiheit und Bindung des Zivilrichters in der Sachaufklärung, S. 12.
[323] Prütting, Gegenwartsprobleme der Beweislast, S. 75; Bender, FS Baur, S. 248.
[324] Prütting, Gegenwartsprobleme der Beweislast, S. 63.

berufene Richter oder ein fiktiver objektiver Dritter feststellen soll, ob der Beweis gelungen ist. Die dritte Teilfrage, also die von *Prütting* als „eigentliche Maßfrage“ bezeichnete Frage, wird hingegen selten direkt problematisiert. Der erforderliche Wahrscheinlichkeitsgrad scheint sich in der Literatur aus der vorausgehenden Diskussion der objektiven und subjektiven Beweismaßtheorie gewissermaßen automatisch zu ergeben. Dies ist im Ergebnis richtig, da die Vertreter der verschiedenen Beweismaßtheorien für die Erlangung der richterlichen Überzeugung unterschiedliche Wahrscheinlichkeitsgrade für erforderlich halten. So gehen die Vertreter der subjektiven Beweismaßtheorie davon aus, dass die richterliche Überzeugung erst bei einer an Sicherheit grenzenden Wahrscheinlichkeit gewonnen werden kann. Die Vertreter der objektiven bzw. objektivierenden Beweismaßtheorie sehen hingegen eine hohe bzw. sogar eine überwiegende Wahrscheinlichkeit als ausreichend an, um die richterliche Überzeugung zu begründen und den Beweis als erbracht anzusehen. Tatsächlich steht somit mit der Entscheidung für eine subjektive oder objektive Beweismaßtheorie regelmäßig auch der erforderliche Wahrscheinlichkeitsgrad fest. Zu kritisieren ist an dieser indirekten Bestimmung des „eigentlichen Beweismaßes“ aber, dass eine Auseinandersetzung mit den Auswirkungen der verschiedenen Wahrscheinlichkeitsgrade nicht – jedenfalls nicht offen – stattfindet. Dies ist besonders deshalb bedauerlich, weil letztlich hierin die im Rahmen der Beweismaßdiskussion praktisch relevante Frage liegt[325].

D. An Sicherheit grenzende, hohe oder überwiegende Wahrscheinlichkeit ?

Als wesentliche Alternativen im Rahmen der Diskussion um den Grad des Beweismaßes sind die an Sicherheit grenzende, die hohe und die überwiegende Wahrscheinlichkeit anzusehen[326]. Aufgrund der fehlenden Möglichkeit einer exakten Berechnung der Wahrscheinlichkeit[327] wird im Schrifttum häufig eine zahlenmäßige Benennung der Wahrscheinlichkeitsgrade abgelehnt[328]. M. E. ist es jedoch aus Gründen der Klarstellung unverzichtbar die einzelnen

---

[325] Prütting (Gegenwartsprobleme der Beweislast, S. 66) spricht insofern von dem eigentlichen Kernproblem des Beweismaßes. Baumgärtel (Beweislastpraxis im Privatrecht, Rn 70) unterscheidet objektive und subjektive Beweismaßtheorie nur im Rahmen der Sachverhaltsfeststellung, während er bei der Behandlung des Beweismaßes unmittelbar auf die unterschiedlichen Wahrscheinlichkeitsgrade eingeht.

[326] Baumgärtel, Beweislastpraxis im Privatrecht, Rn 70.

[327] Es sei hier nochmals daran erinnert, dass unter „Wahrscheinlichkeit“ die Wahrscheinlichkeit im Sinne der Logik zu verstehen ist, vgl. oben, S. 41-45. Zur Schätzung des (logischen) Wahrscheinlichkeitsgrades, vgl. oben, S. 43 f.

[328] M. Huber, Das Beweismaß im Zivilprozeß, S. 115.

Wahrscheinlichkeitsgrade zumindest grob einem Zahlenwert zuzuordnen. Dieser Klarstellungsfunktion ist es jedoch gerade nicht angemessen, wenn man hierfür die in der Wahrscheinlichkeitsrechnung üblicherweise verwendeten Zahlen zwischen 0 und 1 benutzt[329]. Im übrigen geht der Hinweis auf die Üblichkeit fehl, wird hierbei doch übersehen, dass sich diese lediglich auf den Bereich der mathematischen Wahrscheinlichkeitsrechnung und damit auf den objektiven Wahrscheinlichkeitsbegriff bezieht.
Als Orientierungshilfe ist daher im Rahmen der folgenden Ausführungen in Anlehnung an *Bender*[330] eine

- an Sicherheit grenzende Wahrscheinlichkeit[331] bei ca. 99,8 %
- hohe Wahrscheinlichkeit bei ca. 75 %
- überwiegende Wahrscheinlichkeit bei mehr als 50 %

Wahrscheinlichkeit anzunehmen.
Das Beweismaß der geringen Wahrscheinlichkeit, also einer Wahrscheinlichkeit zwischen 25 und 50 %, kommt allenfalls für Beweismaßreduktionen, nicht jedoch als Regelbeweismaß in Betracht.

I. Das Beweismaß der überwiegenden Wahrscheinlichkeit

1. Von den Vertretern des Beweismaßes der überwiegenden Wahrscheinlichkeit wird immer wieder hervorgehoben, dass durch das sog. Überwiegensprinzip das Vorliegen eines non liquet mit der Folge einer Entscheidung nach der Beweislast vermieden werde[332], da die Erbringung des Beweises bei Geltung des Überwiegensprinzips leichter sei, als bei Geltung eines höheren Wahrscheinlichkeitsgrades. Dies sei wünschenswert, da eine Beweislastentscheidung immer nur zufällig richtig sei[333].

Diese Aussage bedarf zunächst insofern einer Klarstellung, als mit der Einstufung der gerichtlichen Entscheidung als "richtig" selbstverständlich nicht

---

[329] M. Huber, Das Beweismaß im Zivilprozeß, S. 114.
[330] Bender, FS Baur, S. 258.
[331] Bender (FS Baur, S. 258) bezeichnet die „an Sicherheit grenzende Wahrscheinlichkeit" als „Überzeugung von der Wahrheit", worin jedoch nach der hier vertretenen Auffassung kein praktischer Unterschied liegt. Kritisch zu dieser Formulierung Benders auch M. Huber (Das Beweismaß im Zivilprozeß, S. 114).
[332] Vgl. hierzu bereits oben, S. 38.
[333] Weber, Der Kausalitätsbeweis im Zivilprozeß, S. 183, Fn 201; Kegel, FG Kronstein, S. 335; Motsch, GS Rödig, S. 339; Maassen, Beweismaßprobleme im Schadensersatzprozeß, S. 11; Lepa, DRiZ 1966, 112.

die Frage angesprochen wird, ob das Gericht die Grundsätze der Logik beachtet hat[334]. Hiervon ist grundsätzlich auszugehen. Problematisiert wird hier vielmehr die Frage, ob die konkrete Entscheidung mit der Entscheidung übereinstimmt, die das Gericht erlassen würde, wenn es die Wirklichkeit und damit die Wahrheit der Tatsachenbehauptungen kennen würde.
An der Aussage, Beweislastentscheidungen seien nur zufällig „richtig“ in diesem Sinne, ist jedoch zu kritisieren, dass es nicht das Ziel einer Beweislastentscheidung ist, der im Prozess nicht feststellbaren Tatsachenlage nun doch noch zum Sieg zu verhelfen[335]. Den Beweislastregeln liegt vielmehr eine eigene Interessenabwägung zugrunde, die demjenigen die Beweislast zuweist, dem das Risiko der Beweislosigkeit am ehesten zuzumuten ist[336]. Die genannte Kritik verkennt daher das Wesen der Beweislastentscheidung[337].

2. Fehl geht auch das von *Kegel*[338] formulierte Argument, dass es besser sei, nach dem Wahrscheinlichen zu entscheiden als nach dem Unwahrscheinlichen. Diese Aussage basiert auf der Überlegung, dass bei Anlegung des Beweismaßes der an Sicherheit grenzenden Wahrscheinlichkeit, bei Feststellung einer Wahrscheinlichkeit zwischen 50 und 99,7 % für die Behauptung des Klägers, die Klage abgewiesen würde, obwohl doch das Bestehen des Klägeranspruchs wahrscheinlicher ist als dessen Nichtbestehen.

Zu beachten ist jedoch, dass bei Nichterreichung der erforderlichen Beweisstärke, die Klage nicht automatisch abgewiesen wird, sondern vielmehr das Risiko der Beweislosigkeit anhand der Beweislastregeln verteilt wird. Die Beweislastregeln basieren auf materiellen Gerechtigkeitserwägungen. Beachtet wird etwa der im Gesetz mehrfach zum Ausdruck kommende Gedanke der Sicherung des Status quo. Es kann daher zumindest nicht generell davon ausgegangen werden, dass eine Entscheidung aufgrund einer überwiegenden Wahrscheinlichkeit gerechter und damit besser wäre als eine Entscheidung aufgrund der Beweislast.

3. *Maassen*[339] weist darauf hin, dass im Zivilprozess der Prozessverlust aufgrund fehlerhafter tatsächlicher Feststellungen regelmäßig beide Parteien gleich schwer treffe. Beide Parteien trügen somit die gleichen „Kosten“ und müssten folglich auch die gleiche Chance zum Gewinnen des Prozesses haben.

---

[334] Vgl. die Begriffsbestimmung, oben S. 40 f.
[335] Prütting, Gegenwartsprobleme der Beweislast, S. 86.
[336] Schwab, FS Fasching, S. 455.
[337] Prütting, Gegenwartsprobleme der Beweislast, S. 85; Greger, Beweis und Wahrscheinlichkeit, S. 107 f; Stahlmann, JA 1978, 164.
[338] Kegel, FS Kronstein, S. 335; ebenso bereits C. Peters, MDR 1949, 68.
[339] Maassen, Beweismaßprobleme im Schadensersatzprozeß, S. 7 ff, 54 f.

Dies sei nur gewährleistet, wenn bereits die überwiegende Wahrscheinlichkeit zur Beweiserbringung und damit zum Prozessgewinn ausreiche.

Dem hält *Prütting*[340] den zivilprozessualen Grundgedanken des Verbots der Selbsthilfe entgegen. Dieser gebiete einen besonderen Schutz des Status quo und mache es erforderlich, dass der Angreifer das größere Risiko trage.
Im übrigen würden gerade bei Zugrundelegen des Überwiegensprinzips Kläger und Beklagter nicht das gleiche Risiko eines Prozessverlustes tragen. Denn der Kläger kann sich den Beklagten aussuchen. Er kann von mehreren möglichen Klagegegner denjenigen wählen, gegen den er meint, am ehesten einen Beweis erbringen zu können. Auch hat der Kläger – von den Verjährungsvorschriften abgesehen – beliebig lange Zeit, seine Klage vorzubereiten. Er kann also ausgiebig nach Beweismitteln suchen. Der Beklagte hingegen ist durch die prozessualen Fristen und die Präklusionswirkung zeitlich unter Druck. Prozessuale Chancengleichheit kann demnach nur bei Anlegung eines höheren Beweismaßes als dem der überwiegenden Wahrscheinlichkeit erreicht werden.

4. *Motsch*[341] weist weiter darauf hin, dass in § 286 ZPO nur zwei Entscheidungsmöglichkeiten vorgesehen seien. Der Richter könne die Tatsachenbehauptung für wahr oder für unwahr halten. Eine Entscheidung nach der Beweislast sei in § 286 ZPO nicht vorgesehen. Eine richterliche Entscheidung zwischen wahr und unwahr sei jedoch nur dann regelmäßig möglich, wenn für die Überzeugung des Richters die überwiegende Wahrscheinlichkeit ausreiche.

Der Auffassung *Motsch*s ist jedoch entgegenzuhalten, dass die Möglichkeit einer Beweislastentscheidung zwar nicht in § 286 ZPO, dafür aber in zahlreichen speziellen Beweislastregeln wie z.B. § 611 a BGB vorgesehen ist. Diese wären nach *Motsch*s Ansicht alle systemwidrig und funktionslos[342]. Ein völliger Verzicht auf die Beweislastentscheidung ist daher nicht mit dem Gesetz vereinbar.

5. Als Vorteil des Beweismaßes der überwiegenden Wahrscheinlichkeit wird auch die damit einhergehende Möglichkeit der Schadensteilung entsprechend dem Grad der Wahrscheinlichkeit der Verursachung angesehen.

Lehnt man jedoch die Schadensteilung nach Wahrscheinlichkeit ab[343], so folgt daraus auch die Ablehnung des Überwiegensprinzips. Denn das Überwiegensprinzip ohne Schadensteilung nach Wahrscheinlichkeit hätte zur Konsequenz, dass bereits ein Plus oder Minus von einem Prozent Wahr-

[340] Prütting, Gegenwartsprobleme der Beweislast, S. 78; Bender, FS Baur, S. 257.
[341] Motsch, GS Rödig, S. 338; ders., Vom rechtsgenügenden Beweis, S. 34 f.
[342] Prütting, Gegenwartsprobleme der Beweislast, S. 71.
[343] Vgl. hierzu oben, S. 59 ff.

scheinlichkeit über „alles oder nichts“ entscheidet – und dies bei der relativ groben und ungenauen Schätzung mit der die Wahrscheinlichkeitswerte ermittelt werden[344].

6. Auch unter anderen Gesichtspunkten bestehen jedoch gegen das Beweismaß der überwiegenden Wahrscheinlichkeit in mehrfacher Hinsicht Bedenken.

Festzuhalten ist zunächst, dass nach materiellem Recht eine Rechtsfolge nur eintritt, wenn die Voraussetzungen hierfür vorliegen, nicht jedoch, wenn diese nur wahrscheinlich vorliegen. Zum Schadensersatz verpflichtet ist daher z.B. nur derjenige, der das Rechtsgut eines anderen verletzt hat und nicht derjenige, der das Rechtsgut eines anderen wahrscheinlich verletzt hat[345]. Aus materiell-rechtlicher Sicht ist das Überwiegensprinzip somit zumindest bedenklich.

7. Auch würde das Beweismaß der überwiegenden Wahrscheinlichkeit im Gegensatz zu dem der an Sicherheit grenzenden Wahrscheinlichkeit zu einer Ausuferung der materiell-rechtlichen Anspruchsgrundlagen führen[346]. Die damit einhergehende Haftungserweiterung würde die Rechtssicherheit gefährden und den Rechtsverkehr erheblich belasten[347].
Das Beweismaß der überwiegenden Wahrscheinlichkeit ist daher abzulehnen.

II. Das Beweismaß der hohen Wahrscheinlichkeit

Besser mit den Grundsätzen und Zwecken des Zivilprozesses vereinbar erscheint das Beweismaß der hohen Wahrscheinlichkeit. Hierdurch würde der Status quo gesichert und ungerechtfertigte Klagen erschwert. Im übrigen gibt § 286 ZPO vor, dass der Richter die Tatsachenbehauptung „Für-wahr-Erachten“

---

344 Greger, Beweis und Wahrscheinlichkeit, S. 111.

345 Greger, Beweis und Wahrscheinlichkeit, S. 112; Schreiber, Theorie des Beweiswertes für Beweismittel im Zivilprozeß, S. 13 ff.

346 Prütting, Gegenwartsprobleme der Beweislast, S. 79; Greger, Beweis und Wahrscheinlichkeit, S. 111 f; Walter, Freie Beweiswürdigung, S. 181 ff; Prölss, ZZP 82 (1969), 479; Schreiber, Theorie des Beweiswertes für Beweismittel im Zivilprozeß, S. 13; Gaupp, Beweisfragen im Rahmen ärztlicher Haftungsprozesse, S. 27; Schuster, „Beweislastumkehr extra legem“- Die Verteilung der Beweislast nach der Verantwortungsbereichs- und Normentheorie, S. 63; a.A.: Maassen, Beweismaßprobleme im Schadensersatzprozeß, S. 159; Gottwald, Schadenszurechnung und Schadensschätzung, S. 203.

347 Prütting, Gegenwartsprobleme der Beweislast, S. 79; anerkennend selbst Maassen, Beweismaßprobleme im Schadensersatzprozeß, S. 51 f, 152, 162.

muss, was bereits hohe Anforderungen an das Regelbeweismaß impliziert[348]. Auch aus der Existenz zahlreicher Spezialnormen, die im Einzelfall ein geringeres Beweismaß für ausreichend ansehen, ergibt sich, dass das Regelbeweismaß hoch sein muss, denn nur in diesem Fall ist eine gesetzlich angeordnete Beweismaßabsenkung sinnvoll.

Als Argument für das Beweismaß der hohen Wahrscheinlichkeit nennt *Huber*[349] auch die Existenz zahlreicher Normen, die eine Beweismaßerhöhung vorsehen. In der Tat ist *Huber*s Gedankengang zuzustimmen: Gäbe es gesetzlich normierte Fälle der Beweismaßerhöhung, so bedeutete dies zwingend, dass als Regelbeweismaß das höchste erreichbare Beweismaß – also die an Sicherheit grenzende Wahrscheinlichkeit – nicht in Betracht käme, da andernfalls unklar wäre, zu welchem Beweismaß die gesetzliche Erhöhung führen sollte. Das einzige noch strengere Beweismaß läge dann in der objektiven Wahrheit, die jedoch – wie bereits mehrfach ausgeführt wurde – nicht erreichbar ist und somit auch nicht als Beweismaß taugt. Lehnt man weiterhin das Beweismaß der überwiegenden Wahrscheinlichkeit ab, so kommt als Regelbeweismaß nur die hohe Wahrscheinlichkeit in Betracht. Indes kann jedoch *Huber*s Prämisse, nämlich der Existenz beweismaßerhöhender Normen, nicht zugestimmt werden. Die Beweismaßerhöhung soll sich daraus ergeben, dass die Normen jeweils die Wendung „offenbar“ oder „offensichtlich“ enthalten[350, 351]. Indes wird durch diese Wendungen nicht das Beweismaß erhöht, sondern vielmehr das Erfordernis aufgestellt, dass sich die Unbilligkeit, Unmöglichkeit usw. dem sachkundigen und unbefangenen Beurteiler sofort aufdrängt[352]. Dass beide Aspekte nicht gleichzusetzen sind, ist daran erkennbar, dass das Gericht zwar im Anschluss an eine umfangreiche Beweisaufnahme durch die Kombination zahlreicher Indizien aufgrund kompliziertester Gedankengänge feststellen kann, dass die Unbilligkeit, Unmöglichkeit etc. mit an Sicherheit grenzender Wahrscheinlichkeit besteht, von einer „offenbaren“ Unbilligkeit, Unmöglichkeit usw. kann in diesem Fall aber wohl kaum die Rede sein. Das Merkmal „offenbar“ bezieht sich also nicht auf den erreichten Wahrscheinlichkeitsgrad, sondern auf die Art und Weise, wie dieser Wahrscheinlichkeitsgrad festgestellt wird. Die von *Prütting* aufgezählten Normen enthalten folglich keine Modifikationen des

---

348 M. Huber, Das Beweismaß im Zivilprozeß, S. 122.

349 M. Huber, Das Beweismaß im Zivilprozeß, S. 141; ebenso: Musielak/Stadler, Grundfragen des Beweisrechts, Rn 148; Prütting, Gegenwartsprobleme der Beweislast, S. 83.

350 Z.B.: §§ 319 I, 660 I 2, 2048 S. 3 BGB („offenbar unbillig“), § 2356 III BGB („soweit die Tatsachen offenkundig sind“) – zahlreiche weitere Beispiele bei Prütting, Gegenwartsprobleme der Beweislast, S. 83.

351 M. Huber, Das Beweismaß im Zivilprozess, S. 142; Schönke/Kuchinke, Zivilprozessrecht, S. 254; Schneider, Beweis und Beweiswürdigung, Rn 66; Palandt-Diederichsen, Bürgerliches Gesetzbuch, § 1591 Anm. 4; Prütting, Gegenwartsprobleme der Beweislast, S. 83 Fn 128.

352 Jauernig-Vollkommer, Bürgerliches Gesetzbuch, § 319 Rn 3.

Beweismaßes. Das von *Huber* vorgebrachte Argument für das Beweismaß der hohen Wahrscheinlichkeit greift nicht.

III. Das Beweismaß der an Sicherheit grenzenden Wahrscheinlichkeit

Die für das Beweismaß der hohen Wahrscheinlichkeit angeführten Argumente[353] sprechen allesamt auch für das Beweismaß der an Sicherheit grenzenden Wahrscheinlichkeit.
Für das Beweismaß der an Sicherheit grenzenden Wahrscheinlichkeit kann jedoch zusätzlich angeführt werden, dass damit eine größt mögliche Annäherung an das Ideal, nämlich die Feststellung der objektiven Wahrheit, erreicht wird, ohne eine Beweiserbringung von vornherein unmöglich zu machen.
Das Regelbeweismaß liegt daher in der an Sicherheit grenzenden Wahrscheinlichkeit.

E. Ergebnis

Die durchgeführten Untersuchungen haben gezeigt, dass im deutschen Zivilprozess grundsätzlich das Beweismaß der an Sicherheit grenzenden Wahrscheinlichkeit gilt. Da das Regelbeweismaß somit hoch ist, erscheint die Absenkung des Beweismaßes auf eine hohe, überwiegende und ggf. auch auf eine nur geringe Wahrscheinlichkeit als ein erfolgversprechender Ansatz zur Minderung der Beweisschwierigkeiten im Arzthaftungsprozess.

[353] Vgl. oben, S. 83 ff.

Teil 3: Beweismaßreduktion im Arzthaftungsrecht

A. Unveränderlichkeit des Beweismaßes ?

Die Minderung von Beweisschwierigkeiten im Arzthaftungsprozess durch eine Absenkung des Beweismaßes setzt zunächst voraus, dass das Beweismaß überhaupt veränderlich ist. Die These von der Unveränderlichkeit des Beweismaßes hat in neuerer Zeit insbesondere *Greger* vertreten. Dieser negiert die Existenz unterschiedlicher Beweismaße, da die Erwägungen zur Bestimmung des allgemeinen Beweismaßes für jeden Beweis gälten und damit eine Beweismaßreduktion in einzelnen Fällen ausgeschlossen sei[354]. Das auch von *Greger* anerkannte Bedürfnis nach Beweiserleichterungen sei demnach nicht über eine Beweismaßabsenkung, sondern durch eine entsprechende Auslegung des materiellen Tatbestandes zu befriedigen. *Greger* betont, dass der Auffassung von der Allgemeingültigkeit des Beweismaßes auch nicht die Existenz ausdrücklich normierter Beweismaßreduktionen entgegensteht, denn diese Normen seien ebenfalls rein materiell-rechtlicher Natur[355]. Zur Begründung verweist *Greger* auf die dienende Funktion des Prozessrechts[356]. Es könne nicht sein, dass ein Anspruch nach materiellem Recht etwa einen „Schaden" voraussetze, im Prozess jedoch bereits bei Vorliegen eines „wahrscheinlichen Schadens" ein Anspruch gewährt würde. Ansonsten befände sich der in Anspruch Genommene in der Lage, einem außerprozessualen Begehren des Geschädigten mit Recht widersprechen zu können, jedoch gleichzeitig damit rechnen zu müssen, in einem Prozess - ebenfalls zu Recht - verurteilt zu werden[357].

Der Auffassung *Gregers* ist jedoch entgegen zu halten, dass es zu weit führt, allen gesetzlich normierten Beweismaßreduktionen eine materiell-rechtliche Natur zuzusprechen[358]. Dass diese Interpretation zu befremdlichen Ergebnissen führt, haben *Walter* am Tatbestandsmerkmal des „Arbeitsunfalls"[359] und *Prütting* am Tatbestandsmerkmal der „Vaterschaft" in § 1600 o II 2 BGB a.F. gezeigt[360].

---

[354] Greger, Beweis und Wahrscheinlichkeit, S. 122.
[355] Greger, Beweis und Wahrscheinlichkeit, S. 136, 148.
[356] Greger, Beweis und Wahrscheinlichkeit, S. 179.
[357] Greger, Beweis und Wahrscheinlichkeit, S. 180.
[358] M. Huber, Das Beweismaß im Zivilprozeß, S. 123.
[359] Walter, ZZP 93 (1980), 101.
[360] Prütting, Gegenwartsprobleme der Beweislast, S. 91.

Im übrigen ist jedoch auch zweifelhaft, inwiefern *Greger* tatsächlich von einer Unveränderlichkeit des Beweismaßes ausgeht. Denn *Greger* räumt selbst ein, dass die Gerichte in Verfahren, in denen gewichtigere Interessen auf dem Spiel stehen, höhere Beweisanforderungen stellen als in unbedeutenden Sachen[361]. Die von *Greger* postulierte Allgemeingültigkeit des Beweiskriteriums bezieht sich demnach nur darauf, dass das Gericht in allen Fällen zur Überzeugung von der Wahrheit – also dem nach *Greger* geltenden Regelbeweismaß – gelangen müsse.
Nach der hier vertretenen Auffassung über das Regelbeweismaß stellen jedoch gerade die von *Greger* als „Beweisanforderungen" bezeichneten Kriterien das Beweismaß im eigentlichen Sinne dar. Die von *Greger* als Beweismaß angesehene Überzeugung von der Wahrheit ist hingegen lediglich das Ziel, welches erreicht ist, wenn die „Beweisanforderungen" erfüllt sind. Auch *Greger* geht somit von der Veränderlichkeit des – in dieser Weise definierten – Beweismaßes aus.

B. Institute zur Absenkung des Beweismaßes im Arzthaftungsrecht

Geht man davon aus, dass das Beweismaß auf der einen Seite veränderlich ist, auf der anderen Seite aber nicht etwa erst im konkreten Fall bestimmt wird, sondern allgemein und abstrakt festgelegt ist[362], so ergibt sich die Notwendigkeit, Beweismaßreduzierungen für bestimmte Fallgruppen oder Rechtsgebiete jeweils zu rechtfertigen. Im Interesse der Rechtssicherheit sowie der verfassungsrechtlich garantierten Gleichbehandlung ist es erforderlich, abstrakt-generelle Merkmale herauszuarbeiten, bei deren Vorliegen eine Beweismaßreduktion eingreift[363].
Ob eine derartige tragfähige Begründung für eine Beweismaßreduktion im Arzthaftungsrecht allgemein oder für einzelne Bereiche wie etwa dem Vorliegen eines Behandlungsfehlers oder der Kausalität de lege lata möglich ist, soll im Folgenden untersucht werden.

---

[361] Greger, Beweis und Wahrscheinlichkeit, S. 122.
[362] Vgl. hierzu bereits oben, S. 71 f.
[363] So auch Katzenmeier, Arzthaftung, S. 533 Fn 830.

I. Beweismaßreduktion durch Anwendung des § 287 ZPO

Gem. § 287 I 1 ZPO entscheidet das Gericht unter Würdigung aller Umstände nach freier Überzeugung, ob und in welcher Höhe ein Schaden entstanden ist. Obwohl § 287 ZPO genau wie § 286 ZPO von „freier Überzeugung“ spricht, besteht Einigkeit darüber, dass die Voraussetzungen der Überzeugung sich in den beiden Vorschriften nicht entsprechen, dass mit „freier Überzeugung" in § 287 ZPO vielmehr ein „freies Ermessen“ gemeint ist[364]. Einigkeit besteht weiterhin darüber, dass § 287 ZPO gegenüber § 286 ZPO neben Verfahrens-erleichterungen insbesondere eine Absenkung des Beweismaßes enthält[365], wobei jedoch eine einheitliche Linie bezüglich der Höhe des abgesenkten Beweismaßes nicht besteht[366]. Da § 287 ZPO aber jedenfalls eine Beweismaßreduktion enthält, stellt sich die Frage nach der Bedeutung des § 287 ZPO für das Arzthaftungsrecht. Die Beantwortung dieser Frage hängt vornehmlich davon ab, inwieweit der Anwendungsbereich des § 287 ZPO beweisrechtlich problematische Voraussetzungen der Arzthaftung erfasst. Da § 287 ZPO jedenfalls keine Beweismaßreduktion bezüglich des Vorliegens eines Behandlungsfehlers bewirkt, kommt eine Anwendung des § 287 ZPO nur bezüglich des Kausalitätsbeweises in Betracht. Ob § 287 ZPO den Kausalitätsnachweis umfasst, ist jedoch umstritten.

1. Erleichtert § 287 ZPO den Nachweis der Kausalität ?

a. Herrschende Meinung

Aufbauend auf dem Gedanken, dass die Beweiserleichterung des § 287 ZPO erst eingreifen soll, wenn bereits feststeht, dass der in Anspruch Genommene widerrechtlich gehandelt hat, der konkrete Haftungsgrund also feststeht[367],

---

[364] Prölss, Beweiserleichterungen im Schadensersatzprozeß, S. 49.

[365] BGH, NJW-RR 1987, 339 f; NJW 1992, 2694 f; MK-ZPO-Prütting, § 287 Rn 3; Stein/Jonas-Leipold, Zivilprozessordnung, § 287 Rn 30; Arens, ZZP 88 (1975), 25 f; Prütting, KF 1989, 12; Walter, Freie Beweiswürdigung, S. 191 f; Baumgärtel, Beweislastpraxis im Privatrecht, Rn 379; a.A.: Weber, Der Kausalitätsbeweis im Zivilprozeß, S. 210; Gottwald, Schadenszurechnung und Schadensschätzung, S. 214 ff.

[366] Vgl. Arens, ZZP 88 (1975), 35: „weit mehr als überwiegende Wahrscheinlichkeit“; BGH, VersR 1963, 67, 69 und B/L/A/H-Hartmann, § 287 Rn 4: „erhebliche Wahrscheinlichkeit“; BGH, VersR 1960, 656 und M. Huber, Das Beweismaß im Zivilprozeß, S. 137: „überwiegende Wahrscheinlichkeit“; BGH, NJW 1970, 1970, 1971: „hinreichender Grad von Wahrscheinlichkeit“; Klauser, JZ 1968, 170: „Festlegung einer für alle Fälle gleichen Wahrscheinlichkeitsquote nicht möglich“; BGH, NJW 1992, 2694, 2695; NJW-RR 1996, 781: „deutlich überwiegende, auf gesicherter Grundlage beruhende Wahrscheinlichkeit“.

[367] Arens, ZZP 88 (1975), 2.

unterscheiden Rechtsprechung[368] und herrschende Meinung im Schrifttum[369] zwischen haftungsbegründender und haftungsausfüllender Kausalität.
Unter haftungsbegründender Kausalität versteht man die Frage, ob ein Handeln oder Unterlassen des in Anspruch Genommenen kausal für die Verletzung eines geschützten Rechtsguts war, also die Kausalität für den ersten realen Schadenserfolg. Die haftungsbegründende Kausalität besteht also, wenn ein Ereignis den Geschädigten tatsächlich betroffen hat. Die haftungsausfüllende Kausalität bezeichnet hingegen die Kausalbeziehung zwischen Rechtsgutsverletzung und Schaden, also zwischen dem Erstschadenserfolg und weiteren schädigenden Auswirkungen. Während die haftungsbegründende Kausalität nach § 286 ZPO voll bewiesen werden muss, genügt für die haftungsausfüllende Kausalität das verminderte Beweismaß des § 287 ZPO.
Auf den Arzthaftungsprozess übertragen bedeutet dies, dass der Patient die Kausalität des ärztlichen Behandlungsfehlers für die Gesundheitsbeeinträchtigung nach § 286 ZPO voll beweisen muss, während für den Nachweis, dass aus dieser Verletzung bestimmte Schäden – also etwa Heilungskosten, Verdienstausfall, Beerdigungskosten usw. – entstanden sind, die Beweiserleichterungen des § 287 ZPO eingreifen.
Zur Verdeutlichung der Unterscheidung in haftungsbegründende und haftungsausfüllende Kausalität folgendes Beispiel aus dem Arzthaftungsrecht[370]: Nach Durchführung einer Blinddarmoperation stellte der behandelnde Arzt einen Blutdruckabfall fest, ohne jedoch an die Möglichkeit einer inneren Blutung zu denken. Im gerichtlichen Verfahren konnte nicht geklärt werden, ob der später eingetretene Tod des Patienten durch sofortiges Eingreifen hätte verhindert werden können. Das Berufungsgericht bejahte den Kausalzusammenhang zwischen dem Verhalten des Arztes und dem Tod des Patienten trotz der bestehenden Unsicherheiten unter Hinweis auf § 287 ZPO. Der BGH rügte dies, da es sich bei der Kausalität zwischen Fehlverhalten des Arztes und Tod des Patienten um die haftungsbegründende Kausalität handele und folglich § 286 ZPO einschlägig wäre.

---

[368] Grundlegend: BGHZ 4, 192,196 = NJW 1952, 301 = LM § 287 ZPO Nr. 5 (m. Anm. Ascher); seitdem ständige Rechtsprechung: BGHZ 58, 48, 53; 93, 351, 354; BGH, NJW 1998, 3417; 2000, 1572, 1573.
[369] Gaupp, Beweisfragen im Rahmen ärztlicher Haftungsprozesse, S. 18 ff, 42; Weyers, Gutachten zum 52. Deutschen Juristentag, A 35; Weyers/Mirtsching, JuS 1980, 322; Stein/Jonas-Leipold, Zivilprozessordnung, § 287 Rn 13 ff; MK-ZPO-Prütting, § 287 Rn 9 ff; Thomas/Putzo, Zivilprozessordnung, § 287 Rn 4; Arens/Lüke, Zivilprozessrecht, Rn 270 ff; Schneider, Beweis und Beweiswürdigung, § 14 Rn 254 ff.
[370] BGH, VersR 1968, 849, 850 m. Anm. Hanau, NJW 1968, 2291, 2292.

b. Auffassung von Prölss

Prölss[371] meint hingegen, die Beweiserleichterung des § 287 ZPO sei weder auf die haftungsbegründende noch auf die haftungsausfüllende Kausalität anwendbar. § 287 ZPO betreffe lediglich quantitative Fragen, also insbesondere die Feststellung der Schadens<u>höhe</u>[372]. Das „Ob" des Schadens sei in den Wortlaut lediglich aufgenommen worden, damit auch der Grenzfall eines sehr geringen Schadens geregelt sei[373]. Die Schätzung der sich innerhalb eines gewissen Spielraums bewegenden Schadenshöhe sei nicht vergleichbar mit dem „Entweder-Oder" der Feststellung des Kausalzusammenhangs[374].

Folgt man dieser Auffassung, so ist der Anwendungsbereich des § 287 ZPO äußerst gering. Da im Arzthaftungsrecht der Nachweis der Schadenshöhe in der Regel unproblematisch durch entsprechende Rechnungen über die Nachbehandlung, Beerdigungskosten u.ä. möglich ist und eine Beweismaßminderung bezüglich der Kausalität nach *Prölss* Auffassung nicht eintritt, wäre die Bedeutung des § 287 ZPO für das Arzthaftungsrecht gering.

c. Auffassung von Hanau

Hanau geht zwar – ebenso wie die herrschende Meinung – davon aus, dass die Beweiserleichterungen des § 287 ZPO erst eingreifen, wenn der Haftungsgrund feststeht. Er meint jedoch, bei der Bestimmung des Haftungsgrundes sei der differenzierte Aufbau der Haftungstatbestände zu beachten[375]. Der Verletzungs*erfolg* gehöre lediglich bei Eingriffstatbeständen, also vor allem bei § 823 I BGB, zum Haftungsgrund. Bei Ansprüchen aus positiver Forderungsverletzung, § 823 II BGB und § 839 BGB stelle hingegen die Verletzung einer Verhaltensnorm den Haftungsgrund dar[376]. Bei reinen Verhaltensnormtatbeständen könne es daher überhaupt keine – zwischen Handlung und *Erfolg* bestehende – haftungsbegründende Kausalität geben[377]. Auch im Rahmen der Eingriffstatbestände schränkt *Hanau* die Bedeutung der haftungsbegründenden Kausalität jedoch erheblich ein, indem er die Haftung nicht erst mit der Verletzung, sondern bereits mit der unmittelbaren Gefährdung beginnen lässt[378].

---

[371] Prölss, Beweiserleichterungen im Schadensersatzprozeß, S. 48 ff; ihm folgend: Wahrendorf, Die Prinzipien der Beweislast im Haftungsrecht, S. 47 ff; Rosenberg/Schwab, Zivilprozessrecht, 10. Aufl., 1969, § 115, 2.

[372] Prölss, Beweiserleichterungen im Schadensersatzprozeß, S. 56.

[373] Prölss, Beweiserleichterungen im Schadensersatzprozeß, S. 53 f.

[374] Prölss, Beweiserleichterungen im Schadensersatzprozeß, S. 56.

[375] Hanau, NJW 1968, 2292.

[376] Ebenso: Werner, Die Beweiswürdigung im Schadensersatzprozeß nach § 287 ZPO, S. 34; Arens, ZZP 88 (1975), 26 ff.

[377] Hanau, Die Kausalität der Pflichtwidrigkeit, S. 121.

[378] Hanau, Die Kausalität der Pflichtwidrigkeit, S. 122; ders., NJW 1968, 2292; ebenso: Klauser, JZ 1968, 167.

Dass auch der BGH teilweise – wohl unbewusst – dieser Auffassung zuneigt, verdeutlicht der folgende Beispielsfall[379]: Der Beklagte verursachte einen Autounfall, bei dem die im 6. Monat schwangere Klägerin zu 1. erheblich verletzt wurde. Nach einigen Jahren zeigte sich, dass das Kind, die Klägerin zu 2., an spastischen Lähmungen aufgrund eines angeborenen Hirnchadens litt. Der BGH stellte fest, dass der ursächliche Zusammenhang zwischen Unfall und Hirnschaden des Kindes (nur) nach § 287 ZPO zu beweisen sei, da der Unfall als konkreter Haftungsgrund bereits voll bewiesen sei[380]. Indem der BGH nicht den Nachweis einer Verletzung der Leibesfrucht bei dem Unfall verlangte, sondern sich mit deren Anwesenheit im Leib der erheblich verletzten Mutter begnügte, lässt er als – voll zu beweisenden – Haftungsgrund eine konkrete Gefährdung ausreichen[381].
Für den Arzthaftungsprozess hätte diese von *Hanau* sowie zum Teil auch vom *BGH* vertretene Auffassung gravierende Konsequenzen: Da mit jedem Behandlungsfehler jedenfalls eine unmittelbare Gesundheitsgefährdung verbunden ist, müsste der Patient nur noch den Behandlungsfehler voll beweisen. Der Nachweis der Ursächlichkeit würde durch § 287 ZPO erleichtert.

d. Eigene Stellungnahme

Der Auffassung *Prölss* wird zu Recht Wortlaut und Entstehungsgeschichte des § 287 ZPO entgegengehalten[382]. Insbesondere aus den Gesetzesmaterialien ergibt sich unzweifelhaft, dass auch die „Beurteilung der Frage, ob der Kausalnexus vorhanden sei, dem freien Ermessen des Gerichts" nach § 287 ZPO unterliegt[383]. Widerstand gegen die Auffassung *Hanau*s erweckt vor allem dessen Annahme, Haftungsgrund im Rahmen des § 823 I BGB sei bereits die Gefährdung eines der genannten Rechtsgüter. Dem steht entgegen, dass nach materiellem Recht Entstehungsgrund für einen Schadensersatzanspruch nicht die Gefährdung, sondern erst die Verletzung des Rechtsguts ist[384]. Aber auch die unterschiedliche Behandlung von Eingriffs- und Verhaltensnormtatbestände ist bei genauerer Betrachtung unhaltbar, denn auch bei den Verhaltensnormtatbeständen besteht der Schadensersatzanspruch nicht etwa bereits bei Verletzung einer Verhaltens-

---

379 BGHZ 58, 48 = LM § 287 ZPO Nr. 41 = NJW 1972, 1126 = MDR 1972, 406 = JZ 1972, 363 m. Anm. Stoll.
380 BGH, JZ 1972, 364 f.
381 Stoll, JZ 1972, 364 f; Arens, ZZP 88 (1975), 11.
382 D. Franzki, Die Beweisregeln im Arzthaftungsprozeß, S. 112; Hanau, Die Kausalität der Pflichtwidrigkeit, S. 120; Maassen, Beweismaßprobleme im Schadensersatzprozeß, S. 97; Klauser, JZ 1968, 167.
383 Hahn, Die gesammten Materialien zu den Reichs-Justizgesetzen, S. 277.
384 Arens, ZZP 88 (1975), 11; Stoll, AcP 176 (1976), 185; Rosenberg/Schwab, Zivilprozessrecht, 10. Aufl., § 115 II 3.

pflicht. Erforderlich ist vielmehr auch hier die Verletzung eines Rechtsgutes[385]. Auch die Auffassung *Hanaus* ist folglich abzulehnen.

Mit der herrschenden Meinung ist daher davon auszugehen, dass nur der Nachweis der haftungsausfüllenden Kausalität nach § 287 ZPO erleichtert wird. Für den Nachweis der haftungsbegründenden Kausalität ist hingegen der volle Beweis nach § 286 ZPO erforderlich.

2. Erleichtert § 287 ZPO den Nachweis sogenannter Folgeschäden ?

Auf der Basis der herrschenden Meinung stellt sich die Frage, ob auch die Kausalität für Schäden, die erst einige Zeit nach der Erstschädigung aufgetreten sind und die der Kläger auf die ursprüngliche Verletzung zurückführt (sogenannte Folgeschäden)[386] nur nach § 287 ZPO nachzuweisen sind.
Davon ausgehend, dass der haftungsbegründende Vorgang mit dem Eintritt des ersten Schädigungserfolges abgeschlossen ist[387], wird dies von der Rechtsprechung bejaht[388].
Als Beispiel aus dem Arzthaftungsrecht möge ein vom BGH 1962 entschiedener Fall[389] dienen: Ein Patient erlitt bei der Behandlung einer Hautkrankheit einen schweren Allergieanfall. Kurz nachdem er hiervon genesen war, wurde bei ihm eine schwere Blut- und Knochenmarkserkrankung festgestellt, an der er einige Jahre später verstarb. Der BGH entschied, dass der Patient bzw. dessen Erben nach § 286 ZPO beweisen müsse, ob der Allergieanfall auf einem Behandlungsfehler des Arztes beruhte. Für die Frage, ob die Blut- und Knochenmarkserkrankung auf den Allergieanfall zurückzuführen sei, genüge hingegen ein Beweis gem. § 287 ZPO.

Gegen die Einbeziehung der Folgeschäden in den Anwendungsbereich des § 287 ZPO wenden sich vor allem *Arens*[390] und *Stoll*[391]. Auf der Basis der Unterscheidung in haftungsbegründende und haftungsausfüllende Kausalität sei auch im Rahmen der „Folgeschäden" zu differenzieren zwischen weiteren – nach

[385] Stoll, AcP 176 (1976), 187.
[386] D. Franzki, Die Beweisregeln im Arzthaftungsprozeß, S. 107.
[387] Arens, ZZP 88 (1975), 40.
[388] BGH, VersR 1963, 872, 873; VersR 1964, 844, 845; VersR 1965, 91, 92; VersR 1969, 160; NJW 1973, 1413, 1414. Aus dem Arzthaftungsrecht: BGH, VersR 1955, 573, 575; NJW 1978, 1683, 1684; VersR 1981, 462 f.
[389] BGH, LM § 823 (Aa) BGB Nr. 21 = VersR 1963, 67.
[390] Arens, ZZP 88 (1975), 41.
[391] Stoll, JZ 1972, 367.

§ 286 ZPO voll zu beweisenden – Rechtsgutsverletzungen und – nach § 287 ZPO zu beweisenden – Fortentwicklungen der ersten Rechtsgutsverletzungen[392]. Als Beispiel nennt *Stoll*[393], dass der Kläger behauptet, die vom Beklagten verschuldete Fußverletzung habe 10 Jahre später zu einer thrombotischen Erkrankung geführt. Diese spätere Erkrankung sei nicht weniger ein „Schadensereignis“ als die ursprüngliche Fußverletzung, eine unterschiedliche beweisrechtliche Behandlung sei daher nicht gerechtfertigt[394].

Auch *Stoll*[395] räumt jedoch ein, dass die Abgrenzung, ob es sich um eine Folgeverletzung oder um einen Schadensposten handelt, nicht immer einfach ist[396]. Abgesehen von den praktischen Schwierigkeiten einer Abgrenzung erscheint es jedoch auch durchaus gerechtfertigt, denjenigen, dem bereits die Verursachung einer Rechtsgutsverletzung voll nachgewiesen wurde, am Beweisrisiko bezüglich der weiteren Rechtsgutsverletzungen zu beteiligen. Die von der Rechtsprechung vorgenommene Einbeziehung der Folgeschäden verdient somit Zustimmung.
Schließlich bleibt darauf hinzuweisen, dass es sich bei den im Arzthaftungsfällen zu beurteilenden Folgeschäden in aller Regel um Weiterentwicklungen der Erstschädigung handelt; der Behandlungsfehler etwa zunächst nur eine leichte Beeinträchtigung des Hörvermögens verursacht, später jedoch eine völlige Taubheit eintritt[397]. Die Kausalität derartiger Fortentwicklungen beurteilt jedoch selbst *Arens*[398] nach § 287 ZPO[399].

3. Bedeutung des § 287 ZPO für das Arzthaftungsrecht

Nach der hier vertretenen Auffassung gilt § 287 ZPO für den Beweis der haftungsausfüllenden Kausalität, einschließlich des Nachweises der sogenannten Folgeschäden. Für den Nachweis der im Arzthaftungsprozess besonders problematischen Voraussetzungen des Vorliegens eines Behandlungsfehlers und der haftungsbegründenden Kausalität greifen die Beweiserleichterungen des § 287 ZPO nicht.
§ 287 ZPO senkt das Beweismaß also lediglich in Bereichen in denen generell im Schadensersatzprozess Beweisschwierigkeiten bestehen. Spezifische Beweis-

---

392 Stoll, JZ 1972, 367.
393 Stoll, JZ 1972, 367.
394 So aber BGH, VersR 1961, 183.
395 Stoll, JZ 1972, 368.
396 So auch Arens, ZZP 88 (1975), 41.
397 D. Franzki, Die Beweisregeln im Arzthaftungsprozeß, S. 115.
398 Arens, ZZP 88 (1975), 41.
399 A.A. jedoch Stoll, AcP 176 (1976), 195.

probleme des Arzthaftungsrechts werden vom Regelungsbereich des § 287 ZPO gerade nicht erfasst.

II. Beweismaßreduktion durch Analogiebildung

Insbesondere *Prütting* weist darauf hin, dass ein vertretbarer Lösungsansatz zur Minderung der im Arzthaftungsprozess bestehenden Schwierigkeiten beim Nachweis der haftungsbegründenden Kausalität in einer generellen Beweismaßreduzierung in Analogie zu Normen, die dies im Einzelfall vorsehen, liegen könnte[400]. Das deutsche Recht enthält zwar zahlreiche beweismaßreduzierende Normen[401], aufgrund ihrer Spezialität kommen die meisten jedoch für einen Analogieschluss von vorneherein nicht in Betracht. Einer näheren Überprüfung auf ihre Analogiefähigkeit bedürfen jedoch § 1 III 1 BVG, §§ 15 I 2, 28 I 2, 41 II BEG und § 61 IfSG, die jeweils bestimmen, dass für den Nachweis des ursächlichen Zusammenhanges zwischen einer Einwirkung und einer Gesundheitsverletzung die überwiegende Wahrscheinlichkeit genügt[402].

1. Regelungslücke

Voraussetzung der Analogiebildung als Form legitimer gesetzesergänzender Rechtsfortbildung ist zunächst das Vorliegen einer Gesetzeslücke[403]. Eine Gesetzeslücke besteht jedoch nicht bereits aufgrund des Fehlens einer ausdrücklichen Regelung des Beweismaßes im Arzthaftungsprozess bzw. des Beweismaßes für den Nachweis der haftungsbegründenden Kausalität, denn für die Beurteilung der „planwidrigen Unvollständigkeit" des Gesetzes ist auf das gesamte Recht zu sehen, müssen also insbesondere auch die von der Rechtsprechung gewohnheitsrechtlich entwickelten Grundsätze und Prinzipien berücksichtigt werden. Man könnte daher versucht sein zu argumentieren, dass die Rechtsprechung prinzipiell von dem Beweismaß der an Sicherheit grenzenden Wahrscheinlichkeit bzw. der vollen Überzeugung des Richters ausgeht und mangels Sonderregelung für den Teilbereich des Arzthaftungsrechts bzw. der Kausalitätsfrage auch hier das Beweismaß in diesem Sinne festgelegt sei. Folgte man dieser Argumentation, würde man jedoch übersehen, dass eine Gesetzeslücke nicht nur besteht, wenn keine rechtliche Regelung auf den

[400] Prütting, FS LG Saarbrücken, S. 274.
[401] Vgl. die Aufstellung bei Prütting, Gegenwartsprobleme der Beweislast, S. 81 f.
[402] Vgl. zu den zitierten Normen unten, S. 97 - 101.
[403] Bydlinski, Juristische Methodenlehre und Rechtsbegriff, S. 472; Canaris, Die Feststellung von Lücken im Gesetz, S. 129 ff.

jeweiligen Fall anwendbar ist, sondern auch wenn eine rechtliche Regelung zu weit gefasst ist, wenn sie also Fälle erfasst, die nach der „ratio legis“ einer andersartigen Regelung bedürfen. Die Lücke besteht in diesen Fällen im Fehlen einer notwendigen Ausnahmeregelung[404]. Eine derartige „verdeckte“ Lücke setzt voraus, dass eine abstrakt umschreibbare Fallgruppe von den Grundwertungen oder Zwecken des Gesetzes entgegen seinem Wortlaut gar nicht getroffen wird, und dass sie sich von den „eigentlich gemeinten“ Fallgruppen so weit unterscheidet, dass die Gleichbehandlung sachlich ungerechtfertigt und willkürlich wäre[405]. Da jedoch der Geltungsbereich des Regelbeweismaßes nicht näher umschrieben ist, genügt es für die Anerkennung einer Gesetzeslücke, wenn Anhaltspunkte für die Notwendigkeit einer Sonderregelung bestehen.
Für die Erforderlichkeit einer Sonderregelung des Beweismaßes im Arzthaftungsprozess sprechen die bereits genannten prinzipiellen Schwierigkeiten bei der Beweiserbringung. Dass derartige Schwierigkeiten bei der Erreichung des grundsätzlich erforderlichen Beweismaßes nicht generell unbeachtlich sind, sondern durchaus zu einer Verringerung des Beweismaßes in speziellen Fällen führen kann, ist an den zahlreichen Spezialregelungen zu sehen, die für bestimmte Fallgruppen ein niedrigeres Beweismaß festschreiben.

Gegen das Vorliegen einer planwidrigen Regelungslücke könnte sprechen, dass der Gesetzgeber im Jahre 2002 eine umfassende Reform des Schuldrechts durchgeführt hat. Überarbeitet wurde hierbei sowohl das Recht der vertraglichen Schuldverhältnisse als auch das Recht der außervertraglichen Haftung. Inhaltlich beschränkte sich die Reform keineswegs auf das eigentliche Schadensrecht, also die Haftungsausfüllung, sondern regelt zentrale Fragen der Haftungsbegründung. Schwerpunkte hierbei waren die Reform der Arzneimittelhaftung, die Eingliederung des Schmerzensgeldes in das allgemeine Schadensrecht, die Einschränkung des Haftungsumfangs bei Sachschäden sowie die Reform der Straßenverkehrs-Gefährdungshaftung[406]. Diese umfassende Überarbeitung legt den Schluss nahe, dass bestehende Haftungslücken geschlossen wurden, eine Analogie somit nicht mehr zulässig ist. Andererseits ist zu berücksichtigen, dass das Arzthaftungsrecht -soweit ersichtlich- lediglich bei der Neuregelung des § 280 BGB ausdrücklich genannt wurde, und dass diesbezüglich die Kommission in ihrem Abschlussbericht gerade zu der Auffassung kam, dass eine gesetzliche Regelung derzeit noch nicht möglich sei[407]. Zumindest im Bereich der Arzt-

[404] Bydlinski, Juristische Methodenlehre und Rechtsbegriff, S. 480.
[405] Bydlinski, Juristische Methodenlehre und Rechtsbegriff, S. 480.
[406] Wagner, NJW 2002, 2049.
[407] Bundesminister der Justiz (Hrsg.), Abschlussbericht der Kommission zur Überarbeitung des Schuldrechts, S. 130; vgl. hierzu bereits oben, S. 24 f.

haftung kann daher nicht davon ausgegangen werden, dass aufgrund der erst kürzlich erfolgten Gesetzesreform keine Regelungslücken mehr bestehen.

Es erscheint folglich zumindest vertretbar, in der Nichtberücksichtigung der Arzthaftungsansprüche bei der gesetzlichen Normierung von Beweismaßabsenkungen eine planwidrige Gesetzeslücke zu sehen.

2. Schließung der Lücke durch Analogieschluss

Die Ausfüllung einer festgestellten Gesetzeslücke hat in erster Linie durch Analogieschluss zu erfolgen[408]. Durch ihn wird die Rechtsfolge einer nach der Tatbestandsformulierung unmittelbar nicht passenden Norm auf den „ähnlichen Fall“ erstreckt[409]. Die Ähnlichkeit bestimmt sich nach dem Regelungszweck des auf seine analoge Anwendung zu prüfenden Gesetzes und nicht nach äußerlichen Ähnlichkeiten des Sachverhaltes[410]. Zur Überprüfung der Ähnlichkeit bieten sich im wesentlichen zwei Methoden an: Entweder ist die „ratio legis“ der analog anzuwendenden Norm mit Hilfe des Auslegungsmateriales induktiv zu ermitteln und durch Deduktion von ihr auf den zu beurteilenden Fall zu schließen. Oder es ist aufzuzeigen, dass zwischen dem unmittelbar von der analog anzuwendenden Norm erfassten Fall und dem zu beurteilenden Fall keine rechtlich relevanten Unterschiede bestehen[411].

a. Analogie zu § 1 III 1 BVG

Als analog anzuwendende Norm kommt zunächst § 1 III 1 BVG in Betracht. Die relevanten Passagen des § 1 BVG[412] lauten:

> **Abs. 1:**
> Wer durch eine militärische oder militärähnliche Dienstverrichtung oder durch einen Unfall während der Ausübung des militärischen oder militärähnlichen Dienstes oder durch die diesem Dienst eigentümlichen Verhältnisse eine gesundheitliche Schädigung erlitten hat, erhält wegen der gesundheitlichen und wirtschaftlichen Folgen der Schädigung auf Antrag Versorgung.

[408] Bydlinski, Juristische Methodenlehre und Rechtsbegriff, S. 475; Larenz, Methodenlehre der Rechtswissenschaft, S. 366; Canaris, Die Feststellung von Lücken im Gesetz, S. 24, 144; Herberger/Simon, Wissenschaftstheorie für Juristen, S. 170.
[409] Bydlinski, Juristische Methodenlehre und Rechtsbegriff, S. 475.
[410] Bydlinski, Juristische Methodenlehre und Rechtsbegriff, S. 475; vgl. auch § 7 österreichisches AGBG.
[411] Bydlinski, Juristische Methodenlehre und Rechtsbegriff, S. 475 f.
[412] Bundesversorgungsgesetz in der Fassung der Bekanntmachung vom 23.3.1990 (BGBl. I S. 582).

Abs. 3:
Zur Anerkennung einer Gesundheitsstörung als Folge einer Schädigung genügt die Wahrscheinlichkeit des ursächlichen Zusammenhangs. Wenn die zur Anerkennung einer Gesundheitsstörung als Folge einer Schädigung erforderliche Wahrscheinlichkeit nur deshalb nicht gegeben ist, weil über die Ursache des festgestellten Leidens in der medizinischen Wissenschaft Ungewißheit besteht, kann mit Zustimmung des Bundesministeriums für Arbeit und Sozialordnung die Gesundheitsstörung als Folge einer Schädigung anerkannt werden (...)

§ 1 III 1 BVG bestimmt also, dass es für die Feststellung der Kausalität einer militärischen Dienstverrichtung bzw. eines Unfalles während einer militärischen Dienstverrichtung für einen Gesundheitsschaden ausreicht, wenn der ursächliche Zusammenhang wahrscheinlich ist, wenn also mehr für als gegen die Kausalität spricht. § 1 III 2 BVG sieht darüber hinaus vor, dass mit Zustimmung des zuständigen Bundesministeriums sogar vom Erfordernis einer überwiegenden Wahrscheinlichkeit abgesehen werden kann, wenn die Kausalitätszweifel darauf beruhen, dass in der medizinischen Wissenschaft Ungewissheit über die Ursache des eingetretenen Leidens besteht. Hieraus ergibt sich, dass der Gesetzgeber bei der Schaffung dieser Vorschrift gerade die Problematik der beschränkten menschlichen Kenntnis über Abläufe des lebenden Organismus vor Augen hatte. Gerade diese Problematik stellt sich auch bei der Feststellung der haftungsbegründenden Kausalität im Rahmen des Arzthaftungsprozesses. Auch hier ist es häufig nicht bzw. nur schwer möglich nachzuvollziehen, ob eine eingetretene Gesundheitsstörung auf dem ärztlichen Eingriff beruht oder aber auf der allgemeinen Konstitution des Patienten, ob sie also auch unabhängig von dem ärztlichen Handeln eingetreten wäre.

Zu bedenken ist jedoch, dass das BVG ein Gesetz ist, dass zur Regelung der Versorgung der Opfer des Krieges erlassen wurde. Diese Zielsetzung des Gesetzes beinhaltet eine starke Pflichtenstellung des Staates, als dem einzig möglichen Anspruchsgegner. Der Staat hat eine moralische Verpflichtung diejenigen Personen, die für seinen Bestand und seine Sicherung ihr Leben und ihre Gesundheit eingesetzt haben angemessen zu versorgen und es wäre insbesondere nicht vertretbar, hierfür derartig hohe Voraussetzungen zu stellen, dass es einem Großteil der Geschädigten nicht gelingt, den ihnen zustehenden Anspruch durchzusetzen. Hieraus ergibt sich, dass es geboten war, das Beweismaß für den Nachweis der Kausalität für Gesundheitsschäden im BVG abzusenken. Diese Absenkung war auch unproblematisch möglich, da sich der Anspruch aus dem BVG nur gegen den Staat, nicht jedoch gegen Dritte richten kann.

Aus diesen Ausführungen wird bereits deutlich, dass eine analoge Anwendung des § 1 III 1 BVG auf die Arzthaftung nicht in Betracht kommt. Denn zum einen fehlt der Arzthaftung die mit der Versorgung der Opfer des Krieges verbundene starke moralische Komponente. Zum anderen richten sich die Arzthaftungsansprüche nicht gegen den Staat, sondern gegen den Arzt.

b. Analogie zu §§ 15 I 2, 28 I 2, 41 II BEG

Die Schließung der bestehenden Gesetzeslücke im Bereich des für den Arzthaftungsprozess geltenden Beweismaßes könnte durch Analogie zu den §§ 15 I 2, 28 I 2, 41 II BEG erfolgen.

Die genannten Regelungen lauten[413]:

> **§ 15 I BEG:**
> Anspruch auf Entschädigung für Schaden an Leben besteht, wenn der Verfolgte getötet oder in den Tod getrieben worden und sein Tod während der Verfolgung oder innerhalb von 8 Monaten nach Abschluß der Verfolgung, die seinen Tod verursacht hat, eingetreten ist.
> **Es genügt, daß der ursächliche Zusammenhang zwischen Tod und Verfolgung wahrscheinlich ist.**
>
> **§ 28 I BEG:**
> Der Verfolgte hat Anspruch auf Entschädigung, wenn er an seinem Körper oder an seiner Gesundheit nicht unerheblich geschädigt worden ist.
> **Es genügt, daß der ursächliche Zusammenhang zwischen dem Schaden an Körper oder Gesundheit und der Verfolgung wahrscheinlich ist.**
>
> **§ 41 BEG:**
> (I) Ist der Verfolgte später als 8 Monate nach Abschluß der Verfolgung, die seinen Tod verursacht hat, an den Folgen der Schädigung seines Körpers oder seiner Gesundheit verstorben, so stehen seinen Hinterbliebenen Leistungen nach Maßgabe der §§ 16 bis 26 zu (...)
> **(II) Es genügt, daß der ursächliche Zusammenhang zwischen dem auf der Verfolgung beruhenden Schaden an Körper oder Gesundheit und dem Tod wahrscheinlich ist. (...)**

---

[413] Bundesentschädigungsgesetz in der Fassung der Bekanntmachung vom 14.9.1965 (BGBl. I S. 1315).

Auch das BEG legt also fest, dass für den Nachweis des Kausalzusammenhanges zwischen der Verfolgung und einem Gesundheitsschaden oder dem Tod die überwiegende Wahrscheinlichkeit ausreicht.
Ebenso wie bei den Regelungen des BVG ist jedoch auch bei den Regelungen des BEG die besondere Zwecksetzung des Gesetzes zu berücksichtigen. Das BEG dient der Entschädigung von Opfern der nationalsozialistischen Verfolgung. Für das BEG gelten damit mindestens in gleichem Maße die im Rahmen des BVG festgestellten Besonderheiten. Auch hier handelt es sich um die Wahrnehmung einer starken moralischen Verpflichtung. Genauso wie bei der Versorgung der Opfer des Krieges wäre es auch bei der Entschädigung der durch das Nazi-Regime Verfolgten inakzeptabel, an den Nachweis der haftungsbegründenden Kausalität hohe Anforderungen zu stellen. Im übrigen werden auch durch das BEG lediglich Ansprüche gegen den Staat, nicht jedoch gegen Privatpersonen begründet.
Auch eine analoge Anwendung der Vorschriften des BEG auf die Arzthaftung scheidet somit aus.

c. Analogie zu § 61 IfSG

Möglicherweise kann jedoch die bestehende Gesetzeslücke durch eine analoge Anwendung des § 61 IfSG geschlossen werden. Die für die Beurteilung der Analogiefähigkeit relevanten Vorschriften des IfSG lauten[414]:

> **§ 60 IfSG:** Versorgung bei Impfschaden und bei Gesundheitsschäden durch andere Maßnahmen der spezifischen Prophylaxe
>
> Wer durch eine Schutzimpfung oder durch eine andere Maßnahme der spezifischen Prophylaxe, die
>
> 1. von einer zuständigen Landesbehörde öffentlich empfohlen und in ihrem Bereich vorgenommen wurde,
> 2. auf Grund dieses Gesetzes angeordnet wurde,
> 3. gesetzlich vorgeschrieben war oder
> 4. auf Grund der Verordnungen zur Ausführung der internationalen Gesundheitsvorschriften durchgeführt worden ist,
>
> eine gesundheitliche Schädigung erlitten hat, erhält nach der Schutzimpfung wegen des Impfschadens im Sinne des § 2 Nr. 11 oder in dessen entsprechender Anwendung bei einer anderen Maßnahme wegen der gesundheitlichen und wirtschaftlichen Folgen der Schädigung auf Antrag Versorgung in entsprechender

[414] Infektionsschutzgesetz vom 20.7.2000 (BGBl. I S. 1045).

Anwendung des Bundesversorgungsgesetzes, soweit dieses Gesetz nichts Abweichendes bestimmt. (...)

§ 61 IfSG: Gesundheitsschadensanerkennung

Zur Anerkennung eines Gesundheitsschadens als Folge einer Schädigung im Sinne des § 60 Abs. 1 Satz 1 genügt die Wahrscheinlichkeit des ursächlichen Zusammenhangs.
Wenn diese Wahrscheinlichkeit nur deshalb nicht gegeben ist, weil über die Ursache des festgestellten Leidens in der medizinischen Wissenschaft Ungewißheit besteht, kann mit Zustimmung der für die Kriegsopferversorgung zuständigen obersten Landesbehörde der Gesundheitsschaden als Folge einer Schädigung im Sinne des § 60 Abs. 1 Satz 1 anerkannt werden. (...)

Auch im IfSG genügt also die Feststellung der überwiegenden Wahrscheinlichkeit beim Nachweis der Kausalität für Gesundheitsschäden.
Da es sich bei den Maßnahmen der spezifischen Prophylaxe ebenso wie bei den im Arzthaftungsprozess geltend gemachten Schäden um unerwünschte Folgen ärztlicher Maßnahmen handelt, erscheint hier eine Analogie besonders naheliegend.
Zu bedenken ist jedoch, dass § 61 IfSG keinen umfassenden Versorgungsanspruch für alle, die bei einer Impfung oder einer anderen Maßnahme der spezifischen Prophylaxe einen Gesundheitsschaden erlitten haben, normiert. Anspruchsberechtigt sind vielmehr nur Personen die den Schaden bei einer im weitesten Sinne staatlich veranlassten Prophylaxemaßnahme erlitten haben. Auch hier trägt also der Staat eine besondere Verantwortung für die eingetretene Gesundheitsschädigung und auch hier ist der Staat der einzig mögliche Anspruchsgegner. Gegen eine analoge Anwendung von § 61 IfSG im Arzthaftungsrecht spricht schließlich, dass § 61 IfSG – ebenso wie § 1 Abs. 1 BVG – lediglich einen Anspruch auf Versorgung, nicht jedoch einen Schadensersatzanspruch gewährt. Während § 61 IfSG nur die Sicherung der weiteren Existenz bezweckt, verfolgt die Arzthaftung einen umfassenden Ausgleich der eingetretenen Rechtsgutsverletzungen, einschließlich der immateriellen Schäden. Auch hieran ist erkennbar, dass durch eine analoge Anwendung des § 61 IfSG im Rahmen der Arzthaftung eine mit dem ursprünglichen Normzweck nicht mehr vereinbare Ausweitung erfolgen würde.

Eine analoge Anwendung des § 61 IfSG auf die Schadensersatzansprüche im Arzthaftungsprozess scheidet daher ebenfalls aus.

d. Gesamtanalogie zu §§ 1 III 1 BVG, 15 I 2, 28 I 2, 41 II BEG, § 61 IfSG

Die genannten Vorschriften haben jeweils einen eigenen, eng umrissenen Regelungsbereich: § 1 III BVG regelt die Versorgung von Kriegsopfern, die §§ 15 I 2, 28 I 2, 41 II BEG normieren die Entschädigung der Opfer der nationalsozialistischen Verfolgung, § 61 IfSG schließlich regelt die Ersatzansprüche bei Schädigungen anlässlich medizinischer Prophylaxemaßnahmen. Von einer für die (Einzel-) Analogie notwendigen Ähnlichkeit mit der Situation im Arzthaftungsprozess kann daher nicht gesprochen werden.

In Betracht kommt jedoch die Bildung einer sog. Gesamtanalogie zu den genannten Vorschriften.

Bei der Gesamtanalogie wird aus einer Reihe von Gesetzesbestimmungen, die an verschiedene Tatbestände die gleiche Rechtsfolge anknüpfen ein „allgemeiner Rechtsgrundsatz" entnommen, der auf den im Gesetz nicht geregelten Fall wertungsmäßig ebenso zutrifft, wie auf die in den Tatbeständen ausdrücklich geregelten Fälle[415]. Aus einer Mehrzahl verwandter Vorschriften wird also induktiv auf ein gemeinsames Prinzip geschlossen und dieses dann deduktiv auf den zu beurteilenden Fall angewandt[416]. Entscheidend ist also auch bei der Gesamtanalogie der Rückgang auf eine allen Einzelvorschriften gemeinsame „ratio legis" sowie deren Verallgemeinerung[417].

Den genannten Vorschriften gemeinsam ist, dass für den Nachweis, dass der erlittene Gesundheitsschaden auf das anspruchsbegründende Geschehen zurückzuführen ist, abweichend von der grundsätzlich erforderlichen an Sicherheit grenzenden Wahrscheinlichkeit, die bloße überwiegende Wahrscheinlichkeit ausreicht. Man könnte daher meinen, dass aus den genannten Vorschriften der allgemeine Rechtsgrundsatz entnommen werden kann, dass für den Nachweis der haftungsbegründenden Kausalität für Gesundheitsschäden die überwiegende Wahrscheinlichkeit ausreicht. Wie jedoch bereits ausgeführt wurde, ist den Vorschriften nicht nur die Frage der Kausalität eines Geschehens für eine Gesundheitsverletzung gemeinsam, sondern auch die besondere Verantwortung des Staates für den eingetretenen Schaden, also die besondere Pflichtenstellung des Anspruchsgegners. Ein auf diese Besonderheit verzichtender allgemeiner Rechtssatz kann aus den zitierten Vorschriften nicht gewonnen werden. Da es in der Arzthaftung jedoch an dieser besonderen, moralischen Verantwortlichkeit des Arztes fehlt, kann auch eine Gesamtanalogie nicht gebildet werden.

---

415 Larenz, Methodenlehre der Rechtswissenschaft, S. 368.

416 Bydlinski, Juristische Methodenlehre und Rechtsbegriff, S. 478.

417 Larenz, Methodenlehre der Rechtswissenschaft, S. 370.

3. Ergebnis

Die Begründung einer Beweismaßabsenkung für den Beweis der haftungsbegründenden Kausalität durch eine Analogie zu den §§ 1 III 1 BVG, 15 I 2, 28 I 2, 41 II BEG, 61 IfSG kommt nicht in Betracht, da diesen Normen Wertungen zugrunde liegen, die auf den Arzthaftungsprozess nicht zutreffen.

III. Beweismaßreduktion zur Gewährleistung der Durchsetzbarkeit des materiellen Rechts

Recht häufig im Schrifttum genannt wird die Möglichkeit einer Absenkung des Beweismaßes, wenn nur dadurch die Durchsetzung des materiellen Rechts ermöglicht wird[418].

Regelmäßig begnügen sich die Autoren mit der kurzen Feststellung, dass eine Beweismaßreduktion zur Gewährleistung der Durchsetzbarkeit des materiellen Rechts möglich ist, ohne die Berechtigung zur Beweismaßabsenkung näher darzulegen oder Anwendungsbeispiele aufzuzeigen. Lediglich *Walter*[419] widmet dieser Thematik eine ausführliche Stellungnahme und untersucht insbesondere verschiedene Fallkonstellationen darauf, ob sich eine Beweismaßreduktion begründen lässt. Eine Untersuchung der Möglichkeit einer Beweismaßreduktion im Arzthaftungsrecht nimmt *Walter* nicht vor. Er betont jedoch, dass die von ihm genannten Anwendungsfälle keineswegs abschließend seien[420]. Die Anwendbarkeit des genannten Grundsatzes auf die Arzthaftung erörtert bisher – soweit ersichtlich – nur *Huber*[421], der jedoch lediglich feststellt, dass sich eine Verminderung des Regelbeweismaßes ggf. bis zur überwiegenden Wahrscheinlichkeit gerade in Arzthaftungsfällen unschwer rechtfertigen ließe. Die Notwendigkeit einer Begründung dieser These sieht *Huber* nicht.

Hieran anknüpfend soll nun im Folgenden untersucht werden, ob im Bereich des Arzthaftungsrechts eine Beweismaßreduktion zur Gewährleistung der Durchsetzbarkeit des materiellen Rechts erforderlich ist.

[418] Musielak, Grundlagen der Beweislast, S. 117; Walter, Freie Beweiswürdigung, S. 186; M. Huber, Das Beweismaß im Zivilprozeß, S. 82 und S. 136; Sick, Beweisrecht im Arzthaftpflichtprozeß, S. 152.

[419] Walter, Freie Beweiswürdigung, S. 215-260.

[420] Walter, Freie Beweiswürdigung, S. 232.

[421] M. Huber, Das Beweismaß im Zivilprozeß, S. 140.

1. Hintergrund und Voraussetzungen der Beweismaßreduktion

Hintergrund der Beweismaßabsenkung zur Gewährleistung der Durchsetzbarkeit des materiellen Rechts ist die sogenannte „dienende Funktion des Prozessrechts". Aufgabe des Prozessrechts ist es, die Durchsetzung der sich aus dem materiellen Recht ergebenden Rechte und Pflichten zu regeln. Daraus ergibt sich, dass das Prozessrecht nicht in einer Art und Weise ausgestaltet sein darf, welche die Durchsetzung nach materiellem Recht bestehender Ansprüche verhindert oder über Gebühr erschwert. Ergibt sich also für eine Fallgruppe, dass die Ausgestaltung des Prozessrechts die Durchsetzung eines nach materiellem Recht bestehenden Anspruchs immer oder häufig verhindert, so ist eine Korrektur des Prozessrechts durch Auslegung erforderlich.

Eine Beweismaßreduktion ist daher angezeigt und zulässig, wenn es sich um einen Fall aus einem Bereich handelt, der schon seiner Natur nach einer vollständigen Aufklärung nicht oder nur sehr schwer zugänglich ist[422]. Neben dieser Beweisnot ist jedoch weiterhin erforderlich, dass Gesichtspunkte des materiellen Rechts fordern, dass die Schwierigkeiten der Aufklärung nicht zu Lasten des Normbegünstigten gehen[423]. Zentrale Voraussetzung der Beweismaßabsenkung ist also, dass diese aufgrund der materiellen Gerechtigkeit erforderlich ist[424]. Ein Abgehen von dem Regelbeweismaß ist daher insbesondere erforderlich, wenn ansonsten die Anspruchsnorm generell leer laufen würde[425].

2. Eingreifen der Beweismaßreduktion im Arzthaftungsrecht

Es stellt sich nun die Frage, ob die Voraussetzungen der Beweismaßabsenkung im Arzthaftungsprozess gegeben sind.

Auf den ersten Blick erscheint dies unproblematisch, wird doch in Literatur und Rechtsprechung - und auch in dieser Arbeit – immer wieder auf die vielen tatsächlichen Schwierigkeiten bei der Beweiserbringung im Arzthaftungsprozess hingewiesen[426]. Es ist hier dennoch eine eingehendere Betrachtung der Beweisschwierigkeiten erforderlich, soll doch die Beweismaßabsenkung nur ausnahmsweise und nur dann eingreifen, wenn das Wissen auf dem fraglichen Gebiet noch begrenzter ist als es sowieso generell schon ist. Die häufig und in vielen Bereichen bestehenden generellen Beweisprobleme genügen hierfür nicht.

---

[422] Walter, Freie Beweiswürdigung, S. 232.
[423] Walter, Freie Beweiswürdigung, S. 233.
[424] M. Huber, Das Beweismaß im Zivilprozeß, S. 136.
[425] Baumgärtel, Beweislastpraxis im Privatrecht, Rn 76.
[426] Daher wohl auch M. Hubers (Das Beweismaß im Zivilprozeß, S. 136) Bereitschaft zur Bejahung der Beweismaßreduktion ohne eingehende Prüfung der Voraussetzungen.

Erforderlich sind vielmehr darüber hinausgehende, spezielle Probleme; erforderlich ist eine echte Beweisnot.

a. Haftungsbegründende Kausalität

Als spezielles Problem bei der Beweiserbringung im Arzthaftungsprozess stellt sich die im menschlichen Organismus begründete Unsicherheit dar. Während etwa bei Autounfällen oder Fehlfabrikationen klare Maßstäbe für die Rekonstruktion des Geschehenen bestehen, herrscht im medizinischen Bereich stets eine gewisse Unklarheit. Niemand kann etwa feststellen, ob eine Krankheit bereits in dem Patienten angelegt war und unabhängig von der Behandlung aufgetreten ist oder ob sie erst durch die medizinische Behandlung hervorgerufen wurde. Auch ist die Feststellung, ob eine alternative Behandlung den Gesundheitsschaden verhindert hätte, letztlich nicht möglich, da die Reaktion des Patienten auf die alternative Behandlung ungewiss ist. Die Feststellung der haftungsbegründenden Kausalität ist daher im Arzthaftungsprozess niemals mit an Sicherheit grenzender Wahrscheinlichkeit möglich. Würde man also am Regelbeweismaß der an Sicherheit grenzenden Wahrscheinlichkeit auch für den Nachweis der haftungsbegründenden Kausalität festhalten, führte dies zur Unmöglichkeit der Beweiserbringung[427] und damit zu einem völligen Leerlaufen der Arzthaftungsansprüche. Eine Absenkung des Beweismaßes für den Nachweis der haftungsbegründenden Kausalität ist somit im Arzthaftungsprozess zur Gewährleistung der Durchsetzbarkeit des materiellen Rechts erforderlich.

Dem steht insbesondere nicht entgegen, dass es derzeit durchaus stattgebende Urteile in Arzthaftungssachen gibt, obwohl die Rechtsprechung am Beweismaß der an Sicherheit grenzenden Wahrscheinlichkeit festhält. Diese Urteile erklären sich nämlich hauptsächlich durch die von der Rechtsprechung vorgenommenen Beweislastumkehrungen in bestimmten Fallgruppen. Den Klagen wird also stattgegeben, obwohl das Regelbeweismaß gerade nicht erreicht wurde. Auch kann aus der Tatsache, dass es – gestützt auf diese Rechtsprechung - durchaus stattgebende Urteile gibt, gerade nicht geschlossen werden, dass es einer Beweismaßabsenkung nicht bedarf[428], da die Beweislastumkehr nicht gesetzlich geregelt und auch nicht dogmatisch begründbar ist und deshalb bei der Untersuchung, ob die Beweiserbringung unter dem geltenden Recht möglich ist, außer Betracht bleiben muss. Auch ist nicht auszuschließen, dass die Gerichte zwar nach Außen das Beweismaß der an Sicherheit grenzenden Wahrscheinlichkeit anlegen, faktisch jedoch aus Gründen der Praktikabilität und der Gerechtigkeit ein geringeres Beweismaß anlegen.

---

[427] Pichler, Rechtsentwicklungen zu einer verschuldensunabhängigen Entschädigung im Medizinbereich, S. 317.

[428] So aber: Katzenmeier, Arzthaftung, S. 532.

b. Vorliegen eines Behandlungsfehlers

Hiervon zu differenzieren ist der Beweis des Vorliegens eines Behandlungsfehlers.

Ein Behandlungsfehler liegt vor, wenn eine ärztliche Maßnahme nach dem jeweiligen Stand der medizinischen Wissenschaft unsachgemäß ist[429]. Die Einschätzung, ob ein Behandlungsfehler vorliegt, wird unabhängig von den konkreten Folgen im Einzelfall vorgenommen. Mit anderen Worten: aus dem für den Patienten „unglücklichen" Ausgang einer Behandlung kann nicht ohne weiteres auf einen Behandlungsfehler geschlossen werden. Daraus ergibt sich, dass die Problematik der Feststellung des Ursachenzusammenhanges zwischen ärztlichem Handeln und „unglücklichem" Ausgang für die Frage des Vorliegens eines Behandlungsfehlers weitgehend bedeutungslos ist. Hintergrund der zahlreichen gerichtlichen Streitigkeiten um das Vorliegen eines objektiven Behandlungsfehlers ist daher nicht die Unberechenbarkeit organisch-physiologischer Geschehensabläufe, sondern der in tatsächlicher und fachlicher Hinsicht begrenzte Einblick des Patienten in das ärztliche Tun. Diese sowie die übrigen im Arzthaftungsrecht bestehenden Beweisschwierigkeiten sind jedoch nicht auf den Arzthaftungsprozess beschränkt, sondern bestehen regelmäßig auch in anderen Haftungsprozessen. Im übrigen werden die hierdurch entstehenden Probleme durch die Verpflichtung des Arztes zur umfassenden Dokumentation sowie die geringeren Anforderungen an die Darlegungs- und Substantiierungspflicht des klagenden Patienten in Verbindung mit der im Arzthaftungsprozess bestehenden Pflicht zur Aufklärung des Sachverhaltes „von Amts wegen" ausgeglichen[430]. Der Nachweis des Vorliegens eines Behandlungsfehlers ist also hauptsächlich mit den allgemeinen Beweisschwierigkeiten behaftet und rechtfertigt daher keine Beweismaßreduktion. Dem steht auch nicht die Aussage von *Stolz* entgegen, dass in 79 % der Arzthaftungsprozesse das Vorliegen eines objektiven Behandlungsfehlers und in nur 20 % die Kausalität strittig ist[431], da sich hieraus nicht ergibt, ob der Unklarheit im Prozess die allgemeinen oder die besonderen Beweisschwierigkeiten im Arzthaftungsprozess zugrunde liegen.

3. Umfang der Beweismaßreduktion

Aus der Funktion der Beweismaßreduktion ergibt sich auch deren Umfang.

Theoretisch wäre es zwar denkbar, das Regelbeweismaß der an Sicherheit grenzenden Wahrscheinlichkeit lediglich auf eine hohe Wahrscheinlichkeit ab-

---

[429] Laufs, in: Laufs/Uhlenbruck, Handbuch des Arztrechts, § 99 Rn 5.

[430] OLG Brandenburg, NJW-RR 2001, 1608; Sick, Beweisrecht im Arzthaftpflichtprozeß, S. 156.

[431] Stolz, VersR 1978, S. 798.

zusenken. Indes ergibt sich bereits aus der Begrenzung der Beweismaßabsenkung zur Gewährleistung der Durchsetzung des materiellen Rechts auf besonders problematische Fälle, dass hier auch der Nachweis des Bestehens einer hohen Wahrscheinlichkeit regelmäßig scheitern wird, durch eine Absenkung des Beweismaßes auf eine hohe Wahrscheinlichkeit also nicht die erwünschte Gewährleistung der Durchsetzbarkeit des materiellen Rechts erreicht würde.
Auf der anderen Seite ist jedoch auch eine Beweismaßreduktion bis auf das Vorliegen einer nur geringen Wahrscheinlichkeit abzulehnen. Besteht nämlich tatsächlich nur eine Wahrscheinlichkeit von 25 – 50 % und würde das Gericht daraufhin dem Anspruch stattgeben, so bedeutete dies einen weitgehenden Verzicht auf die gesetzlich festgelegten Anspruchsvoraussetzungen.
Im übrigen würde eine derart weitgehende Beweismaßabsenkung wohl auch in der Rechtsgemeinschaft als unbillig empfunden werden.

Bei Vorliegen der Voraussetzungen der Beweismaßabsenkung zur Gewährleistung der Durchsetzbarkeit des materiellen Rechts gilt folglich das Beweismaß der überwiegenden Wahrscheinlichkeit.

4. Zusammenfassung

Eine Beweismaßreduktion zur Gewährleistung der Durchsetzbarkeit des materiellen Rechts ist im Arzthaftungsprozess nur bezüglich der *haftungsbegründenden Kausalität* erforderlich.
Die beim Nachweis des *Vorliegens eines objektiven Behandlungsfehlers* bestehenden Schwierigkeiten beruhen auf den allgemeinen Schwierigkeiten beim Nachweis eines vom Geschädigten nicht unmittelbar wahrgenommenen Geschehens und werden im übrigen durch die umfassende ärztliche Dokumentationspflicht gemindert. Von einem durch die Beweisnot verursachten Leerlaufen der Anspruchsnorm bei Festhalten am Regelbeweismaß kann daher in Bezug auf das Vorliegen eines objektiven Behandlungsfehlers nicht die Rede sein. Eine Beweismaßreduktion zur Gewährleistung der Durchsetzbarkeit des materiellen Rechts kommt daher lediglich hinsichtlich der haftungsbegründenden Kausalität, nicht jedoch in Bezug auf das Vorliegen eines objektiven Behandlungsfehlers in Betracht.

IV. Beweismaßreduktion durch Anwendung des Anscheinsbeweises

Ein anderer im Schrifttum im Zusammenhang mit Beweiserleichterungen und nicht selten auch im Zusammenhang mit Beweismaßreduktionen genannter und daher hier näher zu untersuchender Ansatz ist der Anscheinsbeweis.

1. Grundsätzliches zum Anscheinsbeweis

Der Anscheinsbeweis[432] ist gesetzlich nicht geregelt, sondern wurde von der Rechtsprechung entwickelt und ist gewohnheitsrechtlich anerkannt[433]. Sein Ursprung ist nicht klar. Es wird vermutet, dass in ihm eine Weitergeltung gemeinrechtlicher Präsumtionen liegt[434] oder eine Übernahme eines englischen Rechtsinstitutes, welches bereits seit Anfang des 19. Jahrhunderts vor allem im Recht der Schiffskollisionen Anwendung fand[435]. Im deutschen Recht wurde der Anscheinsbeweis auf andere Seerechtsfälle ausgedehnt und schließlich auf das gesamte Schadensersatzrecht[436] einschließlich des Arzthaftungsrechts[437] übertragen. Er dient vor allem dem Nachweis des Kausalzusammenhanges und des Verschuldens[438, 439].

Anwendung des Anscheinsbeweises bedeutet, dass das Gericht denjenigen Kausalverlauf als bewiesen ansieht, der bei der gegebenen Sachlage der Regel des Lebens, dem Üblichen, Gewöhnlichen entspricht und das Verschulden als bewiesen ansieht, wenn der Schadenserfolg nach allgemeiner Lebenserfahrung für ein schuldhaftes Verhalten spricht[440].

---

432 Geläufig ist auch die Bezeichnung „Beweis des ersten Anscheins“ bzw. aus früherer Zeit „prima-facie-Beweis“.

433 B/L/A/H-Hartmann, Zivilprozessordnung, Anh. § 286 Rn 15.

434 Greger, Beweis und Wahrscheinlichkeit, S. 169; Kollhosser, Der Anscheinsbeweis in der höchstrichterlichen Rechtsprechung, S. 23; Ehrlicher, Der Prima-facie-Beweis, die Berücksichtigung prozessualer Billigkeit bei Bildung der richterlichen Überzeugung, S. 7.

435 Hainmüller, Der Anscheinsbeweis und die Fahrlässigkeit im heutigen deutschen Schadensersatzprozeß, S. 1; Höfer, Der Prima-facie-Beweis in der reichsgerichtlichen Rechtsprechung, S. 16; Ehrlicher, Der Prima-facie-Beweis, die Berücksichtigung prozessualer Billigkeit bei Bildung der richterlichen Überzeugung, S. 3; Weitnauer, KF 1966, 13.

436 Hainmüller, Der Anscheinsbeweis und die Fahrlässigkeit im heutigen deutschen Schadensersatzprozeß, S. 2.

437 Lochner, FG Heck/Rümelin/Schmidt, S. 245 ff.

438 Rosenberg/Schwab/Gottwald, Zivilprozessrecht, § 114 II 2.

439 Der allgemein vorherrschenden Terminologie folgend wird hier vom „Verschuldens-Anscheinsbeweis“ gesprochen, obwohl sich der Beweis nicht auf die Frage der subjektiven Zurechenbarkeit, sondern auf das Vorliegen einer objektiven Pflichtverletzung, also eines Behandlungsfehlers, bezieht.

440 Stein/Jonas, Zivilprozessordnung, § 286 Rn 87.

Basis des Anscheinsbeweises ist somit ein Erfahrungssatz von hinreichender Tragfähigkeit. Unschädlich ist es hierbei, wenn die Möglichkeit eines anderen Verlaufs oder einer entschuldigenden Tatsache besteht. Aufgrund der zentralen Bedeutung des Erfahrungssatzes ist erforderlich, dass das Gericht den tragenden Erfahrungssatz in seinem Urteil ausdrücklich nennt. Seine Tragfähigkeit kann in der Revision überprüft werden.
Ist der Anscheinsbeweis erbracht, kann der Gegner diesen erschüttern, indem er den Nachweis der ernsthaften Möglichkeit eines anderen (atypischen) Geschehensablaufes im konkreten Fall erbringt. Der Beweis des Gegenteils ist nicht erforderlich. Auch ist es nicht erforderlich, dass der Nachweis der größeren Wahrscheinlichkeit dieses atypischen Geschehensablaufes erbracht wird. Erforderlich ist jedoch, dass es sich nicht um bloße Mutmaßungen handelt, sondern konkrete, bewiesene Anhaltspunkte für den behaupteten atypischen Geschehensablauf vorliegen. Ist dies der Fall, ist der Anscheinsbeweis erschüttert. Der Anscheinsbeweis ist misslungen[441].

2. Beispiele für die Anwendung des Anscheinsbeweises im Arzthaftungsrecht

Bevor nun auf die schwierige Problematik der Wirkungsweise des Anscheinsbeweises näher eingegangen wird, sollen zur Illustration einige Anwendungsfälle des Anscheinsbeweises im Arzthaftungsprozess dargestellt werden. Da eine vollständige Aufzählung aller gefundenen Entscheidungen, die den Anscheinsbeweis ausdrücklich nennen, im Rahmen der vorliegenden Arbeit nicht möglich und nicht sinnvoll ist, beschränkt sich die folgende Darstellung auf einige besonders wichtige Entscheidungen sowie auf derartige Anwendungsfälle des Anscheinsbeweises, die sich im Laufe der Jahre immer wieder in ähnlicher Weise ereignet haben und daher zu Fallgruppen zusammengefasst werden können.

a. Verschuldensnachweis beim Zurücklassen von Gegenständen in der Operationswunde

Eine der ersten Fallgruppen, in denen der Anscheinsbeweis im Bereich des Arzthaftungsrechts wiederholt zur Anwendung kam, war die Frage, inwieweit aus der Tatsache, dass bei einer Operation ein Gegenstand in der Operationswunde zurückgelassen wurde, auf ein Verschulden des Arztes geschlossen werden kann.

[441] Deutsch, Medizinrecht, Rn 306; D. Franzki, Die Beweisregeln im Arzthaftungsprozeß, S. 49 f; Fischer/Lilie, Ärztliche Verantwortung im europäischen Rechtsvergleich, S. 18.

Der BGH sah 1951[442] das Verschulden des Arztes bei Zurücklassen einer 10 cm langen Péan-Klemme prima facie als bewiesen an. Ein Vergessen der Klemme trotz sorgfältigen Vorgehens bei der Operation sei kaum vorstellbar.
Diese Rechtsprechung wurde 1953 für das Zurücklassen einer 16 cm langen und 8 cm breiten Arterienklemme bestätigt[443]. Auch hier ging der BGH von einem Anscheinsbeweis bezüglich des Verschuldens aus.
1955 entschied der BGH[444], dass das Zurückbleiben eines Gegenstandes für sich genommen noch nicht den Anschein des Verschuldens begründe. Entscheidend seien vielmehr Art und Größe des Gegenstandes sowie die jeweiligen Umstände des Einzelfalles. Im konkreten Fall lehnte der BGH den Anscheinsbeweis ab, da das zurückgelassene Tupferstück in der Wunde kaum erkennbar war und der beklagte Arzt alle möglichen Vorsichtsmaßnahmen ergriffen hatte, um das Zurückbleiben eines Tupfers in der Wunde zu verhindern.
Der Schluss vom Zurücklassen eines Gegenstandes auf ein Verschulden des Operateurs wurde später immer wieder vorgenommen. So schlossen das KG Berlin 1956[445] und der BGH 1981[446] vom Zurücklassen eines Tupfers prima facie auf ein Verschulden.

b. Verschuldens- und Kausalitätsnachweis bei Injektionsschäden

Ein häufiger Einsatzbereich des Anscheinsbeweises ist im Rahmen der sogenannten Injektionsschäden zu sehen[447]. Zu unterscheiden sind hier Lähmungserscheinungen (sog. „Spritzenlähmung“) und Infektionen (sog. „Spritzenabszess“) im Anschluss an die Vornahme einer Injektion.

Bereits 1957 entschied der BGH[448], dass bei einer sofort nach einer Injektion in die Gesäßmuskulatur auftretenden Lähmung der Anscheinsbeweis bezüglich des Verschuldens gegeben sei, da sich die der Lähmung zugrunde liegende

---

442 BGHZ 4, 144.
443 BGH, LM § 286 (C) ZPO.
444 BGH, VersR 1955, 344.
445 KG Berlin, LM § 286 (C) ZPO Nr. 26 = VersR 1956, 577 = NJW 1956, 1638 – Beachte insofern auch Prölss (Beweiserleichterungen im Schadensersatzprozeß, S. 17, Fn 35), der zu Recht darauf hinweist, dass das Auffinden des Tupferstückes bei einer 2. Operation mangels weiterer chirurgischer Eingriffe nur bedeuten könne, dass dieses bei der 1. Operation zurückgelassen wurde, mangels anderweitiger Möglichkeit also kein Anscheinsbeweis, sondern ein Vollbeweis erbracht sei.
446 BGH, VersR 1981, 462 – Zwar ist Thematik der Entscheidung hauptsächlich, ob ein für eine Beweislastumkehr bezüglich der Kausalität erforderlicher „grober Behandlungsfehler“ vorliegt. Durch diese Fragestellung sowie die Bezugnahme auf die Entscheidungen BGHZ 4, 139 und BGH, VersR 1953, 338 wird jedoch deutlich, dass ein Anscheinsbeweis für ein (einfaches) Verschulden jedenfalls bejaht wird.
447 Vgl. bezüglich der medizinischen Besonderheiten: Meinecke, Haftungskriterien für Injektionsschäden, S. 142 ff, 169 ff.
448 BGH, VersR 1957, 336.

Nervenschädigung durch Anwendung der richtigen Injektionstechnik, also insbesondere der richtigen Einstichstelle und Stichrichtung, mit Sicherheit vermeiden ließe. Diese Rechtsprechung wurde in den folgenden Jahren immer wieder bestätigt[449], wobei in neuester Zeit in der Injektion außerhalb des sog. „oberen äußeren Quadranten" auch ein grober Behandlungsfehler mit der möglicherweise über die Beweismaßminderung hinausgehenden Rechtsfolge der „Beweiserleichterung bis hin zur Beweislastumkehr" gesehen wird[450].

Der Anscheinsbeweis beim Auftreten einer Infektion ist hingegen differenziert zu sehen:
So wird der Anscheinsbeweis bezüglich der Kausalität der Injektion für die Infektion bejaht, wenn Injektion und Infektion in einem engen zeitlichen Zusammenhang stehen[451].
Der Anscheinsbeweis für ein in mangelnder Desinfektion bestehendes ärztliches Verschulden wird jedoch auch bei engem zeitlichem Zusammenhang zwischen Injektion und Infektion abgelehnt, da es stets denkbar sei, dass die Infektion nicht auf ärztlicherseits zu vertretender mangelnder Hygiene beruht, sondern darauf, dass ein durch Desinfektion nicht ausschaltbarer Keim durch das notwendige Durchstechen der Haut in den Organismus gelangt ist[452]. Dies soll selbst dann gelten, wenn bei mehreren Patienten eines Arztes jeweils nach einer Injektion eine Infektion aufgetreten ist[453].

c. Kausalitätsnachweis bei Infektionskrankheiten

Am umstrittensten und zugleich am aktuellsten ist die Anwendung des Anscheinsbeweises im Rahmen der Kausalitätsfrage bei der Übertragung von Infektionskrankheiten.

Bereits eine Entscheidung des Reichsgerichts aus dem Jahre 1940[454] befasste sich mit dieser Frage. Die damals 6-jährige Klägerin erkrankte an Scharlach, nachdem sie in der HNO-Abteilung eines Krankenhauses 4 Tage lang auf

---

449 BGH, VersR 1961, 1118; LG Lübeck, VersR 1967, 69; OLG Düsseldorf, VersR 1984, 241; vgl. auch BGH, VersR 1961, 421: Ablehnung des Anscheinsbeweises, da die Lähmung nicht sofort, sondern erst einige Zeit nach der Injektion eingetreten ist.
450 OLG Düsseldorf, VersR 1988, 38.
451 OLG Hamm, VersR 1988, 807; BGHZ 106, 391 = VersR 1989, 514 = NJW 1989, 1533; OLG Düsseldorf, VersR 1991, 1136 (Kniegelenkspunktion); vgl. aber auch KG, VersR 1955, 141: Ablehnung des Kausalitätsanscheinsbeweises, da eine Infektion mit dem Gürtelrose-Virus bei der Injektion ausgeschlossen war. M.E. ist hier jedoch der Anscheinsbeweis durchaus anwendbar. Er wurde lediglich im Einzelfall erschüttert.
452 OLG Düsseldorf, VersR 1987, 390; OLG Oldenburg, VersR 1995, 786 (Gelenkpunktion); OLG Düsseldorf, NJW-RR 1998, 170 = VersR 1998, 1242; OLG Köln, NJW 1999, 1790; a.A.: Jaeger, VersR 1989, 994.
453 OLG München, NJW 1985, 1403.
454 RGZ 165, 336.

demselben Zimmer gelegen hatte wie ein an Scharlach erkranktes Kind. Da die Ansteckung durch das andere Kind nicht widerlegt sei und in dem Stadtteil, in dem die Klägerin wohnte, während der Inkubationszeit auf 30 000 Einwohner nur 8 Scharlachkranke kamen, von denen keiner dieselbe Schule wie die Klägerin besuchte, sah das Reichsgericht die Kausalität der Unterbringung im Krankenzimmer des Scharlachkranken für die Erkrankung der Klägerin als prima facie bewiesen an.

Dieser Rechtsprechung schloss sich der BGH 1960 an[455]. Ein Kind erkrankte an Tuberkulose, nachdem es im Krankenhaus über Wochen Kontakt zu einem an einer beidseitigen, schweren und aktiven Lungentuberkulose Erkrankten hatte. Obwohl andere Kinder ebenfalls mit dem Tuberkulose-Kranken gespielt hatten und nicht erkrankten, bejahte der BGH den Anscheinsbeweis für die Kausalität, da sowohl die Infektionsmöglichkeit als auch der Krankheitsablauf den Regeln einer tuberkulösen Erstinfektion entsprachen.

1964 lehnte der BGH jedoch den Anscheinsbeweis der Kausalität in einem ähnlich gelagerten Fall ab[456]. Der Kläger war als Untersuchungshäftling in einer Zelle mit einem an einer Lungentuberkulose Erkrankten untergebracht. Der BGH verneinte den Anscheinsbeweis mit dem Hinweis auf die Möglichkeit, dass der Kläger sich nicht neu mit Tuberkulose angesteckt habe, sondern lediglich ein bereits vorhandener tuberkulöser Herd aktiviert wurde.

Im sog. „Lues-Fall I"[457] fiel eine 5 Jahre nach einer Bluttransfusion bei der Klägerin vorgenommene Wassermannreaktion positiv aus, was auf eine Luesinfizierung hinwies, wobei jedoch eine andersartige Erkrankung nicht ausgeschlossen war. Da der Blutspender an einer Lues im III. Stadium litt und Anhaltspunkte für eine anderweitige Infizierungsmöglichkeit der Klägerin fehlten, befand der BGH die Kausalität zwischen Bluttransfusion und Lues- (?) Erkrankung der Frau prima facie für erwiesen, obwohl laut Sachverständigengutachten eine Transfusionslues durch einen Blutspender mit Lues im III. Stadium äußerst selten ist.

Im sog. „Lues-Fall II"[458] erkrankte der Kläger ebenfalls im Anschluss an eine Bluttransfusion an Lues. Obwohl die Luesinfizierung der Spenderin erst 9 Monate nach der Blutübertragung festgestellt wurde und im nachhinein nicht ermittelbar war, ob die Lueserkrankung bereits im Zeitpunkt der Blutspende

---

455 BGH, VersR 1960, 416.
456 BGH, VersR 1965, 91.
457 BGHZ 11, 227 = VersR 1954, 116 = NJW 1954, 718 = JZ 1954, 203 = LM § 286 (C) ZPO Nr. 16.
458 BGH, VersR 1957, 252.

vorlag, sah das Gericht es aufgrund des untadeligen Lebenswandels des Mannes als prima facie bewiesen an, dass die Lues-Erkrankung auf der Bluttransfusion beruhte.

Während das OLG Düsseldorf[459] den Anscheinsbeweis für eine Hepatitis B-Infizierung durch eine Akupunkturbehandlung aufgrund der zahlreichen denkbaren Möglichkeiten einer derartigen Infizierung, trotz zeitgleicher Erkrankung zweier Patienten ablehnte, bejahte das OLG Köln[460] den Anscheinsbeweis bei Infizierung zahlreicher Patienten eines Zahnarztes mit Hepatitis B, wenn der Zahnarzt nachgewiesenermaßen an rissigen Händen litt und zumindest zeitweise ohne Handschuhe arbeitete.

Eine teilweise Abkehr von der Rechtsprechung des BGH in den „Lues-Fällen" enthalten die in den letzten Jahren gehäuft entschiedenen sog. „Aids-Fälle", denen thematisch stets die Entdeckung einer HIV-Infizierung nach Erhalt einer Bluttransfusion oder von Blutprodukten zugrunde lag.
War der Blutspender nachweislich mit HIV-infiziert und gehörte der Empfänger keiner der bekannten Risikogruppen an, so griff der Anscheinsbeweis bezüglich der Kausalität der Bluttransfusion bzw. der Medikation mit Blutprodukten für die HIV-Infizierung ein[461]. Der Kausalitätsanscheinsbeweis wurde auch bejaht bei Feststellung einer HIV-Infektion nach Erhalt zahlreicher Blutpräparate[462]. Andererseits – und hier wird der Unterschied zu den „Lues-Entscheidungen" deutlich – soll der Anscheinsbeweis nicht eingreifen, wenn nicht feststellbar ist, ob der Spender im Zeitpunkt der Blutspende HIV-infiziert war[463]. Der Anscheinsbeweis soll darüber hinaus nicht eingreifen, wenn nach einer Bluttransfusion beim Empfänger eine Hepatitis B-, HIV- und Lues-Infizierung festgestellt wird und der Spender nachweislich nur mit Hepatitis und HIV infiziert war[464].

---

459 OLG Düsseldorf, VersR 1986, 494.
460 OLG Köln, NJW 1985, 1402.
461 BGH, VersR 1991, 816 = NJW 1991, 1948; OLG Bamberg, Urt. v. 23.4. 1996, zitiert bei Steffen/Dressler, Neue Entwicklungslinien der BGH-Rechtsprechung zum Arzthaftungsrecht, Rn 498; vgl. auch OLG Celle, NJW-RR 1997, 1456 (Anscheinsbeweis bei Hepatitis C-Infizierung nach Erhalt von Immunglobulinpräparaten, wenn die entsprechenden Chargen infiziert waren).
462 OLG Koblenz, NJW-RR 1998, 167.
463 OLG Düsseldorf, NJW 1995, 3060; OLG Düsseldorf, NJW 1996, 1599 = VersR 1996, 1240; OLG Hamm, NJW-RR 1997, 217; OLG Düsseldorf, VersR 1998, 103; vgl. auch LG Nürnberg-Fürth, VersR 1998, 461 (Hepatitis C-Infektion).
464 KG, VersR 1992, 316.

3. Anscheinsbeweis als Beweismaßreduktion ?

Trotz der gewohnheitsrechtlichen Anerkennung des Anscheinsbeweises und seiner hohen praktischen Relevanz insbesondere im Verkehrsrecht, ist die Wirkungsweise des Anscheinsbeweises bis heute umstritten. Da der Anscheinsbeweis im hier behandelten Zusammenhang nur von Interesse ist, wenn er eine Reduktion des Beweismaßes beinhaltet, ist eine nähere Beleuchtung der Wirkungsweise des Anscheinsbeweises erforderlich. Im Wesentlichen werden hierzu vier Auffassungen vertreten:

a. Theorie der Beweislast

Früher häufig anzutreffen war die Auffassung, der Anscheinsbeweis kehre die Beweislast um[465]. Hintergrund dieser Auffassung ist wohl, dass der gelungene Anscheinsbeweis dazu führt, dass die an sich nicht beweisbelastete Partei tätig werden muss, will sie einen Prozessverlust vermeiden[466]. *Heinsheimer*[467] und *Smid*[468] weisen im übrigen darauf hin, dass der durch die Revisionsmöglichkeit geschaffene Zwang zur Anwendung des Anscheinsbeweises im Hinblick auf die Freiheit der Beweiswürdigung nur bedeuten könne, dass es sich beim Anscheinsbeweis um eine Beweislastregelung handele. *Wassermeyer*[469] hebt hervor, dass der Anscheinsbeweis erst eingreife, wenn der Tatbestand nicht ohnehin als wahr festgestellt sei, der Anscheinsbeweis somit stets ein „non liquet“ voraussetze. Da aber die Überwindung eines „non liquet“ die typische Aufgabe der Beweislastregelungen sei, gehöre der Anscheinsbeweis zumindest teilweise dem Bereich der Beweislastverteilung an[470].

Gegen das von *Heinsheimer* und *Smid* genannte Argument ist einzuwenden, dass die Revisionsmöglichkeit die Freiheit der Beweiswürdigung nicht antastet. Das Revisionsgericht weist den Tatrichter vielmehr lediglich auf die Lebenserfahrung hin, zu deren Beachtung dieser ohnehin verpflichtet ist[471].
Auch das Argument von *Wassermeyer* greift letztlich nicht durch. Denn von einer erfolglosen erschöpfenden Beweiswürdigung und damit von einem „non liquet“ kann nur die Rede sein, wenn der Richter auch die einschlägigen

---

465 Rabel, RheinZ 12 (1923), 434; Heinsheimer, RheinZ 13 (1924), 4; Smid, Der Prima-facie-Beweis, insbesondere bei Schadensersatzansprüchen, S. 41; Wassermeyer, Der Prima facie Beweis und die benachbarten Erscheinungen, S. 2 ff, 15 ff; Diederichsen, VersR 1966, 214.
466 Prölss, Beweiserleichterungen im Schadensersatzprozeß, S. 6.
467 Heinsheimer, RheinZ 13 (1924), 1ff, 4.
468 Smid, Der Prima-facie-Beweis, insbesondere bei Schadensersatzansprüchen, S. 36 ff.
469 Wassermeyer, Der Prima facie Beweis und die benachbarten Erscheinungen, S. 2.
470 Wassermeyer (Der Prima facie Beweis und die benachbarten Erscheinungen, S. 20) sieht den Anscheinsbeweis als gemischt-rechtliches Institut, welches eine Kombination von Rechtsbeweis und Beweislastumkehr beinhaltet.
471 Prölss, Beweiserleichterungen im Schadensersatzprozeß, S. 11.

Erfahrungssätze und damit den Anscheinsbeweis bedacht hat[472]. Kommt aber der Richter durch Anwendung des Anscheinsbeweises zu einer ausreichenden Überzeugung, so ist der Beweis geführt und es fehlt an einem für die Beweislastentscheidung notwendigen „non liquet"[473].

b. Theorie der Beweiswürdigung

Unter Berufung auf die Rechtsprechung wird in der Literatur in erheblichem Umfang die Auffassung vertreten, der Anscheinsbeweis sei lediglich ein Teil der Beweiswürdigung. Der Anscheinsbeweis führe genauso wie der herkömmliche Beweis – der sogenannte Vollbeweis – zur vollen Überzeugung des Richters. Im Rahmen des Anscheinsbeweises gelte somit das gleiche Beweismaß wie im Rahmen des Vollbeweises[474].
Problematisch an dieser Auffassung ist insbesondere die Frage, wie sich der so verstandene Anscheinsbeweis vom Vollbeweis unterscheidet. Bedenken bestehen des weiteren bezüglich der Vereinbarkeit eines derartigen Anscheinsbeweises mit dem Grundsatz der freien Beweiswürdigung[475].

c. Theorie des Beweismaßes

Die Vertreter der Theorie des Beweismaßes gehen davon aus, dass das Vorliegen der Voraussetzungen des Anscheinsbeweises eine Beweismaßreduktion bewirkt[476]. Problematisch an dieser Auffassung ist vor allem die Frage nach der Legitimation einer derartigen Veränderung des Regelbeweismaßes.

d. Materiell-rechtliche Ansätze

Zum Teil wird der Anscheinsbeweis auch als materiell-rechtliches Phänomen gesehen, d.h. durch die Anwendung des Anscheinsbeweises wird der materiell-

---

[472] Prölss, Beweiserleichterungen im Schadensersatzprozeß, S. 12.
[473] Prölss, Beweiserleichterungen im Schadensersatzprozeß, S. 8.
[474] Rosenberg/Schwab/Gottwald, Zivilprozessrecht, § 114 II 1; Stein/Jonas, Zivilprozessordnung, § 282 Anm. IV 7 a; MK-Grunsky, Zivilprozessordnung, Vor § 249 Rn 139; Hainmüller, Der Anscheinsbeweis und die Fahrlässigkeit im heutigen deutschen Schadensersatzprozeß, S. 25, 46; Kollhosser, AcP 165 (1965), 46 ff; Gottwald, Schadenszurechnung und Schadensschätzung, S. 202; Prütting, Gegenwartsprobleme der Beweislast, S. 107, 110.
[475] Für einen Verstoß: Kollhosser, AcP 165 (1965), 55 ff; ders., AcP 167 (1967), 451; Greger, Beweis und Wahrscheinlichkeit, S. 172, 178; Diederichsen, ZZP 81 (1968), 49.
[476] Walter, Freie Beweiswürdigung, S. 156, 183 f; ders., ZZP 90 (1977), 283; Maassen, Beweismaßprobleme im Schadensersatzprozeß, S. 66; Greger, VersR 1980, 1101; Bender, FS Baur, S. 259; M. Huber, MDR 1981, 98; Prölss, Beweiserleichterungen im Schadensersatzprozeß, S. 28; Leipold, Beweismaß und Beweislast, S. 12 f; Weitnauer, KF 1966, 13 ff; ders., FS Larenz, S. 910; Reinecke, Beweislastverteilung im Bürgerlichen Recht, S: 21, 91; Lepa, DRiZ 1966, 114; Bender/Nack, Tatsachenfeststellung vor Gericht, Rn 365; Musielak, Grundlagen der Beweislast, S. 120 ff (für den Anscheinsbeweis der Kausalität, anders jedoch für den Anscheinsbeweis der Fahrlässigkeit).

rechtliche Tatbestand verändert[477]. Überwiegend wird diese Überlegung jedoch nicht als eigenständige Theorie über die Wirkungsweise des Anscheinsbeweises angeführt, sondern lediglich von den Vertretern der vorstehend erörterten Theorie des Beweismaßes als Legitimation für die Beweismaßreduktion genannt. Lediglich *Greger* geht getreu seinem Ausgangspunkt, dass es keine Beweismaßreduktion auf prozessualer Ebene, sondern lediglich Veränderungen des materiellen Rechts gäbe[478], von einer rein materiell-rechtlichen Wirkungsweise des Anscheinsbeweises aus[479].

Wie bereits ausgeführt[480], ist *Greger*s Auffassung jedoch bereits im Ausgangspunkt nicht zuzustimmen. Für den Anscheinsbeweis kann insofern nichts anderes gelten.

e. Eigene Stellungnahme

Da die Theorie der Beweislast sowie die materiell-rechtlichen Ansätze bereits in den Vorüberlegungen zur Wirkungsweise des Anscheinsbeweises ausgeschieden werden konnten, stellt sich nunmehr noch die Frage, ob der Anscheinsbeweis zur Herabsetzung des Beweismaßes führt.

Für die Annahme, dass der Anscheinsbeweis eine Beweismaßabsenkung bewirkt, spricht die in der Rechtsprechung vorgenommene Gegenüberstellung von Anscheinsbeweis und „vollem Beweis"[481]. Diese wird deutlich, wenn bei Ablehnung der Annahme eines Anscheinsbeweises in concreto die Erbringung des „vollen Beweises" gefordert wird[482]. Noch deutlicher wird die mit dem Anscheinsbeweis verbundene Absenkung des Beweismaßes in der Rechtsprechung zum Ausdruck gebracht, wenn für die Erbringung des Anscheinsbeweises lediglich verlangt wird, dass er die Bejahung der Beweisfrage „nahe legt"[483]. Wenn nämlich die Wahrheit der entsprechenden Tatsachenbehauptungen nur nahe liegt, so ist jedenfalls die nach der Rechtsprechung für die Erbringung des Beweises grundsätzlich erforderliche volle Überzeugung noch nicht gegeben[484].

Die Berufung auf von der Rechtsprechung zur Beschreibung des Anscheinsbeweises verwendeten Formulierungen erscheint jedoch wenig zwingend, wenn

---

[477] Diederichsen, VersR 1966, 217 ff; ders., ZZP 81 (1968), 64 ff; ders., KF 1966, 19 ff; ders., Verhandlungen des 46. Deutschen Juristentages, E 77; Pawlowski, Der Prima-facie-Beweis bei Schadensersatzansprüchen aus Delikt und Vertrag, S. 46; Gottwald, Schadenszurechnung und Schadensschätzung, S. 208 ff; Hauß, NJW 1967, 970; ders., in: von Caemmerer, Freiheit und Bindung des Zivilrichters in der Sachaufklärung, S. 84; Walter, ZZP 90 (1977), 283 f; Lüderitz, Verhandlungen des 46. Deutschen Juristentages, E 85 f.

[478] Vgl. hierzu bereits oben, S. 87 f.

[479] Greger, Beweis und Wahrscheinlichkeit, S. 169; ders., VersR 1980, 1091.

[480] Vgl. oben, S. 87 f.

[481] BGH, LM § 286 (c) ZPO Nr. 72.

[482] BGH, VersR 1967, 269; BGH, VersR 1954, 401.

[483] BGH, NJW 1982, 2668.

[484] So zutreffend Stein/Jonas-Leipold, Zivilprozessordnung, § 286 Rn 92.

man bedenkt, dass sich in der Rechtsprechung ebenso viele Formulierungen finden lassen, die für die Auffassung sprechen, dass im Rahmen des Anscheinsbeweises das Regelbeweismaß gelte[485]. So betonen die Gerichte immer wieder, dass der Anscheinsbeweis zur vollen Überzeugung des Gerichts führt[486] und dass eine bloße Wahrscheinlichkeit für das Führen eines Anscheinsbeweises ungenügend ist[487].

Ein Argument für die beweismaßreduzierende Wirkung des Anscheinsbeweises lässt sich jedoch aus dem Wesen des Anscheinsbeweises gewinnen[488]. Kennzeichnend für den Anscheinsbeweis ist nämlich, dass der Beweis der fraglichen Tatsache nicht in concreto erbracht wird, sondern vielmehr aufgrund des allgemeinen Erfahrungswissens vermutet wird, dass die Tatsache auch im zu entscheidenden Fall wahr ist. Der Beweis erfolgt also anhand der Typik des Geschehens. Da dabei jedoch die Möglichkeit einer Fehleinschätzung stets gegenwärtig ist (es könnte ja ausnahmsweise ein atypischer Geschehensablauf vorliegen), ist der Anscheinsbeweis weniger stringent als der individuell geführte Vollbeweis[489]. Daraus ergibt sich, dass der Richter bei Anwendung des Anscheinsbeweises nicht in gleichem Maße von der Wahrheit der Tatsache überzeugt sein kann wie bei Erbringung des individuellen Vollbeweises.

Deutlich für die Annahme der beweismaßreduzierenden Wirkung des Anscheinsbeweises spricht auch die von *Leipold* gestellte Frage, wo denn ansonsten die nach der Ansicht der Rechtsprechung mit dem Anscheinsbeweis verbundene Beweiserleichterung bliebe[490].

Im übrigen wäre ansonsten auch die Unterscheidung zwischen Anscheinsbeweis und Indizienbeweis unklar. Der von der Rechtsprechung genannte Unterschied, dass der Indizienbeweis durch die Kombination mehrerer (schwacher) Erfahrungssätze erfolge, während beim Anscheinsbeweis nur ein (starker) Erfahrungssatz angewandt werde, stellt nur eine Äußerlichkeit dar[491] und trifft auch nicht stets zu. So hat der BGH insbesondere in den bereits angesprochenen „Lues-Urteilen"[492] einen Anscheinsbeweis bejaht, obwohl er für die Entscheidung mehrere Erfahrungssätze beachten musste. Keinesfalls kann anhand dieses von der Rechtsprechung behaupteten Unterschiedes erklärt werden, dass ein Berufungsurteil schon deshalb aufgehoben wird, weil der Tatrichter einen Indizienbeweis irrtümlich als Anscheinsbeweis bezeichnet hat[493]. Die von der

[485] MK-Prütting, Zivilprozessordnung, § 286 Rn 51.
[486] BGH, NJW 1982, 2668; BGH, NJW 1951, 360.
[487] RGZ 163, 21, 27.
[488] Leipold, Beweismaß und Beweislast, S. 14 unter Hinweis auf BGH, LM § 286 (c) ZPO Nr. 53.
[489] Leipold, Beweismaß und Beweislast, S. 12.
[490] Leipold, Beweismaß und Beweislast, S. 12.
[491] Musielak/Stadler, Grundfragen des Beweisrechts, Rn 167.
[492] BGHZ 11, 227 und BGH, VersR 1957, 252; vgl. zum Sachverhalt oben, S. 91 f.
[493] BGH, VersR 1956, 276 und 147.

Rechtsprechung vorgenommene strenge Unterscheidung zwischen Anscheins- und Indizienbeweis ist also nur vor dem Hintergrund einer Beweismaßreduktion verständlich.
Ausschlaggebend ist m.E. jedoch die Behandlung des Anscheinsbeweises durch das Revisionsgericht. Wenn dieses Urteile, in denen sich der Tatrichter nicht von einer bestimmten Tatsache überzeugen konnte und deshalb eine Beweislastentscheidung traf, mit der Begründung aufhebt, der Tatrichter habe fehlerhafterweise keinen Anscheinsbeweis angenommen, so kann dies nur bedeuten, dass bei Anwendung des Anscheinsbeweises von einem geringeren Beweismaß auszugehen ist[494].
Trotz all dieser Indizien für die beweismaßreduzierende Wirkung des Anscheinsbeweises bleibt die bereits angedeutete Frage nach der Berechtigung zur Reduktion des Beweismaßes im Rahmen des Anscheinsbeweises. Denn obwohl viele Stimmen im Schrifttum die beweismaßreduzierende Wirkung des Anscheinsbeweises anerkennen, besteht doch über die methodische Konstruktion weitgehend Ratlosigkeit. Die Beweismaßabsenkung wird daher zwar häufig im Ergebnis begrüßt, jedoch als methodisch unzulässig abgelehnt[495].
Diejenigen Autoren, die sich an einer Begründung für die Beweismaßreduktion im Rahmen des Anscheinsbeweises versuchen, verweisen in der Regel recht vage auf die materiell-rechtlichen Grundlagen bzw. die Beweisnot.
So schreibt etwa *Walter*[496] es müsse zwischen Erfahrungssatz und Anscheinsbeweis unterschieden werden. Nicht bereits das Vorliegen eines Erfahrungssatzes, sondern erst das Bestehen einer Beweisnot sowie das Vorliegen materiellrechtlicher Gründe für eine Begünstigung bei der Beweisführung, führe zur Zulassung der mit dem Begriff „Anscheinsbeweis" bezeichneten Beweiserleichterung. *Walter* folgert daraus, dass die Intention der materiellrechtlichen Vorschriften trotz Vorliegens eines Erfahrungssatzes den Anscheinsbeweis ausschließen könne (typisches Beispiel: Kein Anscheinsbeweis für Zugang eines eingeschriebenen Briefes[497]), andererseits aber auch Beweisnot und Missbilligung eines bestimmten Verhaltens die Führung des Anscheinsbeweises rechtfertigen könne[498].
Auch diese Ausführungen sind jedoch letzten Endes unbefriedigend, bleibt doch die Frage *warum* die Beweisnot bzw. das materielle Recht beim Anscheinsbeweis zu einer Beweismaßreduktion führen sollen letztlich unbeantwortet[499].

---

[494] Musielak, Grundlagen der Beweislast, S. 122 f; Walter, Freie Beweiswürdigung, S. 206.
[495] Maassen, Beweismaßprobleme im Schadensersatzprozeß, S. 66.
[496] Walter, ZZP 90 (1977), 283.
[497] BGHZ 24, 308 = NJW 1957, 1230 = LM § 130 BGB Nr. 3; OLG Hamm, VersR 1976, 722 und VerR 1980, 1062, 1063.
[498] Walter, ZZP 90 (1977), 284.
[499] Vgl. Prütting (Gegenwartsprobleme der Beweislast, S. 101), der darauf hinweist, dass bisher noch niemand ein Argument dafür genannt hat, aus welchem Grund es erlaubt sei,

M. E. kann jedoch für die Begründung der Beweismaßreduktion beim Anscheinsbeweis ein vorstehend bereits erörterter Gedanke fruchtbar gemacht werden: nämlich die Zulässigkeit einer Beweismaßreduktion zur Gewährleistung der Durchsetzbarkeit des materiellen Rechts.

Die Zusammengehörigkeit von Anscheinsbeweis und Beweismaßabsenkung zur Gewährleistung der Durchsetzbarkeit des materiellen Rechts offenbart sich, wenn man sich vor Augen führt, dass sich die Beweiserbringung bei vermindertem Beweismaß in zwei Schritten vollzieht: Zunächst ist die Beweismaßreduzierung herbeizuführen, d.h. es sind die Voraussetzungen zu nennen, unter denen ausnahmsweise ein Abweichen vom Regelbeweismaß der an Sicherheit grenzenden Wahrscheinlichkeit möglich ist, und es ist zu prüfen, ob diese Voraussetzungen im zu entscheidenden Einzelfall vorliegen. Anschließend ist – in einem zweiten Schritt - zu ermitteln, ob im konkreten Fall das verminderte Beweismaß erreicht wurde, ob also eine überwiegende Wahrscheinlichkeit für die zu beweisende Tatsachenbehauptung besteht. Während die Absenkung des Beweismaßes auf der Notwendigkeit der Gewährleistung der Durchsetzbarkeit des materiellen Rechts beruht, wird das Bestehen einer überwiegenden Wahrscheinlichkeit durch den Erfahrungssatz indiziert. Beide Aspekte gemeinsam bilden den beweismaßreduzierenden Anscheinsbeweis.
Der beweismaßreduzierende Anscheinsbeweis hat daher entgegen dem von der Rechtsprechung vermittelten Anschein nicht lediglich das Vorliegen eines typischen Geschehensablaufes zur Voraussetzung. Erforderlich ist vielmehr:

(1) Beweisnot des Beweisbelasteten;
(2) materiell-rechtliche Begünstigung des Beweisbelasteten, d.h. Gesichtspunkte des materiellen Rechts, die fordern, dass die Schwierigkeiten der Aufklärung nicht zu seinen Lasten gehen;
(3) Eingreifen eines Erfahrungssatzes.

Für den Arzthaftungsprozess hat die Begründung der Beweismaßreduktion beim Anscheinsbeweis mit der Notwendigkeit der Gewährleistung der Durchsetzbarkeit des materiellen Rechts die Konsequenz, dass lediglich dem Anscheinsbeweis der Kausalität, nicht hingegen dem Verschuldens-Anscheinsbeweis beweismaßreduzierende Wirkung zukommt, da sich der Patient lediglich beim Nachweis der haftungsbegründenden Kausalität in einer die Beweismaßreduktion rechtfertigenden besonderen Beweisnot befindet[500, 501].

---

beim Anscheinsbeweis das Beweismaß gegenüber jedem anderen Beweis generell zu vermindern.
[500] Vgl. oben, S. 104 ff ff.

Daraus folgt, dass dem Anscheinsbeweis als Instrument der Beweismaßreduktion keine eigenständige Bedeutung neben der Möglichkeit der Beweismaßreduktion zur Gewährleistung der Durchsetzbarkeit des materiellen Rechts zukommt.

C. Ergebnis

Wie sich gezeigt hat, gilt de lege lata im Arzthaftungsprozess kein einheitliches Beweismaß.
Für das *Vorliegen eines objektiven Behandlungsfehlers* gilt das Regelbeweismaß der an Sicherheit grenzenden Wahrscheinlichkeit. Eine diesbezügliche Beweismaßreduktion konnte nicht begründet werden und könnte folglich lediglich durch ein Tätigwerden des Gesetzgebers erreicht werden.
Bezüglich des Beweises der *übrigen Voraussetzungen* des Arzthaftungsanspruches gilt hingegen das abgesenkte Beweismaß der überwiegenden Wahrscheinlichkeit. Für die Feststellung der haftungsausfüllenden Kausalität sowie der Schadenshöhe ergibt sich dies nach richtiger Auffassung bereits aus § 287 ZPO. Beim Nachweis der haftungsbegründenden Kausalität gebietet die Unberechenbarkeit organisch-physiologischer Geschehensabläufe eine Beweismaßabsenkung, da nur dadurch die prozessuale Durchsetzbarkeit des materiellen Rechts gewährleistet werden kann.

---

[501] In diesem Sinne auch Musielak/Stadler, Grundfragen des Beweisrechts, S. 87 Fn 35 und Rn 175 ff. Vgl. auch M. Huber (Das Beweismaß im Zivilprozeß, S. 135), der ganz allgemein davon ausgeht, dass beim Anscheinsbeweis des Verschuldens in der Regel kein Bedürfnis nach einer Beweismaßabsenkung besteht, während beim Anscheinsbeweis der Kausalität aus Gründen der materiellen Gerechtigkeit sehr häufig Beweismaßreduzierungen vorgenommen werden.

Teil 4: Praktische Auswirkungen der Anlegung des gefundenen Beweismaßes

Nachdem nun das de lege lata im Arzthaftungsrecht geltende Beweismaß bestimmt wurde, stellt sich die Frage nach den praktischen Auswirkungen der aufgezeigten Beweismaßreduktionen. Fraglich ist hierbei insbesondere, ob die Beweismaßreduktion beim Nachweis der haftungsbegründenden Kausalität eine spürbare Beweiserleichterung bewirkt; ob also die festgestellte Beweismaßreduktion auch tatsächlich die Beweisschwierigkeiten der Patienten mindert.

A. Mögliche Schwachstellen der Minderung der Beweisschwierigkeiten im Arzthaftungsprozess durch eine Beweismaßabsenkung

I. Kritik von Katzenmeier

Soweit ersichtlich hat sich bisher lediglich *Katzenmeier*[502] ausführlich mit der Möglichkeit der Minderung der Beweisschwierigkeiten im Arzthaftungsrecht durch eine Absenkung des Beweismaßes auseinandergesetzt. Nach umfangreicher Abwägung verwirft *Katzenmeier* diese Möglichkeit. Die Beweismaßreduktion sei de lege lata weder mit dem Wortlaut des § 286 Abs. 1 ZPO noch mit der Gesetzessystematik vereinbar[503]. Aber auch de lege ferenda wendet sich *Katzenmeier* gegen Beweiserleichterungen im Arzthaftungsrecht durch Absenkung des Beweismaßes. Er ist der Auffassung, dass ein konsequentes Zu-Ende-Denken des Überwiegensprinzips dazu führen müsse, dass entsprechend der jeweils ermittelten Wahrscheinlichkeit auch das Prozessergebnis zu teilen wäre[504]. Dem Beklagten zum Ersatz des gesamten Schadens zu verurteilen, wenn man den Beweis bereits bei einer Verursachungswahrscheinlichkeit von nur etwas mehr den 50 % als geführt ansieht, bezeichnet *Katzenmeier* als unangemessen[505]. Andererseits wendet sich *Katzenmeier* jedoch entschieden gegen

[502] Katzenmeier, Arzthaftung, S. 503-535.
[503] Katzenmeier, Arzthaftung, S. 520.
[504] Katzenmeier, Arzthaftung, S. 521.
[505] Katzenmeier, Arzthaftung, S. 529 Fn 810.

die Einführung eines Proportionalprinzips[506] und verteidigt den Grundsatz der Totalreparation als eine wesentliche Entscheidung des BGB-Gesetzgebers[507].
Der Wahrscheinlichkeitshaftung begegneten gewichtige Praktikabilitätsbedenken, da die Wahrscheinlichkeitswerte stets nur grob geschätzt seien und – bei Ablehnung der Proportionalitätshaftung- der kleine Sprung etwa von 49,9 % auf 50,1 % Wahrscheinlichkeit die weitreichendsten Konsequenzen hätte[508]. Dies mindere die Berechenbarkeit des Rechts und sei damit der Rechtssicherheit abträglich[509].
Da die Judikatur durch die Gewährung von Beweiserleichterungen der typischerweise bestehenden Beweisnot des Patienten wirksam begegne, sei eine Beweismaßreduzierung nicht erforderlich, um zu verhindern, dass das materielle Recht mangels prozessualer Durchsetzbarkeit leer laufe[510].
Abzulehnende Konsequenz der Anlegung eines abgesenkten Beweismaßes sei insbesondere eine weitere Verschärfung der Einstandspflicht, ein von den Betroffenen leicht als Diskriminierung empfundenes Sonderrecht sowie letztlich die Förderung der Entwicklung von der Schadenszurechnung zur Schadensteilung[511].

Soweit *Katzenmeier* eine Beweismaßreduktion für mit dem Wortlaut des § 286 ZPO für unvereinbar hält, wird dem entgegengetreten, da der Wortlaut des § 286 ZPO gerade keine Aussage über das geltende Beweismaß enthält[512]. § 286 ZPO bestimmt lediglich, dass der Richter nach freier Überzeugung entscheidet, was er für wahr oder unwahr erachtet. Über die Art und Weise der Überzeugungsbildung sowie die Voraussetzungen, welche erfüllt sein müssen, damit der Richter überzeugt ist –mithin das Beweismaß- enthält § 286 ZPO keine Aussage.
Gewichtiger erscheint hingegen der Hinweis *Katzenmeiers* auf die Gesetzessystematik. Tatsächlich erscheint eine generelle Absenkung des Beweismaßes auf eine überwiegende Wahrscheinlichkeit angesichts der im Gesetz angelegten Differenzierung zwischen der prinzipiell erforderlichen richterlichen Überzeugung gem. § 286 ZPO sowie der ausnahmsweise ausreichenden Glaubhaftmachung i.S.d. § 294 ZPO problematisch. Der Hinweis geht indes fehl, wenn lediglich –wie in dieser Arbeit vorgesehen- eine partielle Absenkung des Beweismaßes vorgenommen wird, da derartige Beweismaßreduktionen auch gesetzlich in bestimmten Sondergebieten vorgesehen sind und durch sie die Gesetzessystematik nicht in Frage gestellt wird.

---

506 Katzenmeier, Arzthaftung, S. 521 ff, 526.
507 Katzenmeier, Arzthaftung, S. 528.
508 Katzenmeier, Arzthaftung, S. 530.
509 Katzenmeier, Arzthaftung, S. 530.
510 Katzenmeier, Arzthaftung, S. 532.
511 Katzenmeier, Arzthaftung, S. 533.
512 vgl. bereits oben, S. 72 f.

Zuzustimmen ist *Katzenmeiers* Ablehnung der Einführung einer Proportionalitätshaftung, wobei m.E. hieraus jedoch nicht notwendigerweise auch die Ablehnung des Überwiegensprinzips folgt. Zwar erscheint es auf den ersten Blick tatsächlich unangemessen, wenn der Beklagte bei einer Wahrscheinlichkeit von 49,9 % keinerlei Schadensersatz, bei einer Wahrscheinlichkeit von 50,1 % jedoch den gesamten Schaden ersetzt erhält, obwohl die Wahrscheinlichkeitswerte –zugegebenermaßen- nur auf einer groben Schätzung beruhen. Dieser plötzliche Übergang ist jedoch keine Folge des Überwiegensprinzips, sondern geradezu Charakteristikum des Grundsatzes der Totalreparation. Ob die Grenze zwischen fehlender Haftung und vollständiger Schadenswiedergutmachung zwischen 49,9 % und 50,1 % oder zwischen 99,7 % und 99,8 % verläuft, ändert an der Plötzlichkeit dieses Überganges und der Härte bei der Beurteilung von Grenzfällen nichts. Hat man sich jedoch für das Prinzip der Totalreparation und damit für die scharfe Grenze zwischen Haftung und Nichthaftung entschieden, hat m.E. das Überwiegensprinzip einen großen Vorteil: Bei aller Grobheit der Schätzung der Wahrscheinlichkeitswerte ist nämlich eine Aussage darüber, ob mehr für oder mehr gegen das Vorliegen eines Tatbestandsmerkmals spricht eher möglich als die Unterscheidung, ob für das Vorliegen eines Tatbestandsmerkmals eine Wahrscheinlichkeit von 99,7 % oder 99,8 % spricht. Vor diesem Hintergrund geht m.E. von der Absenkung des Beweismaßes keine Gefahr für die Berechenbarkeit es Rechts aus, sondern wird im Gegenteil die Rechtssicherheit erhöht.

Wenn *Katzenmeier* darauf hinweist, dass die Judikatur durch die Gewährung von Beweiserleichterungen der typischerweise bestehenden Beweisnot des Patienten wirksam begegne, so dass eine Beweismaßreduktion nicht erforderlich sei, um zu verhindern, dass das materielle Recht mangels Durchsetzbarkeit leer laufe, so ist auch dieser Aussage prinzipiell zuzustimmen. Vor dem Hintergrund jedoch, dass es trotz jahrzehntelanger Rechtsprechung bisher nicht gelungen ist, diese Rechtsprechung dogmatisch zu begründen, sie also zu einem einheitlichen und widerspruchsfreien System zusammenfassen und in die übrige Gesetzessystematik einzubinden und ihr damit den Makel einer Einzelfall- und Billigkeitsrechtsprechung zu nehmen, wurde in dieser Arbeit untersucht, ob eine Lösung der Beweisproblematik im Arzthaftungsrecht auch durch Anwendung allgemeiner Prinzipien des Beweisrechts möglich ist. Da somit der Untersuchung gewissermaßen eine Suche nach Alternativen zur Lösung des BGH zugrunde lag, mussten naturgemäß die durch die Judikatur etablierten Beweiserleichterungen bei der Frage der Notwendigkeit einer Beweismaßreduktion zur Verhinderung des Leerlaufens der materiellen Haftungsnormen außer Betracht bleiben. Auch *Katzenmeier* zweifelt jedoch nicht daran, dass ohne die in der Judikatur vorgesehenen Beweiserleichterungen die prozessuale Durchsetzbarkeit der Haftungsnormen im Arzthaftungsprozess häufig unmöglich wäre.

Dem Argument *Katzenmeier*s, dass eine Absenkung des Beweismaßes im Arzthaftungsrecht von den Betroffenen leicht als diskriminierendes Sonderrecht empfunden werden könnte, ist entgegenzuhalten, dass die Beweismaßreduktion zur Gewährleistung und Durchsetzbarkeit des materiellen Rechts ein allgemeines Prinzip des Schadensrechts ist, welches auch in anderen Rechtsgebieten Anwendung findet und im übrigen auch zahlreichen gesetzlichen Regelungen zugrunde liegt, welche eine Absenkung des Beweismaßes vorsehen. Die Beweismaßabsenkung stellt somit in wesentlich geringerem Ausmaß ein Sonderrecht für die Haftung von Ärzten dar, als die gegenwärtige Rechtsprechung, welche zwar zwischenzeitlich auch auf andere Berufsgruppen ausgeweitet wurde, im wesentlichen jedoch ein Sonderrecht für Ärzte darstellt.
Entgegen getreten wird schließlich der Aussage *Katzenmeier*s, die Anlegung eines abgesenkten Beweismaßes führe zu einer weiteren Verschärfung der Einstandspflicht und letztlich zur Förderung der Entwicklung von der Schadenszurechnung zur Schadensteilung. Diese Kritik kann allenfalls für eine generelle Absenkung des Beweismaßes im Arzthaftungsprozess –d.h. für sämtliche Tatbestandsmerkmale- gelten. Wird hingegen –wie hier vorgeschlagen- lediglich das Beweismaß für den Nachweis des Kausalzusammenhanges abgesenkt, beim Nachweis des Vorliegens eines Behandlungsfehlers jedoch weiterhin eine an Sicherheit grenzende Wahrscheinlichkeit verlangt, so tritt eine Haftung des Arztes nur ein, wenn er mit an Sicherheit grenzender Wahrscheinlichkeit einen Behandlungsfehler begangen hat und dieser Fehler mit überwiegender Wahrscheinlichkeit für den eingetretenen Schaden kausal war. Sind diese Voraussetzungen gegeben, so haftet der Arzt für durch ihn verursachte Schäden und nicht aufgrund einer auf Billigkeitsgedanken beruhenden Teilhaberschaft an den Schäden. Zwar stellt die hier vorgeschlagene Lösung verglichen mit der reinen Gesetzeslage, nach welcher der Patient sowohl den Behandlungsfehler als auch die Kausalität des Behandlungsfehlers für die eingetretenen Schäden mit an Sicherheit grenzender Wahrscheinlichkeit nachweisen muss, eine Haftungsverschärfung dar. Dies stellt sich jedoch m.E. bereits abweichend dar, wenn zum Vergleich nicht die reine Gesetzeslage, sondern das tatsächlich gelebte Recht, nämlich die Judikatur, herangezogen wird. Durch die Einstufung als groben Behandlungsfehler wird hier der Patient von jeglicher Beweisführung hinsichtlich der Kausalität frei gestellt und damit der Arzt einer wesentlich strengeren Haftung unterzogen.

Wie gezeigt ist die Kritik *Katzenmeier*s in weiten Teilen lediglich auf die Einführung eines abgesenkten Beweismaßes bezüglich sämtlicher Voraussetzungen der Arzthaftung bezogen und trifft auf ein differenziertes Beweismaßmodell wie hier vorgeschlagen nicht zu.

II. Fehlen einer Beweismaßabsenkung beim Nachweis des Vorliegens eines Behandlungsfehlers

Die erste und offensichtlichste Schwachstelle des Versuchs der Minderung der Beweisschwierigkeiten im Arzthaftungsprozess über eine Minderung des Beweismaßes liegt darin, dass eine Beweismaßabsenkung im Arzthaftungsrecht lediglich in Bezug auf die Schadensfolgen sowie die haftungsbegründende Kausalität begründet werden konnte. Zwar hat sich gezeigt, dass die Beweisschwierigkeiten im Rahmen der haftungsbegründenden Kausalität am komplexesten sind, zahlenmäßig am bedeutendsten sind jedoch die Beweisprobleme beim Nachweis des Vorliegens eines Behandlungsfehlers. Gerade bezüglich dieses Beweises konnte jedoch keine Absenkung des Beweismaßes begründet werden, so dass die Patienten weiterhin den Nachweis führen müssen, dass der Arzt mit an Sicherheit grenzender Wahrscheinlichkeit einen Behandlungsfehler begangen hat. Es stellt sich daher die Frage, ob de lege ferenda eine diesbezügliche Beweismaßabsenkung durch Tätigwerden des Gesetzgebers wünschenswert ist.

Für die gesetzliche Normierung einer Beweismaßabsenkung beim Nachweis des Vorliegens eines Behandlungsfehlers spricht nicht nur die damit einhergehende weitere Entlastung des Patienten. Erreicht wäre damit vielmehr auch die Etablierung eines einheitlichen Beweismaßes für alle Voraussetzungen des Arzthaftungsanspruchs. Dadurch könnte die der gefundenen Rechtslage mit ihren unterschiedlichen Beweisstandards anhaftende Rechtsunsicherheit vermieden werden.

Trotz dieser Vorteile einer gesetzlichen Regelung ist diese jedoch im Ergebnis abzulehnen, sprechen doch zahlreiche gewichtige Argumente gegen eine Absenkung des Beweismaßes beim Nachweis des Vorliegens eines Behandlungsfehlers.

Zu bedenken ist zunächst, dass ein zu häufiges Abweichen vom Regelbeweismaß das Regelbeweismaß als solches in Frage stellt. Wird in zahlreichen Fällen das Beweismaß von der an Sicherheit grenzenden Wahrscheinlichkeit auf die überwiegende Wahrscheinlichkeit abgesenkt, stellt sich die berechtigte Frage, ob es nicht zweckmäßiger und ehrlicher wäre, sogleich von der überwiegenden Wahrscheinlichkeit als Regelbeweismaß auszugehen. Die Geltung der überwiegenden Wahrscheinlichkeit als Regelbeweismaß ist jedoch, wie dargelegt wurde, abzulehnen. Die strikte Begrenzung der Beweismaßabsenkung auf wenige Ausnahmen gilt daher nicht nur für den Bereich der Beweismaßabsenkung zur Gewährleistung der Durchsetzbarkeit des materiellen Rechts, sondern gerade auch für die Möglichkeit der gesetzlichen Normierung einer Beweismaßabsenkung. Zu beachten ist hier insbesondere die mögliche negative

„Vorreiterrolle" des Arzthaftungsrechts. Bereits jetzt ist das Arzthaftungsrecht mit seinen zahlreichen abweichenden Beweisregelungen für die Beweiserbringung in anderen Gebieten interessant. In der Praxis bedeutsame Beweiserleichterungen wie etwa die Beweislastumkehr bei grobem Verstoß gegen Berufspflichten hatten ihren Ursprung im Arzthaftungsrecht, bevor sie auch in anderen Bereichen Einsatz fanden[513]. Bei einer gesetzlichen Normierung eines verminderten Beweismaßes für den Nachweis des Vorliegens eines Behandlungsfehlers wäre somit eine ggf. durch Analogiebildungen untermauerte Ausdehnung der Beweismaßabsenkung auf andere Gebiete zu befürchten. Letztlich drohte eine Umkehrung des Regel-Ausnahme-Verhältnisses im Rahmen der Beweismaßfrage und damit die abzulehnende Etablierung der überwiegenden Wahrscheinlichkeit als Regelbeweismaß.

Aber auch aus der Sicht des Patienten erscheint eine gesetzliche Absenkung des Beweismaßes für den Nachweis des Vorliegens eines Behandlungsfehlers nicht erforderlich. Bereits ausgeführt wurde, dass die in diesem Bereich existierenden Beweisschwierigkeiten vor allem darauf beruhen, dass der Patient die maßgeblichen Vorgänge nicht wahrnimmt oder nicht bewerten kann, und dass diese Problematik bereits de lege lata durch die weitgehenden Dokumentationspflichten entschärft wird.
Hinzu kommt jedoch auch, dass davon auszugehen ist, dass sich die Beweisschwierigkeiten im Arzthaftungsrecht durch die weitreichenden gesellschaftlichen Umwälzungen in diesem Bereich zum Teil bereits vermindert haben und sich in Zukunft weiter vermindern werden. Der Arzt ist nicht mehr wie noch vor einigen Jahren „Gott in Weiß", sondern wird vielmehr in der Gesellschaft als Dienstleister betrachtet, dem - ebenso wie jedem anderen Dienstleister - Fehler unterlaufen können. Aus dieser Veränderung des gesellschaftlichen Arztbildes resultiert ein vermindertes Bedürfnis der betroffenen Ärzte, jeden Fehler von sich zu weisen und gegebenenfalls aktiv zu vertuschen. Insbesondere der Gutachter im Arzthaftungsprozess wird nicht länger zum Schutze des Berufsstandes an seiner Unparteilichkeit gehindert und falls er sich hiervon löst als „Nestbeschmutzer" angesehen. Auch die Bereitschaft zur Zeugenaussage der assistierenden Ärzte wird wohl infolge des sich wandelnden Arztbildes steigen.

Für die Ablehnung einer Beweismaßabsenkung bezüglich des Nachweises des Vorliegens eines Behandlungsfehlers ausschlaggebend sind jedoch m.E. auch heute noch und allen gesellschaftlichen Nivellierungen zum Trotz die Besonderheiten des Arztberufes. Dieser zeichnet sich durch eine stets immanente Gefahr aus. Der Arzt muss tagtäglich in kürzester Zeit wichtige, nicht selten über Leben oder Tod des Patienten entscheidende Maßnahmen treffen und dabei die

[513] BGH, NJW 1962, 959, 960 (Schwimmeister); BGH, NJW 1971, 241, 243 (Pflegepersonal); OLG Köln, OLGZ 70, 311 (Schausteller).

auf der Unberechenbarkeit der körperlichen Reaktionen beruhende Beschränktheit des eigenen Wissens in Kauf nehmen. In keinem anderen Beruf ist die Möglichkeit der Begehung eines schwerwiegenden, ggf. tödlich wirkenden Fehlers in vergleichbarem Umfang existent wie beim Arztberuf. Dennoch nimmt der Arzt diese Risiken zum Wohle der Patienten bewusst auf sich und garantiert damit das Vorhandensein einer ausreichenden medizinischen Versorgung der Bevölkerung. Vor diesem Hintergrund erscheint es m.E. unhaltbar, den Arzt bereits bei Bestehen einer überwiegenden Wahrscheinlichkeit für die Begehung eines Behandlungsfehlers haften zu lassen. Es ist vielmehr erforderlich, klar zwischen vertretbarer - wenn auch möglicherweise nicht optimaler - Behandlung und Behandlungsfehler des Arztes zu unterscheiden. Das ohnehin immense Berufsrisiko des Arztes darf nicht noch zusätzlich durch eine vorschnelle Bejahung des Vorliegens eines Behandlungsfehlers erhöht werden. Fälle in denen noch nicht einmal mit an Sicherheit grenzender Wahrscheinlichkeit feststeht, dass dem Arzt ein Behandlungsfehler unterlaufen ist, dürfen daher nicht zu einer Haftung des Arztes führen.

Eine Absenkung des Beweismaßes für den Nachweis des Vorliegens eines Behandlungsfehlers durch den Gesetzgeber ist daher nicht wünschenswert.

III. Schwierigkeiten beim Nachweis einer überwiegenden Wahrscheinlichkeit

Fraglich ist ferner, ob die Beweisschwierigkeiten durch die Absenkung des Beweismaßes effektiv gemindert werden, da auch der Nachweis des Bestehens einer überwiegenden Wahrscheinlichkeit für das Vorliegen der haftungsbegründenden Kausalität im Arzthaftungsprozess nicht unproblematisch erscheint.

So ist davon auszugehen, dass etwa in dem zu Beginn dieser Arbeit gebildeten Beispiel der an Brustkrebs erkrankten Frau[514] sich zwar aus der Tatsache, dass der Tumor im Zeitpunkt der ersten Mammographie noch sehr klein war (Variante 1) eine gewisse Wahrscheinlichkeit dafür ergibt, dass bei Entdeckung des Tumors in diesem Zeitpunkt eine Entfernung unter Erhaltung der Brust möglich gewesen wäre, das Nicht-Erkennen somit kausal für die Brustamputation war. Letztlich ist die Größe des Tumors jedoch nur einer von vielen Indikatoren für die Erforderlichkeit einer Mastektomie und daher isoliert betrachtet nicht allzu aussagekräftig, so dass sich hieraus alleine zwar ein

[514] Vgl. oben, S. 20 f.

schwaches Indiz für das Bestehen eines Kausalzusammenhanges ergibt, aber wohl kaum eine überwiegende Wahrscheinlichkeit[515].

Abb. 1:

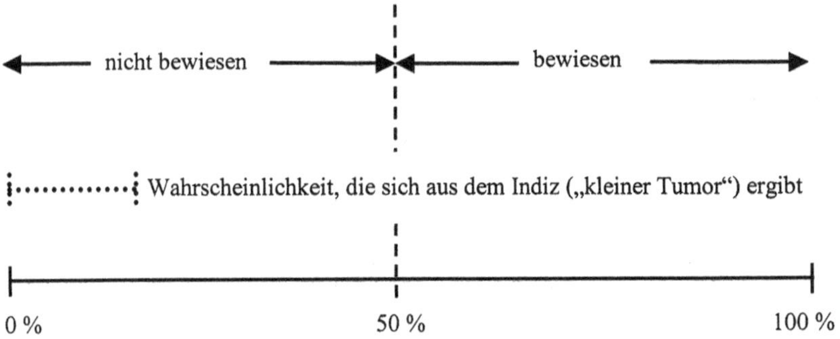

Zu bedenken ist jedoch, dass sich möglicherweise bereits aus dem bloßen Vorliegen eines Behandlungsfehlers eine Vermutung für das Bestehen eines Kausalzusammenhanges zwischen Behandlungsfehler und der Gesundheitsverletzung ergibt[516].
Dass dem so ist, erkennt man, wenn man versucht die Wahrscheinlichkeit in dem, dem „Krebs-Beispiel" zugrundeliegenden Ausgangsfall, zu bestimmen, also davon ausgeht, man wisse lediglich, dass der Arzt den Tumor bei der ersten Untersuchung behandlungsfehlerhaft übersehen hat. Über Größe, Tumorart usw. sei z.B. aufgrund ärztlicherseits unverschuldetem Verlustes der Patientendaten etwa aufgrund eines Brandes im Archiv nichts bekannt. Da die Verzögerung der Entdeckung und damit der Behandlung des Brustkrebses prinzipiell geeignet ist, den Umfang der nötigen Operation zu vergrößern, geht man intuitiv davon aus, dass der Behandlungsfehler kausal war für die Amputation der Brust.

Dieses intuitive Ergebnis lässt sich jedoch auch dogmatisch erklären. Denn es beruht auf denselben Erwägungen wie die Beweiserbringung mit Hilfe des Anscheinsbeweises und die Beweiserbringung bei einem Verstoß gegen verhaltenssteuernde Normen:

[515] Vgl. zur Bedeutung der Tumorgröße für die Wahl der Behandlungsmethode: Stockdale, in: Franz, Medizin-Gesamtdarstellung und Atlas für Studium, Lehre und Praxis, S. 4 und 8 f.
[516] So Gaupp, Beweisfragen im Rahmen ärztlicher Haftungsprozesse, S. 93 ff und Musielak/Stadler, Grundfragen des Beweisrechts, S. 154 f. Dagegen: Nüßgens, FS Hauß, S. 298.

Wie bereits dargelegt wurde, ergibt sich beim Anscheinsbeweis aus der Existenz eines Erfahrungssatzes für das Bestehen der Kausalität oder das Verschulden, dass Kausalität und Verschulden mit überwiegender Wahrscheinlichkeit auch in dem zu entscheidenden Einzelfall bestehen. Aufgrund des Grundsatzes, dass das Vergessen großer, fester Gegenstände bei einer Operation im Patienten erfahrungsgemäß auf einem Verschulden des Arztes beruht, wird vermutet, dass auch dieses Mal der Arzt schuldhaft gehandelt hat.

Ein ähnliches Vorgehen zeigt sich bei festgestelltem Verstoß gegen verhaltenssteuernde Normen. *Walter*[517] weist darauf hin, dass die verletzte Pflicht häufig gerade aufgestellt wurde, um Schäden der geltend gemachten Art zu vermeiden. Die Pflichtverletzung indiziere daher die Kausalität, was nichts anderes bedeutet, als dass sich aus der Pflichtverletzung das Bestehen einer überwiegenden Wahrscheinlichkeit für die Kausalität ergibt.
Wird etwa ein nicht armierter oder anderweitig gekennzeichneter Gegenstand in der Operationswunde zurückgelassen[518], so ist das Verschulden des Arztes indiziert, soll doch die Pflicht zur besonderen Kennzeichnung bei einer Operation verwendeter Hilfsmittel gerade ein Zurücklassen in der Operationswunde verhindern.
Erleidet ein als unreife Frühgeburt geborenes, mit Sauerstoff behandeltes Kind eine zur Erblindung führende Netzhautablösung infolge retrolentaler Fibroplasie[519], so indiziert der Verstoß des Arztes gegen die Pflicht zur regelmäßigen Kontrolle der Sauerstoffsättigung des Blutes des Kindes die Kausalität einer zu hohen Sauerstoffkonzentration im Inkubator für die Netzhautablösung, weil die Pflicht zur regelmäßigen Kontrolle gerade besteht, um Schäden aufgrund zu hoher oder zu niedriger Sauerstoffzufuhr zu verhindern und die retrolentale Fibroplasie einen derartigen Schaden darstellt[520].

Zur Erklärung dieser „Indikationswirkung“ des Verstoßes gegen eine verhaltenssteuernde Norm weist *Weber*[521] darauf hin, dass verhaltenssteuernde Normen regelmäßig auf Erfahrungen beruhen, die in der Vergangenheit in einer Vielzahl im wesentlichen gleich gelagerter tatsächlicher Vorgänge gewonnen

[517] Walter, Freie Beweiswürdigung, S. 242.
[518] Vgl. die oben, S. 109 f, geschilderten Fälle.
[519] BGH, NJW 1983, 2080.
[520] Der BGH lehnte einen „groben Behandlungsfehler“ und damit eine Beweislastumkehr bezüglich der Kausalität ab, da die Entscheidung vor Einführung der transkutanen Messgeräte erging, eine Kontrolle der Sauerstoffsättigung des Blutes also stets eine Punktierung erforderte. Dies führt jedoch dazu, dass 1983 noch keine Pflicht zur ständigen Kontrolle des Blutes bestand. Im Entscheidungszeitpunkt lag demnach kein „grober Behandlungsfehler“, aber auch kein Pflichtverstoß vor. Im Ergebnis besteht daher kein Unterschied.
[521] Weber, Der Kausalitätsbeweis im Zivilprozeß, S. 222.

wurden[522]. Stellt sich etwa im Laufe der Jahre heraus, dass immer wieder Gegenstände beim Operieren versehentlich in der Operationswunde zurück gelassen werden, so erscheint es sinnvoll eine Verpflichtung zur Ergreifung möglicher Gegenmaßnahmen zu schaffen. Die verhaltenssteuernden Pflichten beruhen also auf den Erfahrungen der Vergangenheit und zielen darauf, die Verwirklichung der erkannten typischen Gefahrenquellen in Zukunft zu verhindern oder weitestgehend einzudämmen[523]. Bereits aus diesen Ausführungen ergibt sich die „Nähe" des Verstoßes gegen verhaltenssteuernde Pflichten zum Anscheinsbeweis. Um diese „Nähe" jedoch vollends zu verdeutlichen, sollte man sich vor Augen halten, dass immer wenn ein Schaden eintritt, nachdem der Anspruchsgegner gegen eine Verhaltenspflicht verstoßen hat, die aufgestellt wurde, um andere genau vor dem nun eingetretenen Schaden zu schützen, in dem Schadenseintritt ein „typischer Geschehensablauf" liegt. Der Verhaltenspflichtverstoß ist folglich ein Unterfall des Anscheinsbeweises[524]. Die Besonderheit liegt lediglich darin, dass der „typische Geschehensablauf" nicht erst durch den Richter durch Aufsuchen geeigneter Erfahrungssätze ermittelt werden muss, sondern dass dieser bereits in einer Verhaltensnorm festgehalten wurde. Der Normschöpfer hat sozusagen dem Richter die mühsame Ermittlung von Erfahrungssätzen abgenommen und diese antizipiert festgelegt.

Die „Indikationswirkung" des Verstoßes gegen eine verhaltenssteuernde Norm für das Vorliegen der Kausalität lässt sich schließlich auch durch einen Rückgriff auf den zu Beginn dieser Arbeit skizzierten Wahrscheinlichkeitsbegriff erklären. Geht man nämlich davon aus, dass die im Rahmen der Beweiserbringung maßgebende logische Wahrscheinlichkeit nichts anderes bezeichnet als die Stützung einer Hypothese durch Erfahrungssätze und nimmt man ferner an, dass verhaltenssteuernde Normen auf negativen Erfahrungen der Vergangenheit aufbauen, so ergibt sich hieraus, dass die Hypothese der Kausalität des Verstoßes gegen die verhaltenssteuernde Norm für den eingetretenen Schaden durch die Erfahrungen, die zur Aufstellung der verhaltenssteuernden Norm geführt haben, gestützt wird. Bei Verstoß gegen eine verhaltenssteuernde Norm besteht somit eine (logische) Wahrscheinlichkeit für die Kausalität dieses Verstoßes für eine eingetretene Schädigung.

Von dieser Erkenntnis ist es nun nur noch ein kleiner Schritt bis zur Feststellung, dass bereits das Vorliegen eines Behandlungsfehlers eine Vermutung für das Bestehen eines Kausalzusammenhanges begründet. Denn der

---

522 Weber, Der Kausalitätsbeweis im Zivilprozeß, S. 222.

523 Weitnauer, KF 1966, 14.

524 Musielak, FS Kegel, S. 466; Weitnauer, KF 1966, 13; vgl. auch Weber, Der Kausalitätsbeweis im Zivilprozeß S. 240, der jedoch eine Beweismaßreduktion beim Anscheinsbeweis ablehnt und insofern zu einer anderen Lösung gelangt.

ärztliche Behandlungsfehler wird definiert als eine ärztliche Maßnahme, die nach dem jeweiligen Stand der medizinischen Wissenschaft unsachgemäß ist. Ob eine ärztliche Maßnahme unsachgemäß ist, bestimmt sich durch einen Vergleich des konkreten ärztlichen Handelns mit den für die Maßnahme geltenden Standards. Der medizinische Standard wird jedoch geprägt durch statistische bzw. probabilistische Erfahrungssätze, wobei das in den Standard einfließende Erfahrungswissen in der Regel die Zusammenfassung einer Vielzahl von Wahrscheinlichkeitssätzen ist[525]. Medizinische Standards sind daher nichts anderes als Sammlungen von Erfahrungssätzen[526] bzw. als zu Handlungsanweisungen geronnenes Erfahrungswissen[527].
Auch im Bereich der ärztlichen Behandlungsrichtlinien ist es also so, dass ein Verhalten entgegen dem Behandlungsstandard nach der Lebenserfahrung besonders geeignet ist, einen Schaden der eingetretenen Art herbeizuführen. Entgegen der Auffassung von *Nüßgens*[528] ist daher davon auszugehen, dass es auch im Arzthaftungsrecht empirische Erfahrungssätze des Inhalts gibt, dass bestimmte Behandlungsfehler bestimmte Schäden zu verursachen pflegen.
Benutzt etwa der Arzt zu einer Injektion im Lendenwirbelbereich eine Spritze, die er bei seinem Besuch tags zuvor aufgezogen und mit einem Wattebausch bedeckt im Krankenzimmer hatte liegen lassen und tritt danach beim Patienten eine schwere toxische Schädigung des Gesamtorganismus ein, die durch eine bakterielle Infektion hervorgerufen war[529], so hat der Arzt durch die nachlässige Aufbewahrung der Spritze gegen ärztliche Verhaltensrichtlinien verstoßen, die gerade auch der Vermeidung von Infektionen dienen.

In jedem Arzthaftungsprozess besteht daher – prinzipielle Eignung des Behandlungsfehlers zur Verursachung des konkreten Schadens vorausgesetzt - zunächst einmal eine Vermutung dafür, dass der festgestellte Behandlungsfehler kausal war für die erlittenen gesundheitlichen Beeinträchtigungen. Oder – mit anderen Worten – aufgrund des Behandlungsfehlers besteht eine überwiegende Wahrscheinlichkeit für die haftungsbegründende Kausalität.

---

525 Velten, Der medizinische Standard im Arzthaftungsprozeß, S. 47.
526 Bayerlein, Praxishandbuch Sachverständigenrecht, § 15 Rn 18; Ulsenheimer, in: Jost/Lankau, Leitlinien in der Chirurgie vor dem Spiegel von Qualitätssicherung und Rechtsprechung, S. 49
527 Mummenhoff, Erfahrungssätze im Beweis der Kausalität, S. 45
528 Nüßgens, FS Hauß, S. 301.
529 BGH, NJW 1968, 1185 = VersR 1968, 498.

Abb. 2:

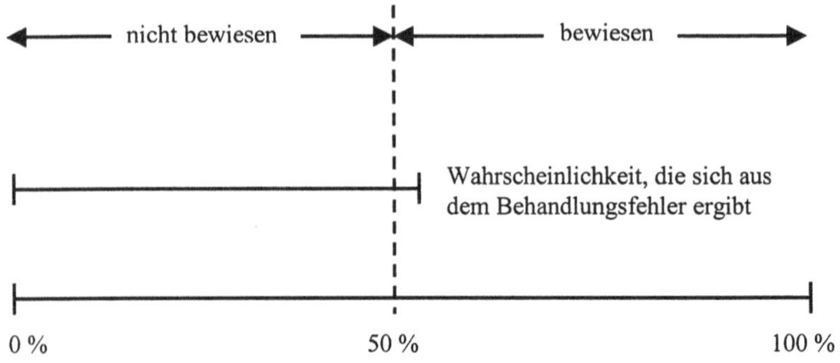

Bei der Feststellung, dass sich aus dem Vorliegen eines Behandlungsfehlers eine überwiegende Wahrscheinlichkeit für die Kausalität dieses Fehlers für die eingetretenen Verletzungen ergibt, kann es aber selbstverständlich nicht bleiben, denn dies würde angesichts des abgesenkten Beweismaßes bedeuten, dass im Arzthaftungsprozess die haftungsbegründende Kausalität stets zu bejahen wäre. Die haftungsbegründende Kausalität stellte demnach keine eigenständige Haftungsvoraussetzung dar. Auch würde hierdurch den tatsächlich im Arzthaftungsrecht bestehenden zahlreichen Besonderheiten des Einzelfalls nicht ausreichend Rechnung getragen.
Es ist daher vielmehr davon auszugehen, dass die Feststellung der sich aus dem Behandlungsfehler ergebenden überwiegenden Wahrscheinlichkeit nur der erste Schritt bei der Bestimmung der im Einzelfall vorliegenden Wahrscheinlichkeit darstellt. Der Behandlungsfehler und die daraus abgeleitete überwiegende Wahrscheinlichkeit bilden sozusagen nur den *Ausgangspunkt* für die Bestimmung der im konkreten Fall bestehenden Wahrscheinlichkeit. Bevor der endgültige Wahrscheinlichkeitswert genannt werden kann, ist es daher erforderlich, nach Anhaltspunkten im tatsächlichen Geschehen zu suchen, aus denen sich eine Erhöhung oder Verringerung der Wahrscheinlichkeit ergibt.

In der *Variante 1* des Krebsfalles, in welcher der Tumor zum Zeitpunkt der ersten Untersuchung noch sehr klein war, ist daher zunächst festzustellen, dass aufgrund des Vorliegens eines Behandlungsfehlers vom Bestehen einer überwiegenden Wahrscheinlichkeit für den Kausalzusammenhang auszugehen ist. Diese Wahrscheinlichkeit wird zusätzlich dadurch erhöht, dass der Tumor im Zeitpunkt der ersten Mammographie noch sehr klein war, denn dies spricht dafür, dass damals noch eine Entfernung des Tumors durch eine brusterhaltende Operation möglich gewesen wäre. Im Ergebnis besteht daher in Variante 1 eine deutlich überwiegende Wahrscheinlichkeit für die haftungsbegründende Kausalität. Der Beweis ist damit erbracht.

Abb. 3: Wahrscheinlichkeit in Variante 1 des „Krebs-Falles“

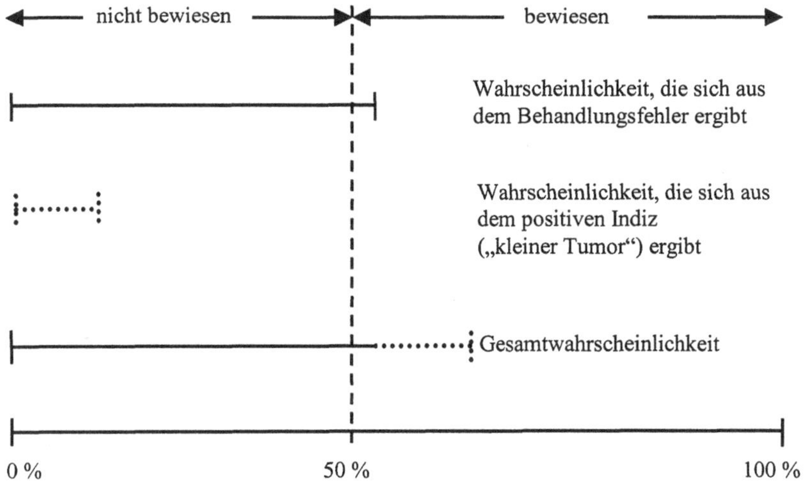

In *Variante 2* des Falles wird hingegen die zunächst angenommene – auf dem Behandlungsfehler beruhende – überwiegende Wahrscheinlichkeit dadurch reduziert, dass der Tumor bereits im Zeitpunkt der ersten Mammographie recht groß war. Denn wenn der Tumor bereits damals groß war, spricht dies dafür, dass bereits in diesem Zeitpunkt oder kurze Zeit später eine Amputation der Brust nicht mehr zu vermeiden war, dass sich also die auf dem Behandlungsfehler beruhende Zeitverzögerung nicht negativ ausgewirkt hat. Da die vom Behandlungsfehler abgeleitete Wahrscheinlichkeit für die Kausalität lediglich eine ganz schwache überwiegende Wahrscheinlichkeit begründet (also etwa 52 %), kann bereits ein ebenfalls eher schwaches, gegen den Kausalzusammenhang sprechendes Indiz die Gesamtwahrscheinlichkeit unter 50 % drücken. So ist zwar die Tatsache, dass der Tumor bei der ersten Untersuchung bereits recht groß war, nur ein schwaches gegen den Kausalzusammenhang sprechendes Indiz. Es genügt jedoch um die Gesamtwahrscheinlichkeit unter 50 % abzusenken, so dass der Beweis der Kausalität in Variante 2 misslungen ist.

Abb. 4: Wahrscheinlichkeit in Variante 2 des „Krebs-Falles“

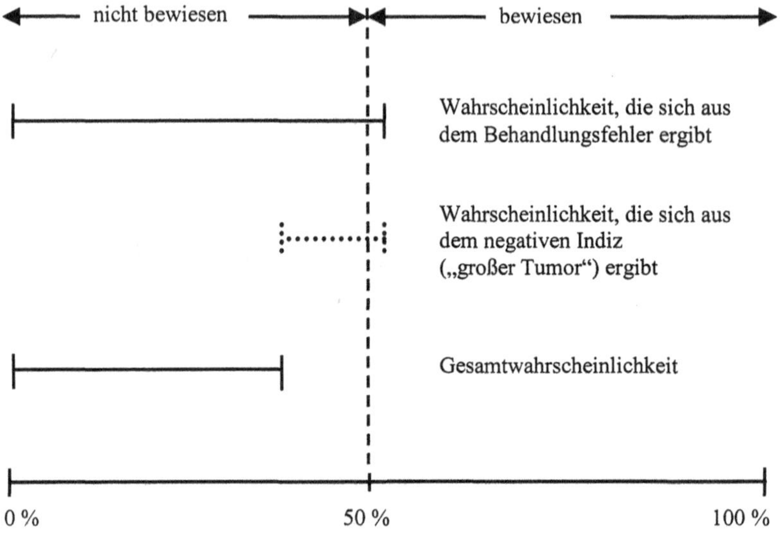

Wie sich an dem Beispiel gezeigt hat, bestehen die befürchteten Probleme beim Nachweis einer überwiegenden Wahrscheinlichkeit für das Vorliegen der haftungsbegründenden Kausalität im Arzthaftungsprozess nicht, da diese stets aufgrund des Vorliegens eines ärztlichen Behandlungsfehlers indiziert ist.

Nicht anzuerkennen ist insbesondere die im Schrifttum in Bezug auf die Bedeutung des Anscheinsbeweises im Arzthaftungsrecht geäußerte und aufgrund der aufgezeigten Ähnlichkeiten der Institute auch auf die auf den Behandlungs-fehler gestützte Vermutung der Kausalität anwendbare Kritik, es sei für den Arzt ein Leichtes, die Vermutung zu entkräften, da stets zahlreiche Umstände denkbar seien, welche die ernsthafte Möglichkeit eines atypischen Geschehens nahe legten und es daher für den Arzt im Gegensatz zu anderen Beklagten relativ einfach sei, den Anscheinsbeweis zu erschüttern[530]. Nicht anzuerkennen ist diese Kritik, da es keineswegs genügt, dass der Arzt eine tatsächlich immer denkbare Möglichkeit eines atypischen Geschehensablaufes oder eines die Wahrscheinlichkeit reduzierenden Indizes behauptet, sondern er

[530] D. Franzki, Die Beweisregeln im Arzthaftungsprozeß, S. 55; Giesen, Arzthaftungsrecht, Rn 405; Gaupp, Beweisfragen im Rahmen ärztlicher Haftungsprozesse, S. 54; M. Huber, Das Beweismaß im Zivilprozeß, S. 140; Katzenmeier, Arzthaftung, S. 438 f; Kaufmann, Die Beweislastproblematik im Arzthaftungsprozess, S. 27.

vielmehr Tatsachen nachweisen muss, aus denen sich ergibt, dass eine solche Möglichkeit im konkreten Fall nach Konstitution und Krankheitsbild des Patienten ernsthaft in Betracht kommt[531].

Die Absenkung des Beweismaßes stellt somit eine erhebliche Beweiserleichterung für den Patienten dar.

B. Vergleich der gefundenen Lösung mit der gegenwärtigen Rechtsprechung des BGH

I. Vergleich der dogmatischen Konstruktion

Auf den ersten Blick scheint im Ergebnis kein allzu großer Unterschied zwischen der hier gefundenen Lösung einer partiellen Beweismaßabsenkung und der ständigen Rechtsprechung des BGH zu bestehen, denn auch nach der hier propagierten Lösung führt der Nachweis eines ärztlichen Behandlungsfehlers zu einer Vermutung für das Bestehen der haftungsbegründenden Kausalität und damit regelmäßig zu einer Haftung des Arztes.
Der Unterschied zur Lösung des BGH liegt jedoch im Detail:

Zunächst setzen Beweismaßabsenkung und Kausalitätsvermutung anders als die in der Rechtsprechung vorgenommene Beweislastumkehr keinen groben Behandlungsfehler voraus, sondern greifen bei jedem Behandlungsfehler ein.
Dies ist in mehrfacher Hinsicht zu begrüßen. Denn die im Rahmen der Rechtsprechungslösung vorzunehmende Abgrenzung zwischen grobem und schlichtem Behandlungsfehler ist ungenau und führt zu im Einzelfall zweifelhaften Ergebnissen. Insbesondere lässt sich als Konsequenz der Beschränkung der Beweislastumkehr auf grobe Behandlungsfehler bei den Gerichten die Tendenz beobachten, einen Behandlungsfehler als grob einzustufen, wenn die Billigkeit eine Entschädigung des Patienten erfordert. Dies führt jedoch dazu, dass die Ärzte häufig zu Unrecht dem Verdikt eines groben Behandlungsfehlers ausgesetzt werden.

Der zweite wesentliche Unterschied bei der Anwendung der hier propagierten Beweiserleichterung im Vergleich zur Lösung des BGH liegt in dem Ausmaß

---

[531] H. Franzki/D. Franzki, in: Jung/Schreiber, Arzt und Patient zwischen Therapie und Recht, S. 184; Musielak, Grundlagen der Beweislast, S. 149.

der Anstrengungen, die der Arzt unternehmen muss, um die Abweisung des Haftungsanspruchs aufgrund fehlender Kausalität zu erreichen.
Bei der Lösung der Rechtsprechung muss der Arzt mit an Sicherheit grenzender Wahrscheinlichkeit nachweisen, dass die haftungsbegründende Kausalität nicht besteht. Gelingt ihm dies nicht, verbleibt ein non liquet, das aufgrund der Beweislastumkehr zu seinen Lasten geht, d.h. für die Entscheidung wird die haftungsbegründende Kausalität unterstellt. Dass dies für den Arzt höchst unbefriedigend ist, ergibt sich bereits daraus, dass die Unberechenbarkeiten des menschlichen Körpers auch dem Arzt eine Beweiserbringung mit an Sicherheit grenzender Wahrscheinlichkeit unmöglich machen. Die Beweislastumkehr bewirkt somit – überspitzt formuliert -, dass das Bestehen der haftungsbegründenden Kausalität stets vermutet wird. Bei der Lösung des BGH wird somit bei Vorliegen eines groben Behandlungsfehlers praktisch auf das Erfordernis eines haftungsbegründenden Kausalzusammenhanges verzichtet.
Auch die hier vorgestellte Lösung bewirkt zunächst, dass das Vorliegen der haftungsbegründenden Kausalität vermutet wird. Verbleibt es hierbei, wird der beklagte Arzt also nicht tätig, so bewirkt die aufgrund der Besonderheiten des Kausalitätsbeweises im Arzthaftungsprozess vorgenommene Beweismaßreduktion, dass die haftungsbegründende Kausalität – aufgrund der auf dem Behandlungsfehler beruhenden Vermutung – bewiesen ist, der Patient also vollen Ersatz seines Schadens erhält. Möglich ist jedoch- und hier liegt der Unterschied zur Rechtsprechung- dass der Arzt aktiv wird und Umstände des Einzelfalles vorträgt, die zwar nicht zur vollen Überzeugung des Gerichts vom Nicht-Vorliegen des Kausalzusammenhanges ausreichen, die aber dennoch die Kausalität in Frage stellen und damit geeignet sind, die für die Kausalität sprechende Vermutung zu entkräften.
Gelingt es dem Arzt jedoch, besondere Anhaltspunkte für das Fehlen der haftungsbegründenden Kausalität im Einzelfall vorzubringen, so sinkt der auf die Vermutungswirkung gestützte Beweiswert je nach Aussagekraft der konkreten Anhaltspunkte unter 50 % und der Beweis des Bestehens der haftungsbegründenden Kausalität gilt – bei Untätigkeit des Patienten – als nicht erbracht.
Ob die Entkräftung der ursprünglichen Vermutung für das Vorliegen des Kausalzusammenhanges gelingt, ist vom Einzelfall abhängig.
Aus dem Gesagten ergibt sich, dass der Arzt bei der von der Rechtsprechung praktizierten Beweislastumkehr keine Chance mehr hat, während es ihm bei der Lösung der Beweismaßabsenkung durchaus noch gelingen kann, den Beweis zu entkräften. Nur die Beweismaßabsenkung wird also der haftungsbegründenden Kausalität als eigenständiger Voraussetzung der Haftung gerecht.

II. Gegenüberstellung der Lösung typischer Arzthaftungsfälle nach der Rechtsprechung sowie mit Hilfe der hier vertretenen Auffassung

Zur Verdeutlichung der praktischen Auswirkungen der unterschiedlichen dogmatischen Konstruktionen sollen nun einige Arzthaftungsfälle alternativ unter Zugrundelegung der Rechtsprechung sowie unter Zugrundelegung der hier vertretenen Auffassung gelöst sowie eine Bewertung der unterschiedlichen Lösungen vorgenommen werden:

1. „Krebs-Beispiel"

Obwohl sich aus dem bisher Gesagten bereits die Lösung des „Krebs-Beispieles" nach Rechtsprechung und hier vertretener Auffassung ergibt, soll zur Klarstellung hier nochmals eine kurze Gegenüberstellung der Lösungen erfolgen:

a. Lösung unter Zugrundelegung der ständigen Rechtsprechung

Nach der herkömmlichen Meinung kommt es entscheidend darauf an, ob der Tumor auf dem Mammogramm bereits deutlich erkennbar war, denn dann liegt ein grober Behandlungsfehler vor und die Beweislast kehrt sich zu Lasten des Arztes um. Oder ob der Tumor noch sehr klein war, in diesem Fall verbleibt es bei der ursprünglichen Beweislastverteilung. Die Patientin erhält also nur Schadensersatz, wenn ein grober Behandlungsfehler vorliegt (Variante 2).

b. Lösung nach der hier vertretenen Auffassung

Nach der hier propagierten Lösung kommt es hingegen nicht auf die Qualifizierung des Fehlers als grober oder einfacher Behandlungsfehler an. Entscheidend ist vielmehr, ob anhand der konkreten Umstände des Einzelfalles eine überwiegende Wahrscheinlichkeit für den Kausalzusammenhang besteht.
Da der in dem Beispiel festgestellte Behandlungsfehler grundsätzlich geeignet ist, die Amputation kausal zu verursachen, besteht in beiden Varianten zunächst eine Vermutung für die Kausalität des Behandlungsfehlers für die Amputation, d.h. es erscheint wahrscheinlich, dass eine Mastektomie bei Diagnostizierung im Zeitpunkt der ersten Mammographie verhindert worden wäre. Zu untersuchen ist nun –in einem zweiten Schritt-, ob diese Vermutung durch im Einzelfall bestehende Indizien weiter erhärtet oder widerlegt wird.
Wie bereits dargestellt, erhöht sich die Wahrscheinlichkeit für die Kausalität in Variante 1 des Beispiels dadurch, dass der Tumor im Zeitpunkt der ersten Untersuchung noch sehr klein war. In Variante 2 wird die für die Kausalität sprechende Wahrscheinlichkeit hingegen dadurch reduziert, dass der Tumor im Zeitpunkt der ersten Untersuchung bereits recht groß war.

Das Ergebnis ist somit genau entgegengesetzt zu dem Ergebnis der Rechtsprechung: In Variante 1 (leichter Behandlungsfehler) erhält die Patientin nach der hier vertretenen Auffassung vollen Schadensersatz, nach der Lösung der Rechtsprechung hingegen keinen Schadensersatz. In Variante 2 (grober Behandlungsfehler) erhält die Patientin lediglich unter Zugrundelegung der ständigen Rechtsprechung Schadensersatz, nach der hier propagierten Lösung hingegen nicht.

c. Bewertung der unterschiedlichen Lösungen

Die Lösung der Rechtsprechung erscheint zunächst vorzugswürdig. Es erscheint billig, wenn der Arzt, dem ein grober Behandlungsfehler nachgewiesen wurde, haftet, während der Arzt, dem lediglich ein einfacher Behandlungsfehler unterlaufen ist, nicht haftet. Zumindest jedoch erscheint dieses Ergebnis stimmiger als das umgekehrte Ergebnis.

Zu bedenken ist allerdings, dass in der Rechtsprechung stets betont wird, dass die Beweislastumkehr bei Vorliegen eines groben Behandlungsfehlers keinen punitiven Charakter habe, sondern vielmehr einzig und allein daran anknüpfe, dass aufgrund des Gewichts des Behandlungsfehlers die Aufklärung des Behandlungsgeschehens in besonderer Weise erschwert wurde[532]. Lässt man jedoch den Gedanken der Sanktion für besonders schweres Arztverschulden beiseite, so erscheint das Ergebnis der Rechtsprechung im „Krebs-Beispiel" weit weniger überzeugend. Betrachtet man nämlich die für bzw. gegen einen Kausalzusammenhang sprechenden Indizien im konkreten Einzelfall - nichts anderes wird ja im Rahmen der hier vertretenen Lösung vorgenommen - zeigt sich, dass die für das Bestehen eines Kausalzusammenhanges sprechend Wahrscheinlichkeit in Variante 1 des „Krebs-Beispiels" jedenfalls höher ist als in Variante 2. Unabhängig davon, ob man ansonsten der hier vertretenen Auffassung folgt, erscheint es daher zumindest bedenklich in der Fallvariante in der die für einen Kausalzusammenhang sprechende Wahrscheinlichkeit geringer ist, Schadensersatz zu gewähren und in der Fallvariante mit der höheren Wahrscheinlichkeit den Schadensersatz zu verwehren.

2. „Herzinfarkt-Fall"

Interessant erscheint auch die nähere Betrachtung eines 1993 vom BGH entschiedenen Falles[533], dem im Wesentlichen folgender Sachverhalt zugrunde lag: Die Klägerin verspürte am Abend starke Schmerzen im Schulter- und Armbereich. Der gegen 22.00 Uhr als notdienstverrichtender Arzt gerufene Beklagte

[532] BGH, VersR 1989, 80 f = NJW 1988, 2949,2950; VersR 1994, 52, 53; VersR 1995, 46, 47.
[533] BGH, VersR 1994, 52-54 = MDR 1994, 303-304 = LM ZPO § 286 (B) Nr. 98 = ArztR 1994, 253-254 = NJW 1994, 801-803.

traf gegen 23.55 Uhr bei der Klägerin ein und diagnostizierte ein HWS-Schulter-Arm-Syndrom. Da sich die Schmerzen weiter verstärkten, wurde erneut ein Notarzt gerufen, der die Klägerin um 3.30 Uhr mit der sich als zutreffend erweisenden Diagnose „Herzinfarkt" in ein Krankenhaus einwies. Sachverständig beraten kam das OLG Hamburg[534] zu der Einschätzung, dass die Möglichkeit, den Herzinfarkt der Klägerin durch deren frühere Einweisung in ein Krankenhaus und eine dadurch schneller durchführbare Therapie noch vermeidbar war als sehr unwahrscheinlich, aber nicht als hochgradig unwahrscheinlich anzusehen ist[535].

a. Lösung unter Zugrundelegung der ständigen Rechtsprechung

Da es nach Einschätzung des sachverständig beratenen Gerichts sehr wahrscheinlich, nicht jedoch hochgradig wahrscheinlich ist, dass die Klägerin den Herzinfarkt auch bei einer Krankenhauseinweisung durch den Beklagten und dem dadurch bedingten frühzeitigeren Einleiten der Behandlung erlitten hätte, ist davon auszugehen, dass das Fehlen des Kausalzusammenhanges zwischen verspäteter Einweisung und Herzinfarkt nicht mit an Sicherheit grenzender Wahrscheinlichkeit bewiesen wurde, also ein non liquet besteht. Für die Rechtsprechung kommt es daher entscheidend auf die Beweislastverteilung an. Da das Berufungsgericht den Diagnosefehler des Beklagten als groben Behandlungsfehler einstufte, ging es von einer Umkehr der Beweislast aus. Das non liquet ging zu Lasten des Beklagten. Der Klägerin wurde voller Schadensersatz zugesprochen.
Dieser konsequenten Anwendung der Grundsätze der Beweislastverteilung im Arzthaftungsprozess durch das Berufungsgericht tritt jedoch der BGH entgegen, indem er ausführt, dass „das Ausmaß der Beweiserleichterung [...]danach abzustufen [ist], in welchem Maße wegen der besonderen Schadensneigung des Fehlers das Spektrum der für den Misserfolg in Betracht kommenden Ursachen verbreitert bzw. verschoben ist. Diesen Grundsätzen [werde] es nicht gerecht, wenn das Berufungsgericht trotz der auch nach seiner Ansicht eher in Richtung des sehr Unwahrscheinlichen gehenden Vermeidbarkeit des Hinterwandinfarktes ohne weitere Begründung zu Lasten des Beklagten von einer vollen Beweislastumkehr ausgeht"[536].
Auch der BGH erkennt also, dass im vorliegenden Fall die Beweislastumkehr eine Überreaktion darstellt und zu unerwünschten, weil unbilligen, Ergebnissen

---

[534] OLG Hamburg, 8.5.1992, 1 U 137/90, veröffentlicht bei Juris.
[535] Zwar bezweifelt der BGH in seinem Urteil, ob das Berufungsgericht sich tatsächlich eine entsprechende eigene Überzeugung gebildet hat und nicht vielmehr –rechtsfehlerhaft- die naturwissenschaftlich orientierte Sicht des Sachverständigen übernommen hat, für die hier interessierende Gegenüberstellung der Wirkungsweise und Ergebnisse der Lösung der Beweisschwierigkeiten durch die Rechtsprechung einerseits sowie durch eine Beweismaßabsenkung andererseits kann dies jedoch außer Betracht bleiben.
[536] BGH, VersR 1994, 53.

führt. Das genaue Ausmaß der vom BGH zugebilligten Beweiserleichterung sowie das Ergebnis im hier besprochenen Fall bleibt jedoch aufgrund der vom BGH vorgenommenen Zurückverweisung letztlich offen.

b. Lösung nach der hier vertretenen Auffassung

Das sachverständig beratene Gericht hat es als sehr wahrscheinlich angesehen, dass auch eine Einweisung unmittelbar im Anschluss an die Untersuchung durch den Beklagten den Herzinfarkt der Klägerin nicht verhindert hätte. Da nach der hier vertretenen Auffassung aufgrund der besonderen Beweisschwierigkeiten beim Nachweis der haftungsbegründenden Kausalität im Arzthaftungsrecht das Beweismaß auf die überwiegende Wahrscheinlichkeit abgesenkt ist, ist davon auszugehen, dass das Nichtbestehen des Kausalzusammenhanges zwischen Versäumung der früheren Krankenhauseinweisung und Herzinfarkt erwiesen ist. Mangels Kausalzusammenhanges ist die Klage abzuweisen.

c. Bewertung der unterschiedlichen Lösungen

An der Lösung des Falles zeigt sich recht deutlich einer der wesentlichen Nachteile der Rechtsprechung zum „groben Behandlungsfehler“: ihre Kompliziertheit. Während nämlich nach der hier befürworteten Methode die Lösung des Falles klar auf der Hand liegt, ist der BGH zu schwierigen Differenzierungen und Ausnahmen vom Grundsatz der Beweislastumkehr bei Vorliegen eines groben Behandlungsfehlers gezwungen. Denn die konsequente Anwendung dieser Grundsätze führt in diesem Fall - wie die Entscheidung der Berufungsinstanz zeigt - zur Gewährung von Schadensersatz in vollem Umfange, obwohl die Kausalität nach dem Ergebnis der Beweisaufnahme hochgradig unwahrscheinlich ist. Aus Gründen der Billigkeit ist der BGH zur Bildung undurchsichtiger Ausnahmen gezwungen. Dies ist zwar im Ergebnis zu begrüßen, führt allerdings zu einer starken Gefährdung der Rechtssicherheit. Zu dem der Rechtsprechung anhaftenden Unsicherheitsfaktors bezüglich der Bewertung des Behandlungsfehlers als grob bzw. einfach, gesellt sich nun zusätzlich noch die Unsicherheit, ob es beim Grundsatz der Beweislastumkehr verbleibt oder ob eine Ausnahme hiervon eingreift. Dies führt dazu, dass häufig die verschiedenen Gerichte des Instanzenzuges zu unterschiedlichen Ergebnissen gelangen.

3. „Geburtsschaden-Fall“

Als weiterer Beispielsfall möge ein 1996 durch den BGH entschiedener Fall dienen, in dem es um Schadensersatz wegen eines anlässlich der Geburt erlittenen Hirnschadens ging[537].
Die Mutter der Klägerin begab sich mit einer Zwillingsschwangerschaft in der 33. Schwangerschaftswoche zur Niederkunft in die geburtshilfliche Abteilung des Krankenhauses, in dem der Beklagte als Belegarzt tätig war. Bei der sofortigen Untersuchung der Mutter stellte sich heraus, dass sich das vorliegende der beiden Kinder, der Bruder der Klägerin, in Steißlage befand. Der Beklagte versuchte zunächst eine vaginale Geburt. Nachdem er die Fruchtblase gesprengt hatte, fiel bei der ersten Presswehe die Nabelschnur vor das vorliegende Kind. Daraufhin entschloss sich der Beklagte zum sofortigen Kaiserschnitt. Die Klägerin war nach der Entbindung deutlich unterentwickelt. Ihre Lungen waren nur mäßig belüftet. Sie entwickelte sich in der Folgezeit – ebenso wie ihr Bruder- retardiert und zeigte deutliche Zeichen einer leichten Cerebralparese.
Im Prozess zeigte sich, dass der Versuch des Beklagten zunächst eine vaginale Geburt einzuleiten behandlungsfehlerhaft war und stattdessen eine sofortige Kaiserschnittentbindung indiziert war. Ob dieser Behandlungsfehler kausal für die erlittene Hirnschädigung war blieb ungewiss, zumal der Zeitgewinn zu dem eine sogleich durchgeführte Sectio geführt hätte gering gewesen wäre und als Ursache für die cerebrale Schädigung auch die hochgradige Unreife des Kindes, vor allem die Lungenunreife, in Betracht kommt.

a. Lösung unter Zugrundelegung der ständigen Rechtsprechung

Da das Bestehen bzw. Nichtbestehen des Kausalzusammenhanges letztlich nicht bewiesen werden konnte, ist für die Lösung bei Zugrundelegen der ständigen Rechtsprechung zunächst entscheidend, ob der Behandlungsfehler des Beklagten als grober Behandlungsfehler zu qualifizieren ist. Während das Berufungsgericht die Tatsache, dass der Beklagte zunächst eine vaginale Geburt versucht und nicht sofort eine Kaiserschnittentbindung eingeleitet hat als schweren Behandlungsfehler ansah, erblickte der Senat hierin lediglich einen einfachen Behandlungsfehler. Dementsprechend nahm das Berufungsgericht eine Umkehr der Beweislast bezüglich des Kausalitätsnachweises an und gab der Klage statt, während der BGH dies ablehnte. Der BGH führt weiterhin aus, dass darüber hinaus „die Frage im Raum [stehe], ob eine Umkehr der Beweislast in der Kausalitätsfrage hier nicht deshalb ausscheidet, weil der Zeitgewinn, zu dem eine sogleich durchgeführte Sectio geführt hätte, so geringfügig ist, dass er auf den Zustand der Klägerin und ihre weitere

[537] BGH, NJW 1996, 2428-2429 = LM BGB § 276 (CA) Nr. 54 = VersR 1996, 1148-1150 = MedR 1996, 515-518 = MDR 1996, 1246.

Entwicklung keinen entscheidenden Einfluss hätte nehmen können." Er spricht damit abermals die Problematik an, dass bei einer nur geringen Wahrscheinlichkeit für das Bestehen des Kausalzusammenhanges keine Beweislastumkehr, sondern nur andere Beweiserleichterungen herangezogen werden können.

b. Lösung nach der hier vertretenen Auffassung

Aus der Feststellung, dass der Versuch des Beklagten zunächst eine vaginale Geburt einzuleiten behandlungsfehlerhaft war und der Tatsache, dass die hierdurch eingetretene Verzögerung jedenfalls geeignet ist bei dem zu gebärenden Kind einen Hirnschaden hervorzurufen, ergibt sich eine Vermutung für die Kausalität des Behandlungsfehlers für den erlittenen Hirnschaden.
Diese Vermutung wird jedoch dadurch entkräftet, dass bei der Klägerin im Zeitpunkt der Geburt eine hochgradige Lungenunreife vorlag, welche unabhängig von der geringfügigen Verzögerungen beim Geburtsvorgang zu einer Hirnschädigung geführt haben kann. Dies führt dazu, dass die Wahrscheinlichkeit für die Kausalität des Arztfehlers für den Hirnschaden unter 50 % absinkt und damit das Vorliegen der haftungsbegründenden Kausalität nicht als erwiesen angesehen werden kann. Die Klage muss daher abgewiesen werden.

c. Bewertung der unterschiedlichen Lösungen

An diesem Fall ist recht deutlich der eigentliche Vorteil der hier vertretenen Auffassung gegenüber dem Vorgehen der Rechtsprechung zu erkennen. Während nämlich bei Zugrundelegen der Rechtsprechungsansicht die Lösung des Falles von der Entscheidung über die Beurteilung des Behandlungsfehlers als groben oder einfachen Behandlungsfehlers abhängt und dementsprechend sich die geführte Diskussion hauptsächlich hierauf konzentriert, ermöglicht die hier vertretene Auffassung eine ausführliche Auseinandersetzung mit der eigentlich problematischen Frage, nämlich dem Vorliegen eines Kausalzusammenhanges. Auf die stets unerquickliche Diskussion der Schwere des Behandlungsfehlers kann völlig verzichtet und stattdessen eine ausführliche Diskussion der im konkreten Fall für bzw. gegen den Kausalzusammenhang sprechenden Indizien vorgenommen werden. Die für die Rechtsprechung typische Verlagerung der Entscheidung auf den „Nebenkriegsschauplatz" des groben Behandlungsfehlers wird vermieden. Gerade hierin liegt die Überlegenheit der hier propagierten Lösung, erwarten doch die Parteien des Rechtsstreits - m.E. zu recht -, dass sich das Gericht ausführlich mit den Besonderheiten des Einzelfalles auseinandersetzt.

4. „Blinddarm-Fall"

Abschließend soll ein aus dem Jahre 1968 stammender und bereits in anderem Zusammenhang in dieser Arbeit angesprochener Fall gewürdigt werden, dem folgender Sachverhalt zugrunde lag[538]: Im Anschluss an eine Appendizitis-Operation wurde bei dem Patienten ein stark abgesunkener Blutdruck festgestellt. Da jedoch aus dem in die Operationswunde gelegten Drain kein Blut ausgetreten war, versäumte es der beklagte Arzt, an die Möglichkeit einer inneren Blutung zu denken. In der auf die Operation folgenden Nacht verblutete der Patient. Unklar blieb, ob es dem Beklagten, hätte er die Blutung erkannt und dann eine Zweitoperation unternommen, dabei gelungen wäre, die Blutungen noch rechtzeitig zum Stehen zu bringen. Diese Unklarheit beruhte vor allem darauf, dass der Patient zwar hätte gerettet werden können, wenn der Beklagte nach Öffnung der OP-Wunde festgestellt hätte, dass das Blut aus einem spritzenden Gefäß ausgetreten war. Hätte sich jedoch gezeigt, dass das Blut aus der möglicherweise schon damals nekrotischen Wand des Darms sickerte, so hätte der Beklagte nur versuchen können, diese Blutung mittels Tamponade zum Stehen zu bringen. Der Erfolg dieser Maßnahme sei jedoch nicht sicher, sondern habe nur eine Chance geboten.

a. Lösung unter Zugrundelegung der ständigen Rechtsprechung

Der BGH schloss sich in seinem Urteil der Auffassung des Berufungsgerichts an und wertete das Versäumnis des Beklagten, an die Möglichkeit einer inneren Blutung zu denken, als groben Behandlungsfehler. Damit kehrte sich die Beweislast bezüglich der Kausalität um, die verbliebenen Zweifel, ob das Versäumnis des Beklagten für den Tod des Patienten ursächlich war, gingen daher zu Lasten des Beklagten. Die Klage hatte in vollem Umfang Erfolg[539].

b. Lösung nach der hier vertretenen Auffassung

Nach der hier vertretenen Auffassung ist zunächst festzustellen, dass das Versäumnis des Beklagten, an die Möglichkeit einer inneren Blutung zu denken, unzweifelhaft einen Behandlungsfehler darstellt. Auch dass das Nichterkennen einer inneren Blutung generell geeignet ist, den Verblutungstod herbeizuführen, unterliegt wohl keinem Zweifel[540]. Auch in diesem Fall ist daher vom Bestehen einer Vermutung für die Kausalität auszugehen.

Diese Vermutung könnte jedoch dadurch entkräftet worden sein, dass Ursache der Blutung auch die damals möglicherweise bereits nekrotisierte Darmwand gewesen sein könnte und -sollte dies zutreffen- der Erfolg einer Nachoperation ungewiss gewesen wäre. An dieser Stelle ist jedoch auf den für den

[538] BGH, NJW 1968, 2291-2293.
[539] BGH, NJW 1968, 2293.
[540] So auch BGH, NJW 1968, 2293.

Anscheinsbeweis anerkannten Grundsatz zu verweisen, dass dieser nicht bereits durch bloße Mutmaßungen erschüttert werden kann, sondern dass vielmehr konkrete, bewiesene Anhaltspunkte für den behaupteten atypischen Geschehensablauf vorliegen müssen. Ebenso wie beim Anscheinsbeweis ist nämlich auch bei der Widerlegung der auf dem Behandlungsfehler beruhenden Kausalitätsvermutung zu verlangen, dass diese auf konkrete und bewiesene Tatsachen gestützt wird. Im vorliegenden Fall wurde jedoch lediglich vorgetragen, dass auch eine Nekrose der Darmwand Ursache der inneren Blutungen gewesen sein könnte. Konkrete Anhaltspunkte dafür, dass der Patient zu Lebzeiten an einer Darmnekrose litt, wurden nicht vorgetragen. Anders als im „Geburtsschaden-Fall“, in dem die Lungenunreife als mögliche alternative Ursache unbestritten feststand, ist im „Blinddarm-Fall“ das Vorliegen einer Darmnekrose bereits zu Lebzeiten durch keinerlei Anhaltspunkte belegt und stellt daher lediglich eine abstrakte -und damit für die Entkräftung der Kausalitätsvermutung ungenügende- Möglichkeit, eine Mutmaßung dar. Dementsprechend verbleibt es im „Blinddarm-Fall“ bei der sich aus dem Behandlungsfehler ergebenden Vermutung für das Bestehen eines Kausalzusammenhanges. Die Klägerin erhält vollen Schadensersatz.

c. Bewertung der unterschiedlichen Lösungen

Sowohl nach der Lösung des BGH als auch nach der hier vertretenen Auffassung hat die Klage in vollem Umfang Erfolg, gelingt es also die Zweifel bezüglich der Kausalität zu überwinden. Der BGH gelangt zu diesem Ergebnis jedoch nur dadurch, dass er das Versäumnis des Beklagten als groben Behandlungsfehler einstuft. Gegen eine derartige Beurteilung spricht jedoch, dass Blutungen nach einer Blinddarmoperation laut gerichtlichem Gutachten extrem selten sind und der zur Erkennung derartiger Blutungen gelegte Drainage kein Blut enthielt[541]. Auch war der Hinweis der Ehefrau auf den kürzlich erlittenen Kreislaufkollaps des Patienten geeignet, den behandelnden Arzt zu verwirren und den Befund des stark abgesunkenen Blutdruckes zu banalisieren. Nimmt man diese Elemente zusammen, so kann wohl nicht davon ausgegangen werden, dass der Beklagte die erforderliche Sorgfalt in ungewöhnlich großem Maße verletzt hat und dasjenige unbeachtet geblieben sei, was jedem hätte einleuchten müssen[542]. Es ist daher davon auszugehen, dass der BGH den Behandlungsfehler lediglich im Hinblick auf das erwünschte Ergebnis der Beweislastumkehr als grob eingestuft hat. Denn hätte er von diesem Verdikt abgesehen, so hätte die Klägerin keinerlei Schadensersatz erhalten.

Die hier vertretene Auffassung erreicht hingegen dasselbe – wünschenswerte - Ergebnis auch ohne die zweifelhafte Einstufung als groben Behandlungsfehler.

---

[541] Hanau, NJW 1968, 2291.

[542] So auch Hanau, NJW 1968, 2291.

C. Ergebnis

Es hat sich gezeigt, dass die Absenkung des Beweismaßes für die Kausalität im Arzthaftungsprozess auf eine überwiegende Wahrscheinlichkeit zu einem Ausgleich der gegensätzlichen Interessen der am Arzthaftungsprozess Beteiligten führt. Dem Patient gelingt der Nachweis der Kausalität bei abgesenktem Beweismaß regelmäßig, da bereits das Vorliegen eines Behandlungsfehlers eine gewisse Wahrscheinlichkeit für die Kausalität erzeugt. Die vorgeschlagene Lösung trägt somit effektiv zur Verminderung der Beweisschwierigkeiten der Patienten bei. Andererseits ist der Arzt durch die gefundene Lösung nicht übermäßig belastet, da auch der (Gegen-)Beweis der fehlenden Kausalität durch die Absenkung des Beweismaßes erleichtert wird. Zumindest bleibt jedoch der Arzt von einer Haftung trotz nur geringer Wahrscheinlichkeit für die Kausalität, wie sie unter Zugrundelegung der gegenwärtigen Rechtsprechung droht, sicher verschont. Beiden Parteien kommt schließlich zugute, dass durch die Absenkung des Beweismaßes für die Kausalität erreicht wird, dass im Prozess die Beweisprobleme offen angesprochen werden, was zu einer erhöhten Akzeptanz der Urteile beitragen kann.

Schlussbetrachtung

Das Arzthaftungsrecht hat in den letzten Jahrzehnten sowohl in der Praxis als auch in der Wissenschaft stetig an Bedeutung zugenommen. Im Mittelpunkt der Betrachtungen stehen seit jeher die Schwierigkeiten bei der Beweiserbringung. Diese bestehen insbesondere beim Nachweis des Vorliegens eines Behandlungsfehlers sowie beim Nachweis der Kausalität des Behandlungsfehlers für die eingetretene Gesundheitsbeeinträchtigung. Die Ursachen dieser Beweisschwierigkeiten liegen sowohl im rechtlichen als auch im tatsächlichen Bereich.

In der Rechtsprechung werden die Beweisschwierigkeiten vornehmlich dadurch gemindert, dass in bestimmten Fallgruppen Beweiserleichterungen bis hin zur Beweislastumkehr gewährt werden. Von besonderer Bedeutung in der Praxis ist die Umkehr der Beweislast für die Kausalität bei Vorliegen eines groben Behandlungsfehlers. Hierdurch ist es in der Praxis gelungen, eine weitgehende Chancengleichheit zwischen Patient und Arzt herzustellen.

Da jedoch die Rechtsprechung sowohl auf Seiten der Anwendungsvoraussetzungen, also der Frage, ob eine der Fallgruppen für die Gewährung von Beweiserleichterungen vorliegt, als auch auf der Rechtsfolgenseite durch Unsicherheiten gekennzeichnet ist und auch die dogmatische Begründung für die Beweiserleichterungen bis heute nicht gelungen ist, dauert die Suche nach anderen Möglichkeiten zur Bewältigung der Beweisschwierigkeiten im Arzthaftungsrecht weiter an.
Gezeigt wurde, dass sämtliche aktuell diskutierten Vorschläge zur Reformierung der Arzthaftung entweder in beweisrechtlicher Hinsicht keine wesentliche Verbesserung erwarten lassen oder mit dem deutschen Recht nicht vereinbar sind: Nur unwesentliche beweisrechtliche Vorteile ergäben sich durch die Ausgestaltung der Arzthaftung als Gefährdungshaftung ebenso wie durch die Umkehr der Beweislast für das Vorliegen eines Behandlungsfehlers wie sie in dem Entwurf einer EU-Dienstleistungsrichtlinie von 1990 vorgesehen war. Auch die Einführung einer privaten oder sozialrechtlichen Patientenversicherung böte in beweisrechtlicher Hinsicht keine systemimmanenten Vorteile. Das in vielen Ländern der Welt angewandte und in Deutschland noch fast unbekannte Institut des Verlustes einer Heilungschance ist mit dem deutschen Recht nicht vereinbar und hat überdies den Nachteil, dass durch das Ausweichen auf den Verlust einer Heilungschance die Zweifel an der Kausalität zwischen Behandlungsfehler und Gesundheitsverschlechterung weitestgehend verschleiert werden. Der schweizerische Entwurf zur Reformierung des Haftpflichtrechts ist nicht nur aufgrund der engen Verwandtschaft des deutschen und des schweizerischen Rechts hoch interessant. Er zeigt vielmehr

erstmals eine Möglichkeit auf, die häufig als besonders gerecht empfundene probabilistische Haftung unter Vermeidung der Härtefälle bei Vorliegen einer geringen oder einer besonders hohen Wahrscheinlichkeit umzusetzen. Die gefundene Lösung ist jedoch wegen des damit einhergehenden großen Ermessenspielraums des Richters nicht mit dem deutschen Verständnis von der Rolle des Richters zu vereinen und hat im übrigen auch in der Schweiz zu zahlreichen Protesten geführt, so dass auch dort die Umsetzung des Entwurfs ungewiss ist.

Schwerpunkt dieser Arbeit war die nähere Untersuchung der bisher wenig erörterten Möglichkeit der Minderung der Beweisschwierigkeiten im Arzthaftungsprozess durch eine Absenkung des Beweismaßes. Diese Möglichkeit erscheint aussichtsreich, da die Höhe des Beweismaßes das Ausmaß der Beweisschwierigkeiten unmittelbar beeinflusst: Je höher das Beweismaß, desto schwieriger ist die Erbringung des Beweises.
Ausgangspunkt hierbei war die Bestimmung des grundsätzlich im Zivilprozess geltenden Beweismaßes. In Übereinstimmung mit der Rechtsprechung sowie der herrschenden Meinung in der Literatur wurde die „richterliche Überzeugung von der Wahrheit“ oder die „an Sicherheit grenzende Wahrscheinlichkeit“ als Regelbeweismaß festgestellt.
Anschließend wurde geprüft, ob eine Beweismaßabsenkung im Arzthaftungsrecht dogmatisch begründbar ist.
Gezeigt wurde, dass § 287 ZPO zwar eine Beweismaßabsenkung für die haftungsausfüllende Kausalität sowie die Schadenshöhe enthält, die im Arzthaftungsprozess problematischen Voraussetzungen des Vorliegens eines Behandlungsfehlers und der haftungsbegründenden Kausalität aber gerade nicht erfasst.
Abgelehnt wurde auch die Möglichkeit einer Beweismaßabsenkung mittels einer Analogie zu §§ 1 III 1 BVG, 15 I 2, 28 I 2, 41 II BEG, 61 IfSG, also Normen, die eine Absenkung des Beweismaßes für die Kausalität zwischen einem Gesundheitsschaden und dem anspruchsbegründenden Geschehen vorsehen, da zwischen den geregelten Fällen und der Arzthaftung wesentliche Unterschiede bestehen.
Eine Beweismaßabsenkung konnte schließlich in Bezug auf die Kausalität des Behandlungsfehlers für die Gesundheitsverschlechterung dadurch begründet werden, dass eine Beweismaßabsenkung auf das Beweismaß der überwiegenden Wahrscheinlichkeit zur Gewährleistung der Durchsetzbarkeit des materiellen Rechts erforderlich ist, da bei Anlegung des Regelbeweismaßes der an Sicherheit grenzenden Wahrscheinlichkeit aufgrund der Schwierigkeiten beim Nachweis, ob eine Gesundheitsverschlechterung auf dem Behandlungsfehler oder der Grunderkrankung beruht, die Gefahr eines Leerlaufens der Anspruchsnormen besteht. Eine Absenkung des Beweismaßes für den Nachweis des Vorliegens eines Behandlungsfehlers konnte hierdurch nicht begründet werden,

da in Bezug auf das Vorliegen eines Behandlungsfehlers lediglich allgemeine, d.h. in jedem Zivilprozess existente Beweisschwierigkeiten bestehen, die im übrigen bereits durch die Etablierung von Dokumentationspflichten für Ärzte ausgeglichen wurden, von einer echten Beweisnot als Voraussetzung einer Beweismaßabsenkung zur Gewährleistung der Durchsetzbarkeit des materiellen Rechts somit nicht gesprochen werden kann.
Eine nähere Beschäftigung mit dem Anscheinsbeweis zeigte, dass dieser zwar zumindest teilweise zu einer Beweismaßreduzierung führt, dass diese Beweismaßabsenkung jedoch letztlich ebenfalls auf dem Gedanken der Gewährleistung der Durchsetzbarkeit des materiellen Rechts beruht. Der Anscheinsbeweis stellt folglich keinen eigenständigen Ansatz für eine Beweismaßabsenkung dar.

Überprüft wurde schließlich, ob die Beweismaßabsenkung im Bereich der haftungsbegründenden Kausalität zu einer spürbaren Verminderung der Beweisschwierigkeiten der Patienten führt. Hierbei wurde gezeigt, dass sich aus dem Vorliegen eines Behandlungsfehlers bereits eine überwiegende Wahrscheinlichkeit für das Bestehen eines Kausalzusammenhanges zwischen Behandlungsfehler und der Gesundheitsverletzung ergibt, da der Behandlungsfehler einen Verstoß gegen eine verhaltenssteuernde Norm darstellt und somit bei einer sich an einen Behandlungsfehler anschließende Gesundheitsbeeinträchtigung ein typischer Geschehensablauf vorliegt. Die Beweiserbringung durch den Patienten ist daher bei Absenkung des Beweismaßes wesentlich erleichtert.

Schließlich wurden einige Arzthaftungsfälle dargestellt und alternativ unter Zugrundelegung der Rechtsprechung sowie nach der in dieser Arbeit vertretenen Auffassung gelöst. Eine Bewertung der unterschiedlichen Lösungen zeigte, dass die Beweismaßabsenkung der fallgruppenorientierten Gewährung von Beweiserleichterungen in mehrfacher Hinsicht überlegen ist:
So ist die Beweiserleichterung durch Absenkung des Beweismaßes bezüglich der Kausalität nicht auf bestimmte Fallgruppen beschränkt. Dies ist zu begrüßen, da zum einen die Beweisprobleme stets und nicht nur in bestimmten Fallgruppen bestehen und zum anderen die Abgrenzung, ob eine der beweisbegünstigten Fallgruppen vorliegt, nicht selten problematisch ist und damit die Rechtssicherheit gefährdet.
Auch hat die Beweismaßabsenkung den Vorteil, dass das Problem der Beweisschwierigkeiten nicht auf andere Ebenen - wie etwa der Abgrenzung zwischen einem groben und einem einfachen Behandlungsfehler - verlagert wird, sondern offen als Kausalitätsproblem diskutiert wird. Hierdurch entfällt auch die der gegenwärtigen Rechtsprechung anhaftende Notwendigkeit einer Stigmatisierung des Arztes.

Hauptvorteil der Beweismaßabsenkung ist jedoch die Klarheit der Voraussetzungen eines Ersatzanspruchs. Da die Absenkung des Beweismaßes hinsichtlich der Kausalität für alle Arzthaftungsprozesse gilt, muss diese nicht im Einzelfall geprüft werden. Im konkreten Prozess kommt es daher lediglich darauf an, ob sich aus den konkreten Umständen des zu entscheidenden Falles eine überwiegende Wahrscheinlichkeit für die Kausalität ergibt. Ausnahmen im Einzelfall wie sie in der gegenwärtigen Rechtsprechung stets zu berücksichtigen sind, bestehen hier nicht. Die Minderung der Beweisschwierigkeiten über eine Beweismaßabsenkung ist daher einfach und voraussehbar.
Schließlich steht die hier gefundene Lösung im Einklang mit der allgemeinen zivilrechtlichen Dogmatik. Die angewendeten Rechtsgrundsätze, insbesondere die Absenkung des Beweismaßes zur Gewährleistung der Durchsetzbarkeit des materiellen Rechts, gelten gleichermaßen für alle Rechtsgebiete. Im Gegensatz zur gegenwärtigen Rechtsprechung stellt daher die hier gefundene Lösung kein - schnell als Diskriminierung empfundenes- Sonderrecht für Ärzte dar.

Trotz dieser Überlegenheit wird einer Durchsetzung der hier propagierten Auffassung in der Praxis wohl entgegenstehen, dass sowohl in der juristischen Ausbildung als auch in der Rechtspraxis eine Auseinandersetzung mit Beweismaßfragen bisher kaum stattfindet und daher eine Basis für die Lösung von Beweisschwierigkeiten durch die Vornahme von Differenzierungen beim Beweismaß nicht besteht. Auch besteht für die Gerichte kein Anreiz für eine eingehendere Beschäftigung mit dem Beweismaß, da sich die aus dogmatischer Sicht zu kritisierenden Unsicherheiten im Rahmen der gegenwärtigen Rechtsprechung, aus Sicht des Richters als vorteilhaft darstellen, bieten sie ihm doch die Möglichkeit einer am Einzelfall orientierten Rechtsprechung.

Literaturverzeichnis

Alternativkommentar-ZPO	Kommentar zur Zivilprozessordnung, Hrsg.: Rudolf Wassermann, Luchterhand 1987
Angelo, Anthony H.	The Draft Directive of the European Communities on the Liability of Suppliers of Services – A New Zealand View, in: Erwin Deutsch/Jochen Taupitz (Hrsg.): Haftung der Dienstleistungsberufe, Heidelberg 1993, S. 239-272
Arens, Peter	Dogmatik und Praxis der Schadensschätzung, in: ZZP 88 (1975), S. 1-48
Arens, Peter/Lüke, Wolfgang	Zivilprozessrecht, 6. Aufl., München 1994
Barta, Heinz	Medizinhaftung: Kann das historische Modell der gesetzlichen Unfallversicherung einer modernen Arzthaftung als Vorbild dienen ?, Innsbruck 1995
Baumann, Horst	Arzthaftung und Versicherung – Ist eine Patientenversicherung in der Bundesrepublik Deutschland empfehlenswert ?, in: JZ 1983, S. 167-175
Baumann, Jürgen	Grundbegriffe und Verfahrensprinzipien des Zivilprozessrechts, 2. Aufl., Stuttgart 1979
Baumbach, Adolf/Lauterbach, Wolfgang/Albers, Jan/Hartmann, Peter	Zivilprozessordnung, 59. Aufl., München 2001
Baumgärtel, Gottfried	Urteilsanmerkung, in: JR 1983, S. 193
-	Handbuch der Beweislast im Privatrecht, Band 1, 2. Aufl., Köln/Berlin 1991
-	Die beweisrechtlichen Auswirkungen der vorgeschlagenen EG-Richtlinie zur Dienstleistungshaftung auf die Arzthaftung und das Baurecht, in: JZ 1992, S. 321-325
-	Beweislastpraxis im Privatrecht, Köln/Berlin/Bonn/München 1996
Baumgärtel, Gottfried/Wittmann, Arno	Die Beweislastverteilung im Arzthaftungsprozeß, in: JA 1979, S. 113-119
Bayerlein, Walter/Aurnhammer, Klaus	Praxishandbuch Sachverständigenrecht, 3. Aufl., München 2002

Bender, Rolf Das Beweismaß, in: Wolfgang Grunsky u.a. (Hrsg.): Festschrift für Fritz Baur, Tübingen 1981, S. 247-271

Bender, Rolf/Nack, Armin Tatsachenfeststellung vor Gericht, Band I: Glaubwürdigkeits- und Beweislehre, 2. Aufl., München 1995

Bergmann, Karl Otto Die Arzthaftung, Berlin/Heidelberg/New York 1999

Blomeyer, Arwed Zivilprozessrecht: Erkenntnisverfahren, 2. Aufl., Berlin 1985

Bodenburg, Reinhard Der ärztliche Kunstfehler als Funktionsbegriff zivilrechtlicher Dogmatik, Göttingen 1983

Bohne, Gotthold Zur Psychologie der richterlichen Überzeugungsbildung, Köln 1948

Bolding, Per Olof Aspects of the burden of proof, in: Scandinavian Studies in Law 4 (1960), S. 9-27

\- Sachaufklärung und Überzeugungsbildung im Schwedischen Zivilprozeß, in: Ernst von Caemmerer (Hrsg.): Freiheit und Bindung des Zivilrichters in der Sachaufklärung, Frankfurt 1966, S. 57-64

Brüggemeier, Gert Deliktsrecht, Baden-Baden 1986

\- Staatshaftung für HIV-kontaminierte Blutprodukte, Baden-Baden 1994

Bundesamt für Justiz Bericht der Studienkommission für die Gesamtrevision des Haftpflichtrechts, Bern 1991

Bundesärztekammer Tätigkeitsbericht 1998, vorgelegt von Vorstand und Geschäftsführung, Köln/Berlin 1998

Bundesminister der Justiz Abschlußbericht der Kommission zur Überarbeitung des Schuldrechts, Köln 1992

Bydlinski, Franz Juristische Methodenlehre und Rechtsbegriff, Wien/New York 1982

Canaris, Claus-Wilhelm Die Feststellung von Lücken im Gesetz, 2. Aufl., Berlin 1983

Carnap, Rudolf Logical Foundations of Probability, Chicago 1962

Carnap, Rudolf/Stegmüller, Wolfgang Induktive Logik und Wahrscheinlichkeit, Wien 1959

Chabas, Francois Vers un changement de nature de l´obligation médicale, in : J.C.P. 1973, I, S. 2541

\- Anmerkung, in : J.C.P. 1980, II, 19272

\- La perte d´une chance en droit francais, in: Olivier Guillod (Hrsg.) : Colloque – Développements récents du droit de la responsabilité civile, Zürich 1991, S. 131-143

Chiang, Shyh-ming	Beweislast und Beweiserleichterung bei der Haftung von Angehörigen der Freien Berufe, München 1999
Daniels, Jürgen	Die Ansprüche des Patienten hinsichtlich der Krankenunterlagen des Arztes, in: NJW 1976, S. 345-349
Deutsch, Erwin	Rechtswidrigkeitszusammenhang, Gefahrerhöhung und Sorgfaltsausgleichung bei der Arzthaftung, in: Hans Claudius Ficker/Detlef König u.a. (Hrsg.): Festschrift für Ernst Caemmerer, Tübingen 1978, S. 329-342
-	Urteilsanmerkung, in: JZ 1978, S. 277-278
-	Unfallversorgung statt Haftung in Neuseeland, in: RabelsZ 1980, S. 487-509
-	Kunstfehler und medizinischer Behandlungsunfall in Neuseeland, in: VersR 1980, S. 201-205
-	Urteilsanmerkung, in: NJW 1986, S. 1541
-	Einheitliche Dienstleistungshaftung in Europa, in: ZRP 1990, S. 454-455
-	Aspekte für ein europäisches Haftungsrecht – Versuch einer kritischen, dogmatischen Bestandsaufnahme, in: Karlsruher Forum 1992, S. 4-14
-	Fahrlässigkeit und erforderliche Sorgfalt, 2. Aufl., Köln 1995
-	Die Haftung für Ärzte und Krankenhäuser in den Ländern der europäischen Gemeinschaft nach zu erwartendem EG-Recht, in: Erwin Deutsch/Jochen Taupitz (Hrsg.): Haftung der Dienstleistungsberufe, Heidelberg 1993, S. 273-293
-	Allgemeines Haftungsrecht, 2. Aufl., Köln/Berlin/Bonn/ München 1996
-	Medizinrecht, 4. Aufl., Berlin/Heidelberg/New York 1999
Deutsch, Erwin/Geiger, Michael	Medizinischer Behandlungsvertrag – Empfiehlt sich eine besondere Regelung der zivilrechtlichen Beziehung zwischen dem Patienten und dem Arzt im BGB ?, in: Bundesminister der Justiz (Hrsg.): Gutachten und Vorschläge zur Überarbeitung des Schuldrechts, Band II, Köln 1981, S. 1049-1113
Deutsch, Erwin/Matthies, Karl-Heinz	Arzthaftungsrecht – Grundlagen, Rechtsprechung, Gutachter- und Schlichtungsstellen, 3. Aufl., Köln 1988

Diederichsen, Uwe	Zur Rechtsnatur und systematischen Stellung von Beweislast und Anscheinsbeweis, in: VersR 1966, S. 211-222
-	Zur Beweislastverteilung bei Schadensersatzansprüchen aus Vertrag, Delikt und Gefährdungshaftung, in: Karlsruher Forum 1966, S. 21-28
-	Diskussionsbeitrag, in: Ständige Deputation des Deutschen Juristentages (Hrsg.): Verhandlungen des 46. Deutschen Juristentages (Essen 1966), Band II (Sitzungsberichte), München/Berlin 1966, E 77-82
-	Fortschritte im dogmatischen Verständnis des Anscheinsbeweises, in: ZZP 81 (1968), S. 45-69
Dierks, Christian/Graf-Baumann, Toni/Wienke, Albrecht	Deutsche Gesellschaft für Medizinrecht DGMR e.V. – Die Entwicklung der Arzthaftung, in: MedR 1996, S. 349-350
Dinslage, Karl	Patientenversicherung – Alternative zur Arzthaftpflicht, in: VersR 1981, S. 310-313
Döhring, Erich	Die Erforschung des Sachverhalts im Prozeß, Berlin 1964
Dunz, Walter	Zur Praxis der zivilrechtlichen Arzthaftung, Karlsruhe 1974
-	Buchbesprechung: Joachim Sick, Beweisrecht im Arzthaftungsprozeß, in: MedR 1987, S. 152-153
Ehrlicher, Ernst	Der Prima-facie-Beweis, die Berücksichtigung prozessualer Billigkeit bei Bildung der richterlichen Überzeugung, Göttingen 1927
Endemann, Wilhelm	Die Beweislehre des Civilprozesses, Heidelberg 1860
Esser, Josef	Vorwort, in: Ernst von Caemmerer (Hrsg.): Freiheit und Bindung des Zivilrichters in der Sachaufklärung, Frankfurt 1966, S. 5-14
Essler, Wilhelm K.	Induktive Logik, Grundlagen und Voraussetzungen, Freiburg/München 1970
Evers, Andreas	Begriff und Bedeutung der Wahrscheinlichkeit für die richterliche Beweiswürdigung, Freiburg 1979
Fabarius, Maria-Elisabeth	Äußere und innere Sorgfalt, Köln/Berlin/Bonn 1991
Fahrenhorst, Irene	Beweislast im Arzthaftungsprozeß. Zum Richtlinienvorschlag der EG-Kommission vom 9.10.1990, in: ZRP 1992, S. 60-63
Farthmann, Eduard H.	Abschied vom „statischen" Kunstfehlerbegriff, in: Heike Jung/Hans Wilhelm Schreiber (Hrsg.): Arzt und Patient zwischen Therapie und Recht, Stuttgart 1981, S. 129-137

Fasterling, Björn Das schwedische Patientenschadensgesetz, in: VersRAI 1997, S. 45-47

De Finetti, Bruno Buchbesprechung: Hans Reichenbach, Wahrscheinlichkeitslehre, in: Zentralblatt für Mathematik und ihre Grenzgebiete, Band 10 (1935), S. 364-365

Fischer, Gerfried/Lilie, Hans Ärztliche Verantwortung im europäischen Rechtsvergleich, Köln/Berlin 1999

Fischer, Robert Höchstrichterliche Rechtsprechung heute – am Beispiel des Bundesgerichtshofs, in: Ständige Deputation des Deutschen Juristentages (Hrsg.): Verhandlungen des 52. Deutschen Juristentages (Wiesbaden 1978), Band II (Sitzungsberichte), München 1978, H 5-32

Fleischer, Holger Schadensersatz für verlorene Chancen im Vertrags- und Deliktsrecht, in: JZ 1999, 766-775

Flohr, Claudia Arzthaftung in Österreich, Köln 1997

Franzki, Dietmar Die Beweisregeln im Arzthaftungsprozeß, Berlin 1982

Franzki, Harald Arzthaftung – ein neues Aufgabenfeld für den Gesetzgeber, in: DRiZ 1978, S. 257-261

Franzki, Harald/Franzki, Dietmar Der Arzthaftungsprozeß, in: Heike Jung und Hans-Wilhelm Schreiber (Hrsg.): Arzt und Patient zwischen Therapie und Recht, Stuttgart 1981, S. 177-188

Gaupp, Rolf Dietrich Beweisfragen im Rahmen ärztlicher Haftungsprozesse, Tübingen 1969

Geisendörfer, Ulrich Offene Fragen des Richtlinienvorschlags der EG-Kommission zur Haftung bei Dienstleistungen, in: VersR 1991, S. 1317-1318

Giesen, Dieter Grundzüge der zivilrechtlichen Arzthaftung, in: Jura 1981, S. 10-24

\- Zur Annäherung von Arzthaftung und Dienstleistungshaftung in Deutschland und Europa, in: JR 1991, S. 485-492

\- Arzthaftungsrecht, 4. Aufl., Bielefeld 1995

Gottwald, Peter Schadenszurechnung und Schadensschätzung, München 1979

\- Sonderregeln der Beweislastverteilung, in: Jura 1980, S. 303-313

Greger, Reinhard Beweis und Wahrscheinlichkeit, Nürnberg 1978

\- Praxis und Dogmatik des Anscheinsbeweises, in: VersR 1980, S. 1091-1104

Grunsky, Wolfgang Grundlagen des Verfahrensrechts, 2. Aufl., Bielefeld 1974

Habscheid, Walther J. Beweislast und Beweismaß – Ein kontinentaleuropäisch-angelsächsischer Rechtsvergleich, in: Hanns Prütting (Hrsg.): Festschrift für Gottfried Baumgärtel zum 70. Geburtstag, Köln/Berlin 1990, S. 105-119

Hahn, Carl Die gesammten Materialien zu den Reichs-Justizgesetzen,
2. Band: Materialien zur Civilprozeßordnung, 2. Aufl., Berlin 1881

Hainmüller, Dietmar Der Anscheinsbeweis und die Fahrlässigkeit im heutigen deutschen Schadensersatzprozeß, Tübingen 1966

Hanau, Peter Urteilsanmerkung, in: NJW 1968, S. 2291-2292

\- Die Kausalität der Pflichtwidrigkeit, Göttingen 1971

\- Arzt und Patient – Partner oder Gegner, in: Hanns Prütting (Hrsg.): Festschrift für Gottfried Baumgärtel zum 70. Geburtstag, Köln/Berlin 1990, S. 121-136

Hauß, Fritz Diskussionsbeitrag, in: Ernst von Caemmerer (Hrsg.): Freiheit und Bindung des Zivilrichters in der Sachaufklärung, Frankfurt/Berlin 1966, S. 84-85

\- Buchbesprechung: Jürgen Prölss, Beweiserleichterungen im Schadensersatzprozeß, in: NJW 1967, S. 969-970

Heescher, Heinz-Dieter Untersuchungen zum Merkmal der freien Überzeugung in § 286 ZPO und § 261 StPO, Münster 1974

Heinemann, Klaus Auf dem Weg zur europäischen Dienstleistungshaftung, in: ZIP 1991, S. 1193-1204

Heinsheimer, Karl Der Prima-facie-Beweis und die Beweislast bei Schadensersatzansprüchen, in: RheinZ 13 (1924), S. 1-10

\- Die Freiheit der richterlichen Überzeugung und die Aufgaben der Revisionsinstanz, in: Festschrift für Franz Klein, Wien 1914, S. 13-146

Heldrich, Andreas Die Auswirkungen des Haftungsrechts auf das Arzt-Patienten-Verhältnis, in: Wasedsa University (Hrsg.): Recht in Ost und West - Festschrift zum 30-jährigen Jubiläum des Instituts für Rechtsvergleichung der Waseda Universität, Tokyo 1988, S. 519-528

Henschel, Volker Aufgabe und Tätigkeit der Schlichtungs- und Gutachterstellen für Arzthaftungsrecht, Frankfurt/Bern 1980

Henssler, Martin Haftungsrisiken anwaltlicher Tätigkeit, in: JZ 1994, S. 178-188

Herberger, Maximilian/Simon, Dieter Wissenschaftstheorie für Juristen, Frankfurt 1980

Höfer, Gerhard Der Prima-facie-Beweis in der reichsgerichtlichen Rechtsprechung, Göttingen 1926

Huber, Michael Ungleiche Aufklärungsmöglichkeiten der Parteien, in: MDR 1981, S. 95-98

- Das Beweismaß im Zivilprozeß, Köln/Berlin 1983

Huber, Ulrich Zivilrechtliche Fahrlässigkeit, in: Ernst Forsthoff/Werner Weber/Franz Wieacker (Hrsg.): Festschrift für Ernst Rudolf Huber, Göttingen 1973, S. 253-289

Jaeger, Lothar Anscheinsbeweis bei Injektionsschäden, in: VersR 1989, S. 994-996

Jauernig, Othmar Bürgerliches Gesetzbuch, 9. Aufl., München 1999

Juhos, Béla/Katzenberger, Wolfgang Wahrscheinlichkeit als Erkenntnisform, Berlin 1970

Käßer, Wolfgang Wahrheitsforschung im Strafprozeß. Methoden der Sachverhaltsaufklärung, Berlin 1974

Kant, Immanuel Raymund Schmidt (Hrsg.): Kritik der reinen Vernunft, Hamburg 1956

Katzenmeier, Christian Arzthaftung, Tübingen 2002

- Entwicklungen des Produkthaftungsrechts, in: JuS 2003, S. 943-951

Kaufmann, Franz Joseph Die Beweislastproblematik im Arzthaftungsprozess, Köln/Berlin/Bonn/München 1984

Kegel, Gerhard Der Individualanscheinsbeweis und die Verteilung der Beweislast nach überwiegender Wahrscheinlichkeit, in: Kurt Hans Biedenkopf u.a. (Hrsg.): Festgabe für Heinrich Kronstein, Karlsruhe 1967, S. 321-344

Keynes, John-Maynard A Treatise on Probility, 2. Aufl., London 1952

King, Joseph H. Causation, Valuation, and Chance in Personal Injury Torts Involving Preexisting Conditions and Future Consequences, in: Yale L.J. 90 (1981), S. 1353-1397

Klauser, Karl-August	Möglichkeit und Grenze richterlicher Schadensschätzung (§ 287 ZPO), in: JZ 1968, S. 167-172
Klingmüller, Ernst	Zu den Plänen einer neuartigen Patientenversicherung nach schwedischem Muster in der Bundesrepublik Deutschland, in: VersR 1980, S. 694-696
Klinkhammer, Gisela	Ärztliche Behandlungsfehler – Offenheit gefordert, in: DÄBl. 2003, B 987-990
Koch, Daniel	Die Gesamtrevision des schweizerischen Haftpflichtrechts, in: ZEuP 2001, S. 753-768
Koch, Hans-Joachim/Rüßmann, Helmut	Juristische Begründungslehre, München 1982
Köhler, Peter	Die Patientenversicherung in Dänemark, Finnland, Norwegen und Schweden, in: ZIAS 1994, S. 175-187
-	Die Versicherungsmodelle der nordischen Länder, in: Peter Köhler/Bernd Baron v. Maydell (Hrsg.), Arzthaftung – „Patientenversicherung“ – Versicherungsschutz im Gesundheitssektor, Baden-Baden 1997, S. 207-247
Köhler, Peter/v. Maydell, Bernd Baron	Arzthaftung – „Patientenversicherung“ – Versicherungsschutz im Gesundheitssektor, Baden-Baden 1997
Kötz, Hein/Wagner, Gerhard	Deliktsrecht, 9. Aufl., Neuwied/Kriftel 2001
Kollhosser, Helmut	Der Anscheinsbeweis in der höchstrichterlichen Rechtsprechung –Entwicklung und aktuelle Bedeutung, Mainz 1963
-	Anscheinsbeweis und freie richterliche Beweiswürdigung, in: AcP 165 (1965), S. 46-83
-	Buchbesprechung: Dietmar Hainmüller, Der Anscheinsbeweis und die Fahrlässigkeit im heutigen deutschen Schadensersatzprozeß, in: AcP 167 (1967), S. 451-455
Krumpaszky, Georg/Sethe, Rolf/Selbmann, Hans-Konrad	Die Häufigkeit von Behandlungsfehlervorwürfen in der Medizin, in: VersR 1997, S. 420-427
Kuchinke, Kurt	Freiheit und Bindung des Zivilrichters in der Sachaufklärung, in: Ernst von Caemmerer (Hrsg.): Freiheit und Bindung des Zivilrichters in der Sachaufklärung, Frankfurt 1966, S. 15-46

Künnell, Erich	Die Ersatzansprüche beim Vorliegen eines ärztlichen Kunstfehlers, in: VersR 1980, S. 502-510
Larenz, Karl	Methodenlehre der Rechtswissenschaft, 6. Aufl., Berlin/Heidelberg/New York 1991
-	Lehrbuch des Schuldrechts, Band 1, 11. Aufl., München 1976
-	Lehrbuch des Schuldrechts, Band 1, 12. Aufl., München 1979
Laufs, Adolf	Arztrecht, 5. Aufl., München 1993
-	Delikt und Gefährdung. Von der Schadenszurechnung zur Schadensverteilung. Kritische Darstellung der Grundlinien in Lehre und Spruchpraxis, in: Adolf Laufs/Christian Dierks/Albrecht Wienke/Toni Graf-Baumann/Günther Hirsch (Hrsg.): Die Entwicklung der Arzthaftung, Berlin/Heidelberg/New York 1997
Laufs, Adolf/Dierks, Christian/Wienke, Albrecht/Graf-Baumann, Toni/Hirsch, Günther	Die Entwicklung der Arzthaftung, Berlin/Heidelberg/New York 1997
Laufs, Adolf/Uhlenbruck, Wilhelm	Handbuch des Arztrechts, 3. Aufl., München 2002
Lebrecht, Ludwig	Ein Hochschulinstitut für gerichtliche Technik ist notwendig, in: NJW 1969, S. 1420-1421
Leipold, Dieter	Beweismaß und Beweislast, Berlin/New York 1985
Lepa, Manfred	Die Beweiswürdigung – ihr Verhältnis zur Beweislastverteilung und ihre Regeln, in: DRiZ 1966, S. 112-114
Lochner, Eugen	Der prima-facie-Beweis in Arztprozessen, in: Heinrich Stoll (Hrsg.): Festgabe für Philipp Heck/Max Rümelin/Arthur Benno Schmidt, Tübingen 1931, S. 245-276
Lüderitz, Alexander	Diskussionsbeitrag, in: Ständige Deputation des Deutschen Juristentages (Hrsg.):Verhandlungen des 46. Deutschen Juristentages (Essen 1966), Band II (Sitzungsberichte), München/Berlin 1966, E 85
Maassen, Bernhard	Beweismaßprobleme im Schadensersatzprozeß, Köln/Berlin/Bonn/München 1975
Matthies, Karl-Heinz	Schiedsinstanzen im Bereich der Arzthaftung: Soll und Haben, Berlin 1984

Medicus, Dieter Schuldrecht I, Allgemeiner Teil, 13. Aufl., München 2002

Meier, Isaak Zum Problem der Beweislastverteilung im Schweizerischen Recht, in: ZSR 106 (1987), S. 705-742

Meinecke, Boris Haftungskriterien für Injektionsschäden, Bremen 1996

Mertens, Hans-Joachim Berufshaftung – Haftungsprobleme alter Professionen, in: VersR 1974, S. 509-520

Mémeteau, Gérard Perte de chance en droit médical francais, [1986] 32 McGill L.J. 126

v. Mises, Richard Wahrscheinlichkeit, Statistik und Wahrheit, 3. Aufl., Wien 1951

Motsch, Richard Vom Prozeß als Beweis zum Überwiegensprinzip, in: Ulrich Klug u.a. (Hrsg.): Gedächtnisschrift für Jürgen Rödig, Berlin/Heidelberg/New York 1978, S. 334-348

\- Vom rechtsgenügenden Beweis, Berlin 1983

Müller, Gerda Spielregeln für den Arzthaftungsprozess, in: DRiZ 2000, S. 259-271

Müller-Stoy, Walter Schadensersatz für verlorene Chancen. Eine rechtsvergleichende Untersuchung, Freiburg 1973

Münchner Kommentar Zivilprozessordnung, Gerhard Lüke/Alfred Walchshöfer (Hrsg.), Band 1: §§ 1-354, 2. Aufl., München 2000

Mummenhoff, Winfried Erfahrungssätze im Beweis der Kausalität, Köln/Berlin/Bonn/München 1997

Musielak, Hans-Joachim Die Grundlagen der Beweislast im Zivilprozeß, Berlin/New York 1975

\- Das Överviktsprinzip – Zum Verhältnis von richterlicher Überzeugung und Wahrscheinlichkeit, in: Alexander Lüderitz u.a. (Hrsg.): Festschrift für Gerhard Kegel, Frankfurt 1977, S. 451-471

\- Buchbesprechung: Volker Wahrendorf, Die Prinzipien der Beweislast im Haftungsrecht, in: NJW 1977, S. 620

\- Buchbesprechung: Dieter Leipold, Beweismaß und Beweislast im Zivilprozeß, in: ZZP 99 (1986), S. 217-225

Musielak, Hans-Joachim/Stadler, Max Grundfragen des Beweisrechts, in: JuS 1980, S. 427-430

\- Grundfragen des Beweisrechts, München 1984

Nixdorf, Wolfgang Befunderhebungspflicht und vollbeherrschbare Risiken in der Arzthaftung: Beweislastverteilung im Fluß ?, in: VersR 1996, S. 160-163

Palandt, Otto Bürgerliches Gesetzbuch – Kurzkommentar, 58. Aufl., München 1999

Patermann, Christian Die Entwicklung des Prinzips der freien Beweiswürdigung im ordentlichen Deutschen Zivilprozeß in Gesetzgebung und Lehr, Bonn 1970

Pawlowski, Enka Der Prima-facie-Beweis bei Schadensersatzansprüchen aus Delikt und Vertrag, Göttingen 1966

Penneau, Jean La responsabilité médicale, Paris 1977

Peters, Casjen Die Beweislast, in: MDR 1949, S. 66-70

Peters, Egbert Beweisarten im Zivilprozeß, in: JA 1981, S. 65-69

Pichler, Johannes W. Rechtsentwicklungen zu einer verschuldensunabhängigen Entschädigung im Medizinbereich, Band 1: Die Patientenversicherungsrechte in Schweden, Finnland und Dänemark, Wien/Köln 1994

\- Arzthaftungsdynamik versus alternative, verschuldensunabhängige Entschädigungssysteme, in: Adolf Laufs/Christian Dierks/Albrecht Wienke/Toni Graf-Baumann/Günther Hirsch (Hrsg.): Die Entwicklung der Arzthaftung, Berlin/Heidelberg 1997, S. 173-267

Pohle, Rudolf Bemerkungen zur Lehre von der Beweislast, in: MDR 1949, S. 386-389

\- Buchbesprechung: Leo Rosenberg, Beweislast, 3. Aufl., in: AcP 155 (1956), S. 165-180

Popper, Karl Raimund Logik der Forschung, 7. Aufl., Tübingen 1982

Price, David P.T. Causation – The Lord´s lost chance ?, in: International and Comparative Law Quarterly 1989 (Band 38), London, S. 735-760

Prölss, Jürgen Die Beweislastverteilung nach Gefahrenbereichen, in: VersR 1964, S. 901-906

\- Beweiserleichterungen im Schadensersatzprozeß, Karlsruhe 1966

Prütting, Hanns Gegenwartsprobleme der Beweislast, München 1983

-	Beweisprobleme im Arzthaftungsprozeß, in: Präsident des Landgerichtes in Zusammenarbeit mit dem Fachbereich Rechtswissenschaft der Universität des Saarlandes (Hrsg.): 150 Jahre Landgericht Saarbrücken, Festschrift, Köln/Berlin/Bonn/München 1985, S. 257-274
-	Beweiserleichterungen für den Geschädigten – Möglichkeiten und Grenzen, in: Karlsruher Forum 1989, S. 3-16
Rabel, Ernst	Umstellung der Beweislast, insbesondere der prima facie Beweis, in: RheinZ 12 (1923), S. 428-442
Radau, Hans J.	Ersetzung der Arzthaftung durch Versicherungsschutz – eine Untersuchung am Beispiel der Patientenunfallversicherung in Schweden, Karlsruhe 1993
Rechberger, Walter H.	Maß für Maß im Zivilprozeß ? Ein Beitrag zur Beweismaßdiskussion, in: Hanns Prütting (Hrsg.): Festschrift für Gottfried Baumgärtel, Köln/Berlin/Bonn/München 1990, S. 471-490
Reichenbach, Hans	Der Begriff der Wahrscheinlichkeit für die mathematische Darstellung der Wirklichkeit, Leipzig 1916
-	Wahrscheinlichkeitslehre, Leiden 1935
Reinecke, Gerhard	Die Beweislastverteilung im Bürgerlichen Recht und im Arbeitsrecht als rechtspolitische Reglungsaufgabe, Berlin 1976
-	Die Krise der freien Beweiswürdigung im Zivilprozeß oder über die Schwierigkeit, einem Zeugen nicht zu glauben, in: MDR 1986, S. 630-637
Rommé, Oliver	Der Anscheinsbeweis im Gefüge von Beweiswürdigung, Beweismaß und Beweislast, Saarbrücken 1988
Rosenberg, Leo	Die Beweislast, 5. Aufl., München 1965
Rosenberg, Leo/Schwab, Karl-Heinz	Zivilprozessrecht, 10. Aufl., München 1987
Rosenberg, Leo/Schwab, Karl-Heinz/Gottwald, Peter	Zivilprozessrecht, 15. Aufl., München 1993
Roxin, Claus	Strafrecht Allgemeiner Teil, Band 1, 3. Aufl., München 1997

Sanden, Georg Der prima-facie-Beweis in der Verkehrsrechtsprechung des BGH und seine Ausstrahlung auf die Haftpflichtschäden, in: VersR 1966, S. 201-211

Savage, Leonard J. The Foundations of Statistics, London 1954

Savatier, Dean Une faute peut-elle engendrer la responsabilité d'un dommage sans l'avoir causé ?, in : D. 1970 Chron. 123-125

\- Le droit des chances et des risques, dans les assurances, la responsabilité civile dans la médecine, et sa synthèse dans lássurance de responsabilité médicale, in : 44 Rev. Gén. Ass. Terr. (1973), S. 457– 481

Schalast, Christoph/Voigtländer-Tetzner, Andreas R. Zum Stand der Diskussion über eine künftige Arzthaftung in der Europäischen Union nach der Rücknahme des Entwurfes einer „Dienstleistungshaftungsrichtlinie" durch die EG-Kommission, in: VersR 1994, S. 1266-1268

Schellhammer, Kurt Zivilprozeß, 6. Aufl., Heidelberg 1994

Schirmer, Horst Dieter Vorschlag für eine Richtlinie des Rates der EG über die Haftung bei Dienstleistungen, in: Rudolf Häring (Hrsg.): Chirurgie und Recht, Berlin 1993, S. 53-67

Schlund, Gerhard In: Adolf Laufs und Wilhelm Uhlenbruck (Hrsg.): Handbuch des Arztrechts, 3. Aufl., München 2002

Schneider, Egon Beweis und Beweiswürdigung, 5. Aufl., München 1994

Schönke, Adolf/Kuchinke, Kurt Zivilprozessrecht, 9. Aufl., Karlsruhe 1969

Schreiber, Rupert Theorie des Beweiswertes für Beweismittel im Zivilprozeß, Berlin/Heidelberg/New York 1968

Schur, Wolfgang Leistung und Sorgfalt, Tübingen 2001

Schuster, Wolfgang „Beweislastumkehr extra legem" – Die Verteilung der Beweislast nach der Verantwortungsbereichs- und Normentheorie, Freiburg 1975

Schwab, Karl-Heinz Das Beweismaß im Zivilprozeß, in: Richard Holzhammer u.a. (Hrsg): Festschrift für Hans W. Fasching, Wien 1988, S. 451-462

Seehafer, Wilfried Der Arzthaftungsprozeß in der Praxis, Berlin/Heidelberg/New York 1991

Sick, Joachim Beweisrecht im Arzthaftpflichtprozeß, Heidelberg 1985

Smid, Menno Der prima-facie-Beweis, insbesondere bei Schadensersatzansprüchen, Freiburg 1975

Spickhoff, Andreas Medizin und Recht zu Beginn des neuen Jahrhunderts, in: NJW 2001, S. 1757-1768

\- Das System der Arzthaftung im reformierten Schuldrecht, in: NJW 2002, S. 2530-2537

\- Die Entwicklung des Arztrechts 2002/2003, in: NJW 2003, S. 1701-1710

Stahlmann, Günther Sozialwissenschaftliche Überlegungen zur zivilprozessualen Beweislehre, in: JA 1978, S. 157-164

Steffen, Erich/Dressler, Wolf-Dieter Neue Entwicklungslinien der BGH-Rechtsprechung zum Arzthaftungsrecht, 8. Aufl., Köln 1999

Stein, Friedrich/Jonas, Martin Kommentar zur Zivilprozessordnung, 21. Aufl., Tübingen 1997

Stockdale, Frank E. Mammakarzinom, in: Hans Eduard Franz (Hrsg.): Medizin – Gesamtdarstellung und Atlas für Studium, Lehre und Praxis, Band 5, Stand: Oktober 2002, Basel

Stölzel, Adolf Schulung für die civilistische Praxis, Erster Teil, 5. Aufl., Berlin1902

Stoll, Hans Die Beweislastverteilung bei positiven Vertragsverletzungen, in: Josef Esser (Hrsg.): Festschrift für Fritz von Hippel, Tübingen 1967, S. 517-559

\- Urteilsanmerkung, in: JZ 1972, S. 365-368

\- Haftungsverlagerung durch beweisrechtliche Mittel, in: AcP 176 (1976), S. 145-196

\- Haftungsfolgen im bürgerlichen Recht, Heidelberg 1993

Schadensersatz für verlorene Heilungschancen vor englischen Gerichten in rechtsvergleichender Sicht, in: Erwin Deutsch/ Ernst Klingmüller/Hans Josef Kullmann (Hrsg.): Festschrift für Erich Steffen, Berlin/New York 1995

Stolz, Wilhelm Die Reformmodelle zum Arzthaftpflichtrecht – eine vergleichende Untersuchung der praktischen Auswirkungen, in: VersR 1978, S. 797-801

Stürner, Rolf Entwicklungstendenzen des zivilprozessualen Beweisrechts und Arzthaftungsprozeß, in: NJW 1979, S. 1225-1230

Thomas, Heinz/Putzo, Hans Zivilprozeßordnung, 23. Aufl., München 2001

Tietgen, Walter Beweislast und Beweiswürdigung im Zivil- und Verwaltungsprozeß. Empfiehlt es sich, das Recht der Beweislast und der Beweiswürdigung durch gesetzliche Vorschriften fortzubilden und in welchem Sinne ?, in: Ständige Deputation des Deutschen Juristentages (Hrsg.), Verhandlungen des 46. Deutschen Juristentages (Essen 1966), Band 1 (Gutachten), München/Berlin 1966, Teil 2 B

Ulsenheimer, Klaus Anforderungen an den medizinischen Gutachter, in: J.O. Jost/G.H. Langkau (Hrsg.): Leitlinien in der Chirurgie vor dem Spiegel von Qualitätssicherung und Rechtsprechung, Darmstadt 1997

Vacarie, Isabelle La perte d'une chance, in: (1987) 3 Rev. rech. jur. 903

Velten, Wolfram Der medizinische Standard im Arzthaftungsprozeß, Baden-Baden 2000

Wagner, Gerhard Das Zweite Schadensersatzrechtsänderungsgesetz, in: NJW 2002, S. 2049-2064

Wahrendorf, Volker Die Prinzipien der Beweislast im Haftungsrecht, Köln 1976

Walter, Gerhard Der Anwendungsbereich des Anscheinsbeweises, in: ZZP 90 (1977), S. 270-284

\- Freie Beweiswürdigung, Tübingen 1979

\- Buchbesprechung: Reinhard Greger, Beweis und Wahrscheinlichkeit, in: ZZP 93 (1980), S. 97-101

Wassermeyer, Heinz Der prima facie Beweis und die benachbarten Erscheinungen, Münster 1954

Weber, Helmut Der Kausalitätsbeweis im Zivilprozeß, Tübingen 1997

Weimar, Wilhelm Der Beweisnotstand des Patienten im Arzthaftpflichtprozeß, in: JR 1977, S. 7-9

Weir, Tony Loss of a chance – compensable in tort ? The common law, in: Olivier Guillod (Hrsg.): Colloque-Développements récents du droit de la responsabilité civile, Zürich 1991, S. 111 – 129

Weitnauer, Hermann Wahrscheinlichkeit und Tatsachenfeststellung, in: Karlsruher Forum 1966, S. 3-20

\- Beweisfragen in der Produktenhaftung, in: Gotthard Paulus u.a. (Hrsg.): Festschrift für Karl Larenz, München 1973, S. 905-926

Werner, Manfred Die Beweiswürdigung im Schadensersatzprozeß nach § 287 ZPO, Würzburg 1971

Weyers, Hans-Leo Empfiehlt es sich, im Interesse der Patienten und Ärzte ergänzende Regelungen für das ärztliche Vertrags-, (Standes-) und Haftungsrecht einzuführen ?, in: Ständige Deputation des Deutschen Juristentages (Hrsg.), Verhandlungen des 52. Deutschen Juristentages (Wiesbaden 1978), Band I (Gutachten), München 1978, Teil A

Weyers, Hans-Leo/Mirtsching, Wolfram Zum Stand des Arzthaftungsrechts, in: JuS 1980, S. 317-323

Widmer, Pierre/Wessner, Pierre Revision und Vereinheitlichung des Haftpflichtrechts, Bern 2000

Wunsch, Dorothea Ablösung der Verschuldenshaftung im Arzt-Patienten-Verhältnis ?, Heidelberg 1987

Zeiss, Walter Zivilprozessrecht, 8. Aufl., Tübingen 1993

Zöller, Richard Zivilprozessordnung – Kommentar, 19. Aufl., Köln 1995

Susann Tiebe

Strafrechtlicher Patientenschutz

Die Bedeutung des Strafrechts für die individuellen Patientenrechte

Frankfurt am Main, Berlin, Bern, Bruxelles, New York, Oxford, Wien, 2005. 383 S.
Recht und Medizin. Herausgegeben von Erwin Deutsch, Adolf Laufs und Hans-Ludwig Schreiber. Bd. 70
ISBN 3-631-53600-3 · br. € 56.50*

Seit geraumer Zeit werden auf nationaler wie internationaler Ebene die Rechte des Patienten im Verhältnis zu seinem Arzt in das Blickfeld gerückt. Dabei geht man im Allgemeinen davon aus, dass die Bundesrepublik Deutschland ein weit reichendes, viele Rechtsgebiete berührendes Patientenschutzrecht besitzt. Diese aktuelle Thematik legte es nahe, speziell die Rolle des Strafrechts für die Patientenrechte zu untersuchen. Die Arbeit analysiert daher, inwieweit bei Verletzung eines jeden individuellen Patientenrechts strafrechtlicher Schutz besteht und beleuchtet diesen strafrechtlichen Regelungsmechanismus unter der modernen Vorstellung vom selbstbestimmten Patienten.

Aus dem Inhalt: Die geltende Rechtslage zu den Patientenrechten in vornehmlich strafrechtlicher Hinsicht · Beurteilung der geltenden Rechtslage – Aufgrund der Bestandsaufnahme festgestellter Diskussionsbedarf bei den einzelnen Patientenrechten · Einsatz des Strafrechts bei Verletzung und zum Schutz der Patientenrechte · Information des Patienten durch ein Patientenschutzgesetz oder eine Patientenrechtscharta

Kolibri 360 GmbH
Ferdinand-Jühlke-Straße 7
99095 Erfurt, Deutschland
produktsicherheit@kolibri360.de

Druck:
CPI Druckdienstleistungen GmbH
im Auftrag der
Kolibri 360 GmbH
Ferdinand-Jühlke-Str. 7
99095 Erfurt